本书受中国人民大学科学研究基金项目暨中央高校基本科研业务费专项资金支持

百家廊文丛

BAIJIALANG WENCONG

# 老子永远不老

## 《老子》研究新解

曹峰◎著

中国人民大学出版社

·北京·

# 编委会名单

# 序　言

中国人民大学建校八十年，也是中国共产党创办新型高等教育的八十年。从 1937 年到 2017 年，从延安的陕北公学，到晋察冀边区的华北联合大学、正定的华北大学，再到北京的中国人民大学，八十年历史沧桑，斗转星移，中国人民大学始终与党和国家同呼吸、共命运。八十年来，几代学人进行了殚精竭虑的学术探索，在治学方面取得了令人瞩目的杰出成就。

改革开放以来，中国人民大学的学者在马克思主义指导下，努力继承中华传统文化精粹，发扬老一辈学者的笃实学风，同时借鉴了西方学术研究的新方法、新成果，解放思想，大胆创新，有力推动了我国人文社会科学的深入发展。经过数十年的建设与积淀，中国人民大学在人文社会科学各领域内学科门类建设齐全，研究领域日渐拓展，研究水准不断提升，呈现出人才辈出、欣欣向荣的学术繁荣景象。

2017 年 9 月，经国务院批准，教育部等部门下发了《关于公布世界一流大学和一流学科建设高校及建设学科名单的通知》，中国人民大学入选 A 类一流大学建设名单，哲学、理论经济学、应用经济学、法学、政治学、社会学、马克思主义理论、新闻传播学、中国史、统计学、工商管理、农林经济管理、公共管理、图书情报与档案管理等 14 个一级学科入选一流学科建设名单。入选学科除统计学为理学学科外，其余全部为人文社会学科。

中国人民大学入选“双一流”建设高校和 14 个学科入选“双一流”

建设学科，既体现了党和国家对人文社会科学的重视，同时也是对中国人民大学八十年发展成就的充分肯定，是鼓励和认可，更是鞭策和期许。我们感觉肩上的担子更重了。

习近平总书记指出："人类社会每一次重大跃进，人类文明每一次重大发展，都离不开哲学社会科学的知识变革和思想先导。"如果我们将"双一流"的入选视为中国高等教育在新的历史阶段开启新的征程的信号，那么当前，中国人民大学已经站在新的历史坐标点上。我们需要总结历史，更需要开拓未来。

2016 年中，学校科研处的同志与我们谈起，他们准备在校庆年启动一项名为"百家廊文丛"的持续支持工程，希望通过多年连续性的资助，把学校各学科卓有成就的学者所撰写的代表性学术成果择优出版，系统性地展示中国人民大学近年来的整体学术水平。科研处作为管理和服务教师科学研究的机构，一直把提升科研品质、打造学术精品作为部门的责任。但是，客观讲，中国高校的文科科研经费投入还是有限的，怎样把有限的资源配置到最需要、最出成效的地方，是中国人民大学多年来认真思考的问题。为了把"好钢用在刀刃上"，科研处也做了许多有益的谋划，推动了学校科研事业的蓬勃发展。

在校庆年首度推出"百家廊文丛"，具有几层特殊的意义。首先，"百家廊文丛"反映了中国人民大学在人文社会科学方面的深厚学术实力。本年入选的多部著作各具特色，有的资料翔实，有的论述细密，有的条理畅达，有的富有文采，足以彰显中国人民大学近年来的学术实绩。其次，体现出中国人民大学学者群体持续关注和深入研究我国发展面临的重大理论和实践问题的深沉人文情怀。有的学者耐得住寂寞，苦坐书斋；有的学者读万卷书行万里路，遍寻一手数据。最后，丛书是一个对外交流的窗口，在人大学者与国内外的学者之间架起了一个交流的平台。"百家廊文丛"如能持续坚持下去，就是一项规模较大的学术文化工程，值得期待。

大学因学术而显厚重，因学者而富气象。"百家廊文丛"首批推出的著作，选题丰富多元，特别是对基础学科和学科基础中的一些重要问题进行了专题研讨。对于"基础学科和学科基础"的强调和看重，一直以来也是我校科研工作的指导方针。"百家廊文丛"如果能做到叫得响、传得开、留得住，就成功了。好的学术成果一定要能沉淀下来，而非过眼云烟。

习近平总书记《在哲学社会科学工作座谈会上的讲话》指出："这是一个需要理论而且一定能够产生理论的时代，这是一个需要思想而且一定能够产生思想的时代。我们不能辜负了这个时代。自古以来，我国知识分子就有'为天地立心，为生民立命，为往圣继绝学，为万世开太平'的志向和传统。一切有理想、有抱负的哲学社会科学工作者都应该立时代之潮头、通古今之变化、发思想之先声，积极为党和人民述学立论、建言献策，担负起历史赋予的光荣使命。"中国人民大学长期秉持立学为民、治学报国的优良传统，始终践行着实事求是的学术良知。不论是在抗战烽火中，还是在新中国成立伊始；不论是遭受了"文革"的磨难，还是在改革开放中凤凰涅槃，中国人民大学的学者一方面坚守书斋、甘于清贫，另一方面又关心国家、民族的命运，关心社会的进步。中国人民大学的命运从来与党和国家的命运休戚相关，而人大学者从来志向远大，他们为构建具有中国特色、中国风格、中国气派的哲学社会科学做出了积极贡献。今天，我们推出这套文丛，正是传承中国人民大学八十年文脉，弘扬砥砺奋进、实事求是精神的有益之举。

"百家廊文丛"的名字，非常契合中国人民大学的实际。因为"百家廊"是中国人民大学校内的著名风景，在李东东同志创作的《人民大学赋》中有云："百家廊，檐飞七曜，柱立八荒，凝古今正气，汇中外学术。"我们认为，这几句话就是对即将面世的"百家廊文丛"首批的最好诠释。"百家廊中百家争鸣"，这套文丛是献给历经岁月沧桑、培育桃李芬芳的中国人民大学八十年校庆的一份心意，祝愿这所伟大的学校在新的历史征程中继往开来、再续辉煌。

是为序。

靳诺　刘伟

# 前　言

大约十年前，我得到一个邀请，为一个国学系列读物写一部关于《老子》的注说，其中一半内容是对其思想的总体解说，一半内容是对其文本的简要注释。因为研究出土文献的关系，我对郭店楚简《老子》、马王堆帛书《老子》甲乙本比较熟悉，就答应了下来，这就是所谓的无知者无畏吧。随着写作的进展，我才知道，以自己浅薄的学识，很难把握《老子》博大的思想世界，别说对《老子》研究有什么重要的推进，能保证没有硬伤、不说错话，就很不容易了。因此，写那本小书时，我对自己的要求是千万不要信口开河，肆意胡说，自己没有把握的话尽量不讲，注释宁可简短，以免发挥过多酿成错误而留下遗憾、贻笑大方。书成之后，我在后记中说，此书也不过就是为多如牛毛的《老子》注说之作又添了一根牛毛而已。

然而，此书写作对我的影响还是非常大的。要想有资格讨论中国古典，至少要对某一本书下大功夫，就像古人说的，不通一经，无以通他经。那本小书不敢说是功夫的结晶，但却借此机会，让我对《老子》各个方面做了比较系统的、全面的摸底，有了基本的辨别能力，知道了自己在哪些地方还差得远，知道了哪些书、哪些观点是没有证据的胡说八道，促使我开始下真正的功夫，去阅读更多的论文和书籍，并努力通过学术交流增长见识，通过课堂讲学教学相长，通过从事翻译吃透国外学者的想法。

在这个不断积累功夫的过程中，我越来越体会到老子思想的魅力。老子思想有如永不枯竭的清泉活水，有如深不可测的汪洋大海，短短的五千言，我们可以永远体会下去、永远解读下去，而不感到枯燥无味。老子思想是一个开放的系统，提供给我们无穷索取智慧、不断激活心灵的可能性。因此，用“老子永远不老”来形容老子，可以说最为妥帖。不仅老子思想永远不老、我们学习老子的人心灵永远不老，人类也会因为老子而永远灵动和年轻。

古人著书最重首章，《老子》也不会例外，战国中期的郭店楚简《老子》既没有可以和今本《道经》对照的首章，也没有可以和今本《德经》对照的首章，我想这可能不是一个偶然的现象。《老子》首章产生的时间、结构的形成、文句的定型都是非常值得研究的问题。虽然至今已经有大量的论文，但我觉得还有探索的空间，收入此书关于首章的论文就有两篇。由于长期研究先秦时期与“名”相关的现象，我注意到《老子》首句是“道可道，非常道；名可名，非常名”。为什么《老子》竭力要“无”的“名”，在这里可以和“道”并驾齐驱，这是非常有趣的现象。结合北京大学藏西汉竹书《老子》把“名可名”写作“名可命”，我提出“道可道，非常道；名可名，非常名”一句乃至整个《老子》首章可能形成于“名”的话题非常流行的特定历史时期，由此写出了研究《老子》的第一篇正式论文——《〈老子〉首章与“名”相关问题的重新审视——以北大汉简〈老子〉的问世为契机》。从此便一发不可收拾，几乎每年都有新的成果出现。在北京大学藏西汉竹书《老子》中，我还发现了一个有趣的现象，那就是今本首章“玄之又玄”的地方，北京大学藏西汉竹书作“玄之又玄之”，大多数学者都认为多一个“之”并不影响文义，还是无比幽暗、无限深远的意思。但我觉得，“玄之又玄之”这种文本的出现，可能不是一个偶然的现象，因为这种句式恰好和“损之又损之”形成对照。这就促使我去思考这样一种可能性，即“玄之又玄之”中的“玄”是不是也可以当动词读，“玄”是不是也应该理解为减损或否定，就是说“之”是“玄”所要减损或否定的对象，这样一来，《老子》首章就有了工夫论的内容。之所以敢于这样去假设，是因为有相当多的材料可以证明，在《老子》解释史上，在道家思想史上，“玄之又玄之”的文本有其合理性，由“玄之又玄之”引发的解释路线，很可能引发了后世“双遣说”“重玄说”这些重要思想的产生。

我曾多次在课堂上讲授《老子》，在反复教学与讨论过程中，不断会有一些疑惑冒出来。例如《老子》第三十六章，一般的解释都把重心放在“将欲……，必固……”这一段上，认为这反映着老子的辩证思维。但是，如果仔细研读第三十六章，就可以发现，此章明显可以分作上中下三段，上下两段都是老子采用的民间谚语，只有中间的“是谓微明，柔弱胜刚强”是老子的话。因此，虽然我们承认《老子》中存在着强烈的辩证思维，但第三十六章的重点却不在于此，而在于通过“无形”把握“有形”的高级智慧，即“微明”。上段谚语的引用旨在说明通过“微明”可以导致积极的结果，下段谚语的引用旨在说明通过“微明”可以避免消极的结果，这些都是“柔弱”胜于“刚强”的体现。基于这样的认识，我对第三十六章的诠释史，包括谚语的使用、权谋论的标签是否合适等问题，做了全面的梳理和辨析，并试图还原其早期面貌。《老子》第三十九章也可以分作上中下三段，但此章很难将其理解为一个有机整体，不如将其与第四十章、四十二章对应起来思考更好些。也就是说，很难将第三十九章中段“故贵以贱为本，高以下为基。是以侯王自谓孤、寡、不縠。此非以贱为本邪？非乎？”看作是上段“天得一以清……”的自然延伸，却很可能是对第四十章“反者，道之动；弱者，道之用”的回应或印证。把下段“故致数舆无舆。不欲琭琭如玉，珞珞如石”的“舆”读为“誉”，把下段朝与中段同样的方向去解释，也都是后起的事。整个下段，应该是大小、本末之论，强调的是要把握“道”的整体，而不要被狭隘、琐碎的外物所牵累、所蒙蔽。从这样一个角度看，就完全不可能是谦下不争、忍辱负重的工夫论，因此无法将其看作是中段的自然延伸。

今人很容易把《老子》各章内部以及各章之间看作是文义前后通贯、意思明白无缺的文本。其实这是拿今人的眼光看待古人，对《老子》了解越深，就知道这样的印象越难成立。对第三十六章、三十九章的重新解读都是从文本的细密分析出发，试图窥探《老子》早期的面貌以及对《老子》诠释的变迁。但这并不意味着《老子》是杂乱无章的，对《老子》了解越深，就越能感受到《老子》形散而神不散，《老子》蕴含着非常深刻的哲理以及多样诠释的可能性。在教授《老子》过程中，反映这种形神关系的一个个看似矛盾的问题涌现出来，让人反复玩味，欲罢不能。例如，老子既然提出了“道”这个最高的哲学概念，为什么同时又强调“天道”“天之道”？“天道”“天之道”究竟是“道”的子概念，还是“道”的作用之变现？老子既然提出了“道生之”的生成论，为什么还要强调“德畜之”的重要性？老子及道家为什么既强调“无名”是“天地之始”，又突出“有名”是“万物之母”？老庄道家如此强烈地否定贤能，黄老道家为何又特别肯定贤能、任用贤能？带着这些疑问，我完成了《论〈老子〉的“天之道”》《〈老子〉生成论的两条序列》《道家的“无名”与“有名”》《道家与贤能》等论文的写作。

《老子》高扬形而上层面的“道”，最终是为了解决形而下层面的万物的问题，然而，“道”所具有的虚无缥缈的特性，使其很难被人认识、被人效法。就是说，如果没有一种媒介、一个阶梯，形而上的“道”就很难下落为形而下的“物”。《老子》中那么多的“天之道”，正是起到了媒介和阶梯的作用，“天之道”是“道”之作用的体现，它使“道”变得直观、形象，使“道”可效法、可把握，防止“道”走向彻底的虚无。“天之道”也为连接老子思想与黄老道家提供了方便，黄老道家尤其重视准则与秩序，“天之道”正为之提供了天然的、绝对的法则。以上就是《论〈老子〉的“天之道”》的主要问题意识。

《老子》思想由“道”和“德”两个侧面共同构成，然而过去我们在总结《老子》的宇宙生成论时，往往把“道”视为生成的唯一起点，把“道”生万物视为生成的唯一线索，并不考虑“德”的作用与影响。这是因为我们已经习惯了仅仅从发生的、出生的角度理解生成论，其实《老子》生成论既关心发生的问题，也关心成长的问题。这种生成理论在第五十一章中得到集中体现，即在万物生成过程中，“道”和“德”担任了不同的角色，发挥着不同的职能，可以将其称为《老子》生成论的两条序列，而没有“德”的参与，《老子》生成论是不完整的。只有从这种独特的生成论出发，我们才能把握老子强调“玄德”和“无为”的重要性，才能明白道家突出“自然”和“自生”的必要性。所以，对《老子》生成论的重新解读，是关系到如何理解老子思想核心的重要举措。以上就是《〈老子〉生成论的两条序列》的主要问题意识。

《老子》及先秦道家关于“名”的态度，常常呈现出截然相反的姿态，一种是“无名”，一种是“有名”，这也是极有趣的现象。大体说来，老庄道家侧重“道”的“无名”，而黄老道家侧重“物”的“有名”。因此，无论是“无名”还是“有名”，对于道家而言都具有重要的意义。同样，《老子》及先秦道家关于贤能的态度，也呈现出截然相反的姿态。老庄道家对于贤能救世的观点表示出相当的警惕甚至嘲讽，竭力论证为何贤能是不可靠的、不可信的。这和老庄道家强调人的智慧与能力是有限的，甚至是渺小的有关。而黄老道家则非常重视贤能，例如《鹖冠子》一书中有大量篇幅论述如何选拔、利用贤能，其书第一篇就是《博选》。希望解决现实政治问题、力图维护君主权威的黄老道家，最高政治理想是通过最高领导者的无为与尊贤，来充分调动各种层次贤能之士的技术与能力，因此，重视贤能就是必然之事。

由道家对于名和贤能两种相反的态度就可以推出在《老子》中已经开始萌芽的两种基本政治立场。《〈老子〉的政治哲学》一文就是要力图解决这一问题。在《老子》惜墨如金却又无所不包的五千言中，我们明显可以看出这样两种政治理念，第一种是，由“道”“物”二分理论推导出来的主宰与被主宰、本与末、一与多、统一与分散、整体与个体的关系，这种关系平移到政治领域，就可以为一君万民式的中央集权政治体制提供理论基础，即“得道”者以所获“道”的万能之力为基础，登上帝王、天子的地位，而天下臣民则必须无条件地接受其支配，从而形成一种稳定的政治结构。黄老道家的政治理论正是以此为基础的。第二种是，老子认为，理想的政治不在于给予百姓所需要的一切，而在于给予百姓自由伸展的足够空间。这一点的前提是圣人“无为”，因为圣人的“无为”终将导致百姓的“自然”，即圣人的无意识、无目的、不干预、不强制必将导致百姓的自发性、主动性、积极性、创造性。这种政治理念，用一个图式来形容，就是“圣人无为→百姓自然”。这一理论走向极端，就是庄子类型的“民主主义”或“无政府主义”。这两种政治理念看似矛盾，却都隐伏在《老子》中，后世道家从不同角度加以发扬，遂发展成不同倾向的政治哲学，这才有或轻“名”或重“名”、或轻“贤能”或重“贤能”的现象出现。所以，说老子思想是源头活水，绝非虚言，因为很多看似矛盾的思想均由其开出，却又都认祖归宗于老子。老子思想的开放性与深刻性由此可见一斑。

本书还有两篇文章讨论了老子及道家的幸福观和谦逊观。老子几乎没有言及个人的幸福，而且从“天地不仁，以万物为刍狗。圣人不仁，以百姓为刍狗”来看，老子也是一个很绝情的人。但老子冷酷的面庞下其实隐藏着对于芸芸众生的大爱之心。由“圣人无为→百姓自然”的政治理念以及由此导出的“玄德”学说可以看出，老子是从整体上关注百姓幸福的人。如果在“玄德”的作用下，百姓的主动性、积极性得到充分开发，那么幸福感也将随之而来。圣人将因为百姓的满足而获得满足，因为百姓的快乐而获得快乐，这也正是“无为而无不为”的体现。

如果说老子及其道家思想也是一种生活之道，那么用“谦逊”二字来概括或形容这种生活之道，可能最为合适。《老子》中没有“谦”字，但却无处不是在讲“谦”。在中国古代，从理论上全面论述谦逊的重要性、必要性，就深度、广度、高度而言，可能没有一家可以与道家相比。《道家与谦逊》一文从整体性、平等性、关联性三重视野展开分析，力图阐明为什么道家需要谦逊、为什么道家能够谦逊。通过主体对于谦逊之道的积极运用，从而使自己永远处于最佳的状态，保持最强的创造性和生命力，这是道家可以贡献给全人类的历久而常新的智慧。

老子和黄帝的关系非常重要却又很难说清。《黄帝的“法天则地”与〈老子〉的“人法地，地法天”》这篇长文试图从天道的角度切入，讨论老子对以黄帝为代表的上古天道观系统的继承和超越。司马迁用“法天则地”四个字来形容黄帝，这不是偶然的。在老子之前，事实上存在着一个以天地之道为最高法则来指导人事活动的更为原始的思想传统，这个传统后来以“黄帝”的名义加以统称。通过“黄帝之言”所传布的知识和技能，所规定的禁忌和律条，天道才能真正落到人事之实处，使之具体化为可遵循的一般原理。黄老思想依赖“黄帝之言”建立起现实而有效的政治权威与可操作体系，不弄清黄帝之言的来历、内涵及其作用、价值，就无法真正理解黄老思想。以“法天则地”为代表的黄帝天道论，在后来形成的黄老道家中具有重要的地位和实际的价值，而不是一条可有可无的虚线。《老子》第二十五章所谓“人法地，地法天”肯定了“法天则地”的重要性，但《老子》的最终目的是要强调“道”以及“自然”的重要性。所以，老子利用和提升了“法天则地”的思想。可以说，此文其实也再次证明了《论〈老子〉的“天之道”》一文的主旨，即我们只有同时重视“道”与“天道”这两个方面，才能完整地领会《老子》的思想。

笔者在日本留学多年，对日本的老学研究也比较关心，《近代日本所见〈老子〉》描述的是经过明治维新的日本走上近代化进程之后，学界是如何重新研究、认识老子及其《老子》这本书的；当时的社会人士，如政治家、文学家是如何重新评价《老子》、从《老子》那里汲取智慧的。这对于我们反观中国近代以来《老子》命运的变迁，也有很多启发意义。

以上这些论文，形成于 2011 年到 2017 年七年时间内。有的以出土文献为契机，有的以文本梳理为前提，有的以思想分析为手段，有的以思想还原为旨归，试图从生成论、幸福观、谦逊观、贤能观、政治哲学、黄老关系、《老子》研究史等不同的视角重新观照《老子》，期待解读出一些新意来。观点或许可商，但都是用心之作，在此真诚奉献给读者，也希望得到读者积极的回应。但愿这本小书不再是多如牛毛的《老子》研读之作中的一根牛毛，而希望能够在《老子》研究史上踏踏实实地留下几个脚印。

# 目　录

# 第一章 “玄之又玄之”和“损之又损之”

## 一

新近公布的北京大学藏西汉竹书《老子》[①]（以下简称“北大汉简《老子》”）是极为珍贵的资料，对于《老子》文本及思想变迁的研究具有重大的意义。我们注意到，和其他文本相比，其中有一些比较特殊的表现方式，下经第一章的“玄之又玄之”和上经第十一章的“损之又损之”就是值得研究的现象。这里先举出相关的材料。

北大汉简《老子》第四十五章（即下经第一章，王弼本第一章）如下所示：

> 道可道，非恒道殹。名可命，非恒名也。无名，万物之始也。有名，万物之母也。故恒无欲，以观其眇（妙）；恒有欲，以观其所侥（徼）。此两者同出，异名同谓。玄之有（又）玄之，众眇（妙）之门。

马王堆帛书《老子》甲本相应文字如下所示：

> 道，可道也，非恒道也。名，可名也，非恒名也。无名，万物之始也。有名，万物之母也。〔故〕恒无欲也，以观其眇（妙）；恒有欲

---

① 北京大学出土文献研究所．北京大学藏西汉竹书：（二）．上海：上海古籍出版社，2012.

也，以观其所噭（徼）。两者同出，异名同胃（谓）。玄之有（又）玄，众眇（妙）之〔门〕。①

王弼本《老子》第一章如下所示：

道可道，非常道。名可名，非常名。无名，天地之始。有名，万物之母。故常无欲，以观其妙；常有欲，以观其徼。此两者同出而异名，同谓之玄。玄之又玄，众妙之门。②

从中可以看出，北大汉简《老子》和马王堆帛书《老子》最为接近，但也有一个很大的区别，那就是包括马王堆帛书《老子》在内，几乎所有文本作“玄之又玄”的地方③，北大汉简《老子》作“玄之又玄之”。即使这一章内容已经亡佚的严遵本，相应部分很可能也是“玄之又玄”④。

因此我们首先怀疑，这里是否抄写者不小心多抄了一个字，但这种可能性比较小，首先，北大汉简《老子》出错的概率较低⑤，其次，与“玄之又玄之”相似的表现方式也见于北大汉简《老子》第十一章（即上经第

---

① 马王堆帛书《老子》乙本有些残缺，内容基本相同。本书对马王堆帛书的引用，在文字及意义的确定上，主要参考如下文献：马王堆汉墓帛书整理小组. 马王堆汉墓帛书：(一). 北京：文物出版社，1980. 陈鼓应. 黄帝四经今注今译——马王堆汉墓出土帛书. 台北：台湾商务印书馆，1995. 东京大学马王堆帛书研究会.《马王堆汉墓出土老子乙本卷前古佚书经法译注》中的《四度》篇译注. 1997；《论》篇译注. 1998；《亡论》篇、《论约》篇译注. 1999. 魏启鹏. 马王堆汉墓帛书《黄帝书》笺证. 北京：中华书局，2004. 本书引文中，〔 〕内的字表示残缺但可以据上下文义补充的字，□表示残缺且无法据上下文义补充的字，（ ）内的字是通假字，〈 〉内的字是正确的字。

② 楼宇烈. 王弼集校释. 北京：中华书局，1980：1-2. 标点有所改动。本书对《老子》的引用，采用楼宇烈所校释王弼本，在引用其他文本时，会做特别说明。

③ 马王堆帛书以外的文本情况，可参见岛邦男的《老子校正》（东京：汲古书院，1973）第54页。

④ 北宋陈景元的《道德真经藏室纂微篇》云：“严君平曰：五千文之蕴，发挥自此数言，实谓玄之又玄，神之又神也。”（岛邦男. 老子校正. 东京：汲古书院，1973：55）

⑤ 北大汉简《老子》整理者韩巍认为，北大汉简《老子》书法极为精美，抄写极为认真，和马王堆帛书《老子》甲乙本衍文、错字、漏字比比皆是相比，堪称“善本”。他指出：“汉简本抄写者的文化水平要高得多，而且态度一丝不苟，通篇基本不见衍文、漏字，错字也屈指可数。我们推测，汉简本的抄写者应非寻常以抄书为生的书手，甚至不排除学者亲自校订手录的可能。”［北京大学出土文献研究所. 北京大学藏西汉竹书：（二）. 上海：上海古籍出版社，2012：215］出土所见汉简本经书中，可与之媲美的是1959年出土的甘肃武威磨咀子6号西汉墓《仪礼》简，此墓推定埋葬于西汉末年王莽时期，《仪礼》简字体优美，篇题、篇次、尾题字数完整，很可能是儒家经师用于教学的范本。

十一章，王弼本第四十八章）的“损之又损之”：

为学者日益，为道者日损①，〔损〕之有（又）损之，至于无〔为，无为而无不为。取天下者恒以〕② 无事。及其有事，有（又）不足以取天下。

郭店楚简《老子》乙本相应部分如下所示：

学者日嗌（益），为道者日员（损），员（损）之或（又）员（损），以至亡（无）为也，无为而无不为。

马王堆帛书《老子》甲本相应部分残损严重，无法对比。马王堆帛书《老子》乙本相应部分也有一些残损，但还是保存了相当多的内容：

为学者日益，闻道者日云（损），云（损）之有（又）云（损），以至于无□□□□□□□□。取天下恒无事。及亓（其）有事也，□□足以取天□。

可见郭店楚简和马王堆帛书《老子》乙本作“损之又损”，王弼本也作“损之又损”。然而，作“损之又损之”的本子也不在少数。《庄子·知北游》引“黄帝曰”时有：“故曰：‘为道者日损，损之又损之，以至于无为，无为而无不为也。’”从“故曰”看，应该是对那个时代所见《老子》的引用。其他如严遵本、《想尔》本、玄宗本、傅奕本、范应元本均作“损之又损之”。③河上公本虽作“损之又损”，但据《治要》本、《意林》本、敦煌本、景福

---

① 这里，“损”字下应有一个重文符号，可能是漏抄或磨灭了。

② 需要说明的是，这里使用的是北大汉简整理者的文本。整理者认为“无”下面约残缺 11 字，依据图版，也确实如此。然而却依据郭店楚简本和其他诸本补了 13 字，恐不可取。在笔者看来，不做补字是最为慎重的。如果要补，以下两种都有可能，一种是据严遵本“至于无为而无以为。将欲取天下者，常以无事”，补为“至于无〔为而无以为。取天下者恒以〕无事”。另一种是据郭店楚简本“以至无为也，无为而无不为”，再结合马王堆帛书乙本“取天下恒无事”，补为“至于无〔为，无为而无不为，取天下恒〕无事”。然而，王弼本中，“无为而无不为”二见，即第三十七章和第四十八章，马王堆帛书甲乙本第三十七章首句不是“无为而无不为”，而是“道恒无名”，第四十八章因残缺而不可知。北大汉简第三十七章首句也不是“无为而无不为”，而是“道恒无为”，因此，笔者以为该残缺部分，无论是马王堆帛书甲乙本还是北大汉简，接近严遵本的可能性更高一些。

③ 岛邦男．老子校正．东京：汲古书院，1973：156．朱谦之．老子校释．北京：中华书局，1984：193．

碑，可知应补为“损之又损之”。其他如东汉陈相边韶《老子碑铭》、《牟子理惑论》、《涅槃无名论》、《文选·东京赋》注也都作“损之又损之”。

不管是“损之又损”还是“损之又损之”，其解释并无大的差别，“损”是动词，可理解为否定或减损。“损之又损之”指的是对“之”这一对象不断地做否定或减损。因此，“损之又损之”应该比“损之又损”说得更清楚。那么，“之”指的是什么呢？从“为学者日益”看，应该指的是“为学者”通过不断的学习和知识的积累而日渐增加的东西。如果依据《庄子·知北游》，那可能指的是“仁”“义”“礼”，因为《庄子·知北游》所引“为道者日损，损之又损之”的前面还有：“仁可为也，义可亏也，礼相伪也。故曰：‘失道而后德，失德而后仁，失仁而后义，失义而后礼。礼者，道之华而乱之首也。’”可见为道者需要不断减损的是“仁”“义”“礼”这些儒家所鼓吹的东西。对于此章，严遵本的解释是：“是以圣人，释仁去义，归于大道，绝智废教，求之于己。所言日微，所为日寡，消而灭之，日夜不止。包以大冥，使民无耻。灭文丧事，天下自已。损之损之，使知不起。遁名亡身，保我精神。秉道德之要，因存亡之机。不为事主，不为知师。寂若无人，至于无为。”① 可见要“消而灭之”的不仅有“仁”“义”，还有“智”“教”，“损之损之”的目的在于“使知不起”。河上公本的解释是：“学谓政教礼乐之学也。日益者，情欲文饰日以益多。”“日损者，情欲文饰日以消损。”② 后世的注释者几乎都是从这样几个角度去解释减损的对象，第一是“仁”“义”“礼”这些具体之物，第二是相应的知识与智能，第三是引发这些知识与智能的欲望。因此，“损之又损之”可以说是一种工夫论，即通过不断减损的工夫，最后进至“无为”的境界。

南北朝时期佛教般若学学者僧肇在其《涅槃无名论·明渐》中，既使用《老子》“玄之又玄”构建起来的“重玄”概念，又同时使用《老子》“损之又损之”说为其佛教理论服务：

> 夫群有虽众，然其量有涯，正使智犹身子，辩若满愿，穷才极

① 王德有. 老子指归. 北京：中华书局，1994：37.
② 王卡. 老子道德经河上公章句. 北京：中华书局，1993：186.

虑，莫窥其畔。况乎虚无之数，重玄之域，其道无涯，欲之顿尽耶？书不云乎，为学者日益，为道者日损。为道者，为于无为者也。为于无为而曰日损，此岂顿得之谓？要损之又损之，以至于无损耳。①

其要旨是，要靠“损之又损之”这种渐悟的方式才能理解“虚无之数”，到达“重玄之域”。这里的“重玄之域”看上去是一种玄远的境界，其实结合下文的论述可知，“重玄”也是一种不断减损的工夫论。可见在僧肇心目中，“玄之又玄”与“损之又损之”显然是相关的。

我们认为，“玄之又玄之”文本的出现，绝不是偶然的现象。首先，这种表现方式和“损之又损之”恰好形成对照②，促使我们去思考这样一种可能性，即“玄之又玄之”中的“玄”也应该读为动词，“玄”同样应该理解为减损或否定，“之”是“玄”所减损或否定的对象，在北大汉简《老子》下经的首章中有着工夫论的内容。而这一切，在《老子》解释史上、在道家思想史上并非没有蛛丝马迹，有相当多的材料可以证明，“玄之又玄之”的文本具有合理性，由“玄之又玄之”引发的解释路线，很可能引发了后世“双遣说”“重玄说”的产生。

## 二

历史上对于“玄之又玄”的解释，和前面“此两者同出而异名，同谓之玄”有很大关系。而“此两者同出而异名，同谓之玄”一句，马王堆帛书甲乙本和北大简本均作“此两者同出，异名同谓”。也就是说，很可能正因为有“同谓之玄”，引发了解释者把“玄”看作是一个形容词或名词。把“同谓之玄”的“玄”及“玄之又玄”的“玄”朝着黑暗、幽远、深远、深奥方向去理解，并进而将其指代为神妙的道。例如，王弼在《老子

---

① 石峻，等．中国佛教思想资料选编：第一卷．北京：中华书局，1981：164.

② 太田晴轩云：“玄之又玄，谓其幽玄之尤至也。本书第四十八章曰：损之又损，以至于无为。《庄子・天地篇》：深之又深，而能物焉；神之又神，而能精焉。同上《达生篇》：精而又精，反以相天。语例例全相同，可并考也。”（太田晴轩．老子全解：卷一：6//严灵峰．无求备斋老子集成续编：第240册．台北：艺文印书馆，1972）这只能说是形式上的相同，如果将“玄”作为形容词，的确与“深之又深”“神之又神”“精而又精”类似，但和“损之又损”并不相同。如果将“玄”作为动词理解，则与“深之又深”“神之又神”“精而又精”无关，和“损之又损”相同，也与《管子・内业》“思之思之，又重思之”类似。

指略》中说：

> 夫“道”也者，取乎万物之所由也；“玄”也者，取乎幽冥之所出也；“深”也者，取乎探赜而不可究也；“大”也者，取乎弥纶而不可极也；“远”也者，取乎绵邈而不可及也；“微”也者，取乎幽微而不可睹也。然则“道”“玄”“深”“大”“微”“远”之言，各有其义，未尽其极者也。然弥纶无极，不可名细；微妙无形，不可名大。是以篇云：“字之曰道”，“谓之曰玄”，而不名也。然则言之者失其常，名之者离其真。（第 196 页）

就是说，“玄”和“道”、“深”、“大”、“微”、“远”一样，不过是“道”的代名词之一，“玄”侧重的仅是“幽冥”这一“道”的特征，后世的注解大多由此而来。王弼又说道“不名”，“名之者离其真”，即道不可名状，一旦赋予名称，就“离其真”了。可见，王弼《老子指略》的重点在于“谓之”上，他把“谓之”和“字之”联系起来考虑。正因为“玄”具有“道”的性质和意义，所以他要把“此两者”理解为“天地之始”与“万物之母”的“始”与“母”。而“此两者”所指代的意义，历来充满争议，这一点在后文中还将详述。但马王堆甲乙本和北大本却没有“同谓之玄”，这就使得王弼说失去了解释的必要。

河上公本“同谓之玄，玄之又玄”的解释是：

> 玄，天也。言有欲之人与无欲之人，同受气于天。
>
> 天中复有天也。禀气有厚薄，得中和滋液则生圣贤，得错乱污辱则生贪淫也。①

河上公把“玄”等同于“天”，因此把“玄之又玄”解读成“天中复有天”也就成立了。这种解释可能和道教的重天信仰和升仙观念有关。② 但这种注解把“玄”变成一种物体，使得“玄”不再具有形而上的终极性和不可知性，面对“玄之又玄之”，这样的解释也无能为力。

后世的道教则直接把“玄”等同于“道”，例如《抱朴子》内篇的第

---

① 王卡. 老子道德经河上公章句. 北京：中华书局，1993：2.

② 张敬梅. 从“玄之又玄”到“重玄”的演变. 宗教学研究，2004（1）：134.

一章为《畅玄》，其开篇云：

> 玄者，自然之始祖，而万殊之大宗也。眇昧乎其深也，故称微焉。绵邈乎其远也，故称妙焉。

这就把“玄”看作天地万物生成的总根源和存在的总依据，“玄”作为一个概念实际上等同于“道”了。此文下面，《畅玄》对于“玄”之作用和性能的描述，和道家文献中关于“道”的描述完全相同。即便是用“玄”替代“道”，究其根源，仍然可以上溯到《老子》首章“同谓之玄”“玄之又玄”的解释系统，只不过把“玄”从“道”的名称之一变成“道”之替身了。①

虽然将“玄”理解为黑暗、幽远、深远、深奥，将其和“道”的特征联系起来是《老子》首章解释史的主流，但还有一条解释路线，是把“玄之又玄”理解为朝着“道”的方向不断接近的过程。因此，这就主要不是指道体自身的性质，而是人主观上面向“道”的一种体认工夫和追寻努力了。有别于上述解释，王弼在其《老子道德经注》第一章的注释中，对于“玄之又玄”是这样解释的：

> 同谓之玄者，取于不可得而谓之然也。不可得而谓之然，则不可以定乎一玄而已；若定乎一玄，则是名则失之远矣，故曰“玄之又玄”也。众妙皆从玄而出，故曰“众妙之门”也。(第 2 页)②

陶鸿庆认为，王弼之所以要用“谓之玄”，而不用“名曰玄”，是因为“不可得而谓之然”，亦即：“无以称之，强以此称之而已。既无称而强以此称，则不可定乎一玄。”(第 6 页）这里，需要注意王弼提出了“一玄”和“又玄”的相对概念，这样“玄之又玄”就不是简单的反复或强调，而是用“又玄”来否定前“玄”，从而使“道”彻底摆脱被命名、被当作一个确定概念看待的可能。这和前面的“道可道，非常道。名可名，非常名”是正相呼应的。在《老子指略》中，王弼也有相应的阐说：

---

① 王弼在《老子指略》中说：“妙出乎玄，众由乎道。”“玄，谓之深者也；道，称之大者也。”已经有将“道”“玄”并列的倾向。（楼宇烈．王弼集校释．北京：中华书局，1980：197-198）

② 此处文字据陶鸿庆说有增补。（楼宇烈．王弼集校释．北京：中华书局，1980：5-6）

> 名号生乎形状，称谓出乎涉求。名号不虚生，称谓不虚出。故名号则大失其旨，称谓则未尽其极。是以谓玄则“玄之又玄”，称道则“域中有四大”也。（第 198 页）

因此，在王弼这里“玄之又玄”可以理解为对“道”的追求过程，同时就是不断摆脱名号称谓束缚的过程，以不断否定的方式，最后返归于“道”，这和“损之又损”显然是同一原理，王弼对“为道日损”的解释就是“务欲反虚无也”（第 128 页）。可以说王弼的这种解释开启了后来“重玄说”的先声。

“重玄说”既有道家道教的，也有佛教的，是两者相互利用对方思想资源、相互激发之后产生的学说，作为一种工夫论，无论是道家道教的还是佛教的，都希图利用“重玄”之道破除外在的执着与束缚，在不断减损、不断提升的过程中，使主体能够心无挂碍、自然无滞地直契真道，进入“重玄”仙境。在《道德经疏义》中成玄英将“重玄”之道概述为：

> 有欲之人，唯滞于有；无欲之士，又滞于无。故说一玄，以遣双执。又恐学者滞于此玄，今说又玄，更去后病。既而非但不滞于滞，亦乃不滞于不滞，此则遣之又遣，故曰玄之又玄。①

可以看出，这也是“一玄”和“又玄”（即“重玄”）相对的思路，但明确显示出否定的思维进程，“一玄”即第一次否定，遣除“有”和“无”，但如果“滞于此玄”，仍然不够，须再遣此“玄”，“遣之又遣”，经历多重否定。通过对自身执滞的不断遣除，冥灭一切欲望，在圆融无碍中获得精神上的绝对自由。

就“遣之又遣”这种“双遣说”而言，一般认为最早见于西晋玄学

---

① 成玄英．道德经疏义//蒙文通．道书辑校十种．成都：巴蜀书社，2001：377．李荣的《道德经注》也说：“道德杳冥，理超于言象，真宗虚湛，事绝于有无。寄言象之外，托有无之表，以通幽路，故曰玄之。犹恐迷方者胶柱，失理者守株，即滞此玄，以为真道，故极言之，非有无之表，定名曰玄。借玄以遣有无，有无既遣，玄亦自丧，故曰又玄。又玄者，三翻不足言其极，四句未可致其源，寥廓无端，虚通不碍，总万象之枢要，开百灵之户牖，达斯趣者，众妙之门。”（李荣．道德经注//蒙文通．道书辑校十种．成都：巴蜀书社，2001：566）

家郭象，他对《庄子·齐物论》“今且有言于此，不知其与是类乎？其与是不类乎？类与不类，相与为类，则与彼无以异矣”一段的注如下所示：

> 今以言无是非，则不知其与言有者类乎不类乎？欲谓之类，则我以无为是，而彼以无为非，斯不类矣。然此虽是非不同，亦固未免于有是非也，则与彼类矣。故曰类与不类又相与为类，则与彼无以异也。然则将大不类，莫若无心，既遣是非，又遣其遣。遣之又遣之以至于无遣，然后无遣无不遣而是非自去矣。①

虽然郭象没有用“重玄”一词，但从“既遣是非，又遣其遣”看，和“重玄说”并无二致，因为典型的“重玄说”可表述为“既遣有无，复遣其遣”。“‘双遣’实际上是指对有、无以及‘遣’本身的三重否定的思想方法，又称‘三翻之式’，这种思想方法可以应用于是非、有无、此岸与彼岸等一切相对的范畴，从而达到对一切无所执着的境界。”② 郭象的“双遣说”来自何处、有无外在的影响姑且不论，郭象受《庄子·齐物论》的影响，觉得用“双遣”的方式最能表达庄子原意，是毋庸置疑的。在上述《庄子·齐物论》那段文字之后，庄子展开了那段著名的推论：

> 虽然，请尝言之。有始也者，有未始有始也者，有未始有夫未始有始也者。有有也者，有无也者，有未始有无也者，有未始有夫未始有无也者。俄而有无矣，而未知有无之果孰有孰无也。今我则已有谓，而未知吾所谓之其果有谓乎，其果无谓乎？（第79页）

池田知久认为，这段话表示，“追溯‘有’的否定根源到‘无’，又追溯其‘无’的否定根源到‘无之无’，再又追溯其‘无之无’的否定根源

---

① 郭庆藩. 庄子集释. 北京：中华书局，1961：79. 本书对《庄子》的引用，采用郭庆藩此集释本，在引用其他文本时，会做特别说明。成玄英疏为：“类者，辈徒相似之类也。但群生愚迷，滞是滞非。今论乃欲反彼世情，破兹迷执，故假且说无是无非，则用为真道。是故复言相与为类，此则遣于无是无非也。既而遣之又遣，方至重玄也。”（第79页）则将“双遣”和“重玄”直接联系了起来。

② 张敬梅. 从“玄之又玄”到“重玄”的演变. 宗教学研究，2004（1）：135.

到‘无之无之无’……就这样，依据对否定根源之溯及，‘有’的性质被彻底地否定、排除，最后到达的是‘俄而有无矣’，即绝对的‘无’”①。

有着类似精神的话，也见于《庄子·知北游》：“予能有无矣，而未能无无也，及为无有矣，何从至此哉！”《淮南子·俶真》：“予能有无，而未能无无也。及其为无无，至妙何从及此哉！”（《淮南子·道应》也有类似内容。）池田知久指出，这一系列文献的作者希望“通过反复的、彻底的批判，最终达到了‘一之无’即‘齐同的非存在’的境界，‘无’之我直接和‘无’之世界相融合，成为一体，最终确立了作为终极根源之本体的‘道’。要做到这种境界，在于‘我’完全‘无谓’‘无言’，此时的‘我’便如同‘天地与我并生，而万物与我为一’。能毫无障碍地、完整地与‘天地’‘万物’相融合”②。

也就是说，“道”的确立，从某种意义上讲，是人之工夫（即不断的否定与减损）的产物，是一种圆融无碍的、精神上的绝对自由。③《庄子》之《齐物论》《知北游》，以及《淮南子》之《俶真》《道应》的相关文字虽然没有类似“双遣”的字眼，但在先秦时期，已经产生出了将外在的“物”和主体的“我”不断加以否定、排遣的工夫论，这是毋庸置疑的。因此，突出强调“玄之又玄之”“损之又损之”这种《老子》文本的存在，也是可以理解的。而且，“玄之又玄之”只有按照《庄子·齐物论》郭象注、成玄英《道德经疏义》去解释，才能得到正确的理解。在思想史上，使用“玄之又玄之”“损之又损之”的《老子》文本、《庄子·齐物论》及其相关文献，应该是“重玄说”“双遣说”④的真正源头，或者说“重玄说”“双遣说”是本已有之的思想传统。

---

① 池田知久．道家思想的新研究——以《庄子》为中心．王启发，曹峰，译．郑州：中州古籍出版社，2009．184.

② 同①185.

③ 不仅仅上引这段文字，可以说《庄子·齐物论》整篇都充满了各种否定，可参池田知久《道家思想的新研究——以〈庄子〉为中心》第171～179页第五章第二节“对感情判断、价值判断、事实判断的否定与排除”。

④ 类似的表述还有“双损”“双非”“兼忘”等等，均有关联。

## 三

关于今本《老子》第一章，学者一般倾向于认为其中心是“道”的宇宙论、本体论。例如陈鼓应认为：“本章只在说明：一、‘道’具有不可言说性，‘道’是不可概念化的东西。二、‘道’是天地万物的根源和始源。其余的文字，都是一些形容词。”① 也有一些学者注意到这一章还有工夫论的层面，即人如何接近和回归于道的问题。例如李若晖即认为：“本章的主旨即人如何回归道。人现实地生存在万物之中，并且不可能抛弃万物而生存。与物的关系必然产生欲。老子希望以其教导开启道之门，但这教导本身又使人进入名言的世界。于是如何对待‘名’与‘欲’，便成为我们首先必须面对的问题。在老子看来，只有放弃循名责实的为学之途，才能由道言而为道；只有通过绝学而弃知，才能经无我而达无欲。”② 从强调“玄之又玄之”“损之又损之”的北大汉简《老子》看，这一解释有其合理性。

在“玄之又玄”的注释上，直接从刻意减损、不断否定的角度去做解释者是池田知久，他对马王堆帛书《老子》甲本的“两者同出，异名同胃（谓）。玄之有（又）玄，众眇（妙）之〔门〕”做了如下的翻译：“‘道’与‘万物’两者，来自同一的真正的根源，即便名称不同，实质没有区别。如果一边否定此两者，一边溯及真正的根源，不断做出否定，一步步溯及真正之根源的话，那么，就会到达那个隐藏着无数宝藏的门。”③ 他认为不论从语法上讲还是从思想上讲，将“玄之又玄”理解为形容词或名词，都是不合适的，这里只能理解为动词。他也同样将“玄之又玄”和“损之又损”联系起来解读，认为“玄之又玄”是道家系统思想家为到达那个终极的目标而采取的反复的思想活动，即首先从现状出发对现状做出否定，面向根源做出第一步回溯（“玄之”），接着，对已抵达的高境界也加以否定，进一步向着根源回溯（“又玄”），通过反复进行的彻

---

① 陈鼓应．老子注译及评介．北京：中华书局，1984：63.

② 李若晖．道之隐显（下）——《老子》第一章阐微．哲学门，2010（21）：191-192.

③ 池田知久．老子．馬王堆出土文献訳注叢書．東京：東方書店，2006：180．译文是笔者所作。

底的否定活动，向着终极（“众妙之门”）不断超越，最终到达真正的根源性的“道”。① 可以说，这一解释的合理性现在得到了北大汉简《老子》的印证。

那么，北大汉简《老子》要“玄”的对象“之”究竟代表什么呢？要解决这个问题，首先需要回答“此两者同出，异名同谓”中的“此两者”究竟指的是什么？历史上关于“此两者”有多种说法②：或曰“有欲”与“无欲”，或曰“始”与“母”，或曰“有”与“无”，或曰“常有”与“常无”，或曰“其妙”与“其徼”，或曰“道”与“名”，或曰“恒道”与“可道”，或曰“无名”与“有名”③。其实，还可以举出“有形”与“无形”④、“名”与“欲”⑤，以及上引池田知久的“道”与“万物”等数种。马王堆帛书本没有“此”字，刘笑敢认为这样“‘两者’可不限于紧接之上句，对于解释文义就好像少了一点限制”。他进而认为：“本章所讨论的主要对象就是‘万物之始’‘万物之母’，而概括其特征的主要概念就是‘无名’与‘有名’，‘两者同出’所指就是‘无名’与‘有名’。”⑥ 廖名春为了证明“‘无’乃是《老子》书中哲学的最高范畴，宇宙本体”，证明“无”高于“有”，“无”和“有”两者“同谓之玄”，甚至认为两个帛书本的“同谓”后面都有脱字，至少脱了一个“玄”字，原文当作“同谓〔玄〕”。⑦ 北大汉简的出现，证明了两个问题，第一，“此两者”表明“两者”并非没有特指，最有可能的就是直接上承前文的“无欲”“有欲”“其眇（妙）”“其所侥（徼）”。第二，北大汉简证实了帛书本“两者同出，异

① 池田知久．老子．馬王堆出土文献訳注叢書．東京：東方書店，2006：179.

② 在《老子》首章自古及今的解释史上，存在许多充满争议的难点。“道可道，非常道。名可名，非常名”究竟何意？“名可名，非常名”为何与“道可道，非常道”相并列？究竟是“无名，天地之始。有名，万物之母。故常无欲，以观其妙；常有欲，以观其徼”还是“无，名天地之始。有，名万物之母。故常无，欲以观其妙，常有，欲以观其徼”？“两者”代表什么？“玄之又玄”究竟何解？都有无数种意见。

③ 刘笑敢．老子古今：上卷．北京：中国社会科学出版社，2006：95.

④ 任继愈．老子新译．上海：上海古籍出版社，1985：62.

⑤ 李先耕．老子今析．北京：中国社会科学出版社，2002：10；李若晖．道之隐显（下）——《老子》第一章阐微．哲学门，2010（21）：180.

⑥ 同③95-100.

⑦ 廖名春．《老子》首章新释．哲学研究，2011（9）：41-42.

名同谓"并无脱文，相反，没有"同谓之玄"，解释起来更为顺畅，帛书本也应该照北大汉简的方式去理解。

既然没有了"同谓之玄"的牵制，那么，"玄"就不需要做形容词或名词解，不需要理解为道体的特征，"玄之又玄之"就完全可以理解为具有实践意义的工夫论，即对外物影响以及主体执着的排除和否定。因此，"玄"要否定的"之"正是"有欲"和"无欲"，即，首先，"玄之"否定的是人外在的各种欲望，如果与"损之又损之"及《庄子·知北游》联系起来看，那就指的是"仁""义""礼"这些儒家所鼓吹的东西及相应的知识与智能，当然，这里的范围可能更宽一些。其次，"又玄之"否定的是对"有欲""无欲"二元因素做出思考的主体思维活动本身。那么，这里是否像后世"重玄说"所阐述的或像《庄子·齐物论》所推导的那样，可以直接理解为对"有"和"无"的遣除呢？笔者认为还操之过急。因为，如果我们认为北大汉简《老子》和马王堆帛书本《老子》更具相似性，那么，马王堆帛书本《老子》"无名，万物之始也。有名，万物之母也。〔故〕恒无欲也，以观其眇（妙）；恒有欲也，以观其所噭（徼）"的断句证明了这里尚未出现作为独立概念使用的"有"和"无"。那种对"有"、"无"以及"遣"本身做出三重否定的思想方法，即"三翻之式"，北大汉简《老子》还尚未达到这样的思辨高度。

总之，北大汉简《老子》的出现，为我们提供了一种新的、具有自身逻辑统一性的首章（在北大汉简这里是《老子》下经首章）文本，"玄之又玄之"指的是一种不断减损、否定的工夫论。"玄"应该做动词解。① 它消除了其他文本容易导致解释混乱的因素（如"同谓之玄"），对于后世"双遣说"及"重玄说"可能发生过直接的影响。至于后世为何"同谓之玄""玄之又玄"的文本会大行其道，的确值得我们思考。

---

① 当然我们并不否认，其他地方的"玄"应该做形容词理解，如"玄德"（下经第五十三章，上经第十四、二十九章）、"玄牝"（下经第五十章）、"玄鉴"（下经第五十三章）、"玄达"（下经第五十八章）、"玄同"（上经第十九章）。但需要注意的是，"玄德"是老子对无为实践的一种评价，如上经第十四章的"生而不有，为而不恃，长而不宰"。上经第二十九章更强调"与物反矣，乃至大顺"，即"玄德"可以带着"物"返归真朴，从而进入"大顺"之境地，这和"玄之又玄之，众妙之门"异曲同工。上经第十九章"知者弗言"，"塞其兑，闭其门，和其光，同其尘，挫其锐，解其纷"的"玄同"更是一种不断减损的工夫论。

# 第二章 《老子》首章与“名”相关问题的重新审视

## ——以北大汉简《老子》的问世为契机

《国际汉学研究通讯》第一期公布了北大汉简《老子》三支简的照片[①]，其中《老子》(一) 可以和今本《老子》第一章相对应：

> 道可道，非恒道殹[②]。名可命，非恒名也。无名，万物之始也。有名，万物之母也。

今本《老子》第一章如下所示：

> 道可道，非常道。名可名，非常名。无名，天地之始。有名，万物之母。故常无欲，以观其妙；常有欲，以观其徼。此两者同出而异名，同谓之玄。玄之又玄，众妙之门。

马王堆帛书《老子》甲本第一章如下所示：

> 道，可道也，非恒道也。名，可名也，非恒名也。无名，万物之始也。有名，万物之母也。〔故〕恒无欲也，以观其眇（妙）；恒有欲也，以观其所噭（徼）。两者同出，异名同胃（谓）。玄之有（又）玄，众眇（妙）之〔门〕。

马王堆帛书《老子》乙本第一章如下所示：

> 道，可道也，〔非恒道也。名，可名也，非〕恒名也。无名，万

---

① 北京大学国际汉学家研修基地．国际汉学研究通讯：第一期．北京：中华书局，2010.

② “道”下有一字，照片不清晰，笔者以为“殹”字可能性比较大。标点为笔者所加。

物之始也。有名，万物之母也。故恒无欲也，〔以观其眇（妙)〕；恒又（有）欲也，以观其所噭（徼)。两者同出，异名同胃（谓)。玄之又玄，众眇（妙）之门。

从中可以看出，北大汉简《老子》和马王堆帛书《老子》比较接近，但也有很大一个区别，那就是包括马王堆帛书《老子》在内，几乎所有文本作“名可名”的地方①，北大汉简《老子》作“名可命”。当然，“名”和“命”是通假的关系，或者说“名”多用作名词，而“命”则多用作动词，二者并无实质意义上的差别。例如，与今本第十四章相当的部分，马王堆帛书《老子》乙本作：

视之而弗见，〔命〕之曰微。听之而弗闻，命之曰希。揗之而弗得，命之曰夷。……其上不谬，其下不忽，寻寻呵，不可命也。

马王堆帛书《老子》甲本中，“命”字均写作“名”。

如果我们仅仅将“名”和“命”视为通假的关系，虽无大错，但可能会因此遗漏一些值得探讨的现象，也就是说北大汉简《老子》为什么要故意放弃修辞上的整齐、美观，而使用这样一种不整齐、不美观的表达方式呢？在笔者看来，《老子》第一章的“名可名，非常名”是一个难解的部分，北大汉简《老子》本的出现，或许能够提供一些重要信息。

## 一

关于“道可道，非常道。名可名，非常名”，目前最为常见的解释是：“能用一般的语言来说明的平常的、普通的‘道’不是常道（恒常之道、绝对之道)。能用一般的语言来说明的平常的、普通的‘名’不是常名（恒常之名、绝对之名)。”②

此处，“道可道，非常道”可以理解，“名可名，非常名”却难理解。因为《老子》反复地说，道是无名的。从道、物两个世界的划分看，名处于形而下的世界。形而下的世界是“有形”“有名”的，通过“形”“名”

---

① 笔者依据的各种文本参考了岛邦男的《老子校正》(东京：汲古书院，1973)。

② 例如任继愈《老子新译》(上海：上海古籍出版社，1985)、陈鼓应《老子注译及评介》(北京：中华书局，1984）均做此解释。

构建起来，并通过名称、名分来确立世界的制度和秩序、等级。这一点，既在《老子》第一章得到清楚的表达，在道家其他文献中也得到过反复论述，并不稀奇。但“常名”是个什么东西？既然道不可名，为什么还有“常名”？[①] 这岂不矛盾？查阅古典文献，也完全不见“常名”或“恒名”的用例。然而，依笔者管见，在《老子》研究史上，似乎从未有人对此问题予以重视。

《老子》中的“名”，有时表示“名誉”之意，对此本章不做考察，只探讨其他用例。先看今本。

第一，用来表示道无名，以及道不可以用普通的语言去表达描述。

> 无名，天地之始。（第一章）
>
> 其上不皦，其下不昧。绳绳不可名，复归于无物。（第十四章）
>
> 有物混成，先天地生。寂兮寥兮，独立不改，周行而不殆，可以为天下母。吾不知其名，字之曰道，强为之名曰大。（第二十五章）
>
> 道常无名。朴虽小，天下莫能臣也。侯王若能守之，万物将自宾。天地相合，以降甘露。民莫之令而自均。（第三十二章）
>
> 道常无为而无不为，侯王若能守之，万物将自化。化而欲作，吾将镇之以无名之朴。无名之朴，夫亦将无欲。不欲以静，天下将自定。（第三十七章）
>
> 道隐无名。（第四十一章）

第二，表示形下的世界是由名构成的。

> 有名，万物之母。（第一章）
>
> 始制有名，名亦既有，夫亦将知止，知止可以不殆。譬道之在天下，犹川谷之于江海。（第三十二章）

我们发现，除第四十一章外，其余“名”的用例均见于《道经》部分，这也是值得注意的现象。

郭店楚简不见第一章，和今本第二十五章、三十二章相当的部分，内

---

① 《庄子·知北游》则鲜明指出“道不当名”，原文为：“道不可闻，闻而非也；道不可见，见而非也；道不可言，言而非也。知形形之不形乎！道不当名。”

容基本相同，也可以看到“镇之以亡名之朴”（见今本第三十七章）的说法。“名”只见于甲本，不见于乙本、丙本。从内容看，也同样可以分为两个方面，即“道”无名，用一般语言无法表达“道”，以及“名”是构筑形下世界、人类社会的重要元素。不过，没有类似第一章“有名，万物之母”之类明确的表达。

马王堆汉墓帛书和今本基本相同，但《道经》的最后一章（今本第三十七章）开始不是“道常无为而无不为”，而是“道恒无名”。郭店楚简作“道恒无为”。从后面有“镇之以无名之朴”看，马王堆本最善。我们注意到，马王堆本《道经》部分第一章突出“道”和“名”的关系，而最后一章也突出“道”和“名”的关系，这里是否存在刻意要和第一章形成对应的意识呢？

要注意的是，今本第二十一章以下内容：

> 孔德之容，惟道是从。道之为物，惟恍惟惚。惚兮恍兮，其中有象。恍兮惚兮，其中有物。窈兮冥兮，其中有精。其精甚真，其中有信。自古及今，其名不去，以阅众甫。吾何以知众甫之状哉？以此。

此段马王堆帛书基本相同，郭店楚简无。这里的“名”似应作“道”之“名”解。把握了“道”之“名”，就可以“以阅众甫”，即了解万物本始了，这种说法，和强调“道常无名”“化而欲作，吾将镇之以无名之朴”的方向似乎完全相反。冯友兰曾努力为之解释：“‘道常无名，朴。’所以，常道就是无名之道。常道既是无名，所以不可道。然而，既称之曰‘道’，道就是个无名之名。‘自古及今，其名不去，以阅众甫。’（二十一章）道是任何事物所由以生成者，所以，其名不去。不去之名，就是常名。常名实在是无名之名，实则是不可名底。所以说，‘名可名，非常名’。”[①] 不少学者对第一章“名可名，非常名”的解释，也是将“常名”视为“道之名”。[②] 这样就出现了一个矛盾的现象，如前所述，在同一本《老子》中，甚至在同一章（第一章）中，《老子》既明确提出“道”无名或不可

---

① 冯友兰．新原道//三松堂全集：第五卷．郑州：河南人民出版社，2001：45.

② 陈鼓应．老子注译及评介．北京：中华书局，1984：55.

“名”，又说存在所谓“道”之名，对此，似乎没有哪位学者对这奇怪现象，以及为何要强调“道”之名，做出过合理解释。

这里，再来看看早期文献是如何解释“道可道，非常道。名可名，非常名”的。先看《淮南子·道应》：

> 桓公读书于堂，轮扁斫轮于堂下，释其椎凿而问桓公曰：“君之所读书者，何书也?”桓公曰：“圣人之书。”轮扁曰：“其人焉在?”桓公曰：“已死矣。”轮扁曰：“是直圣人之糟粕耳!”桓公悖然作色而怒曰：“寡人读书，工人焉得而讥之哉！有说则可，无说则死。”轮扁曰：“然，有说。臣试以臣之斫轮语之：大疾，则苦而不入；大徐，则甘而不固。不甘不苦，应于手，厌于心，而可以至妙者，臣不能以教臣之子，而臣之子亦不能得之于臣。是以行年六十，老而为轮。今圣人之所言者，亦以怀其实，穷而死，独其糟粕在耳!”故老子曰：“道可道，非常道。名可名，非常名。”①

这段故事的重点在于“道”只可体会，不可言传，一般的知识、教诲都是“糟粕”而已，这对我们理解究竟什么是“常名”并无直接帮助。《文子·上仁》有以下这样一段话：

> 文子问治国之本。老子曰：“本在于治身，未尝闻身治而国乱，身乱而国治也。故曰：‘修之身，其德乃真。’道之所以至妙者，父不能以教子，子亦不能受之于父，故‘道可道，非常道。名可名，非常名也’。”

这依然是在讲“道”至妙而不可言传，并未回答何谓“常名”。再来看《淮南子·本经》：

> 今至人生乱世之中，含德怀道，抱无穷之智，钳口寝说，遂不言而死者众矣，然天下莫知贵其不言也。故“道可道，非常道。名可名，非常名”。著于竹帛，镂于金石，可传于人者，其粗也。

这段话的重点在于“贵不言”，强调书面的有形的知识、教诲都是“粗”

---

① 《庄子·天道》篇有几乎相同的故事，但没有最后《老子》的引用。

的东西。这对我们理解“常名”也无直接帮助。《文子·精诚》以下这段话内容也大致相同：

> 故至人之治，含德抱道，推诚乐施，抱无穷之智，寝说而不言，天下莫之知贵其不言者，故“道可道，非常道也。名可名，非常名也”。著于竹帛，镂于金石，可传于人者，皆其粗也。

因此，以上几则解说，都侧重强调“道”之玄妙，用普通的、有形的知识、语言无法把握，这对理解“道可道，非常道”比较合适，但对为何还需要特别提出“名可名，非常名”并无太大启发。

王弼的《老子》注释，基本上也是在这条思想延长线上。他对这两句话做了如下解释：

> 可道之道，可名之名，指事造形，非其常也。故不可道也，不可名也。

“指事造形”指形下世界的事物都是可见可识、形象具体的，故“非其常也”。王弼的《老子指略》进一步做了如下阐发：

> 夫物之所以生，功之所以成，必生乎无形，由乎无名。无形无名者，万物之宗也。……是故天生五物，无物为用。圣行五教，不言为化。是以“道可道，非常道。名可名，非常名”也。五物之母，不炎不寒，不柔不刚；五教之母，不皦不昧，不恩不伤。虽古今不同，时移俗易，此不变也，所谓“自古及今，其名不去”者也。
>
> 名也者，定彼者也；称也者，从谓者也。名生乎彼，称出乎我。故涉之乎无物而不由，则称之曰道；求之乎无妙而不出，则谓之曰玄。
>
> 然则，言之者失其常，名之者离其真，为之者则败其性，执之者则失其原矣。是以圣人不以言为主，则不违其常；不以名为常，则不离其真；不以为为事，则不败其性；不以执为制，则不失其原矣。

也就是说，王弼承认有一个“自古及今，其名不去”的“常名”存在，这个“常名”的性质表现为“古今不同，时移俗易，此不变也”。但王弼又说“名”“称”只是人为之物，在“无物而不由”“无妙而不出”的“道”

“玄”的领域，则不起作用。从“言之者失其常，名之者离其真”“不以名为常，则不离其真”来看，王弼还显然反对“常名”的存在，因为“名”和“常”正好相对。毋庸置疑，关于“常名”，王弼这里也存在着内在的矛盾。

我们发现，与上述解释系统不同，在古典文献中，对首章这句话，还有另外一个解释系统。例如《文子·道原》有以下的话：

> 老子曰：“夫事生者应变而动，变生于时，知时者无常之行。故‘道可道，非常道。名可名，非常名’。书者，言之所生也，言出于智，智者不知，非常道也。名可名，非藏书者也。”①

这段话行文跳跃，较难理解，但总体上在强调“道”常变易，无常行，虽然作者没有明确指出，但我们可以这样理解，和普通人不同，依据“道”无名无形的原理，“事生者”“知时者”能够认识那些不落于文字、不著于书籍中的、变易无常的“道”和“名”，在行动上采取“应变而动”“无常之行”的姿态。

类似论述又见《文子·上义》：

> 老子曰：“治国有常而利民为本，政教有道而令行为右。苟利于民，不必法古；苟周于事，不必循俗。故圣人法与时变，礼与俗化。衣服器械，各便其用。法度制令，各因其宜。故变古未可非，而循俗未足多也。诵先王之书，不若闻其言；闻其言，不若得其所以言。得其所以言者，言不能言也。故‘道可道，非常道也。名可名，非常名也’。”

我发现这段话的最后几句，也见于《淮南子·氾论》：

> 百川异源而皆归于海，百家殊业而皆务于治。王道缺而《诗》作，周室废、礼义坏而《春秋》作。《诗》《春秋》，学之美者也，皆衰世之造也，儒者循之以教导于世，岂若三代之盛哉！以《诗》《春

---

① 这段话的最后两句，要依据《韩非子·喻老》以下的话才能理解：“王寿负书而行，见徐冯于周。涂冯曰：‘事者为也，为生于时，知者无常事。书者言也，言生于知，知者不藏书。今子何独负之而行？’于是王寿因焚其书而舞之。”

秋》为古之道而贵之，又有未作《诗》《春秋》之时。夫道其缺也，不若道其全也。诵先王之《诗》《书》，不若闻得其言；闻得其言，不若得其所以言。得其所以言者，言弗能言也。故“道可道者，非常道也”。

两者相比，区别在于两个地方：一是，《淮南子·氾论》不见“名可名，非常名”。但有没有，并无实质差异。二是，虽然两者都强调先王之书（《诗》《书》《礼》《春秋》）的背后还有“弗能言”（“不能言”）的东西，那就是“常道”，但《文子·上义》整段文义转向讨论变易的问题，转向了圣人的政治姿态，这是《淮南子·氾论》所没有的。这两段文字中，值得注意的是“言不能言”这种特殊的说法。因为前一个解释系统只说“道”是不可能“言”的，然而，这个系统则大张旗鼓地突出圣人不仅要“得其所以言”，更要“言不能言”。在黄老道家系统中，“言不能言”是一个非常重要的话题，例如《管子》有以下用例：

故必知不言〔之言〕、无为之事，然后知道之纪。(《心术上》)[①]

不言之言，闻于雷鼓。金心之形，明于日月，察于父母。(《心术下》)[②]

马王堆帛书“物则有形”图是一个类似式盘的内圆外方的图案，其中残存有三层文字，其内容是运用道家道物二分理论和心术理论阐释君臣关系。[③] 其中最外层即方框内侧残存文字为“物则有形，物则有名，物则有言，言则可言”，这应是与臣下相应的形而下的层次。圆圈外侧残存文字有“终日言，不为言。终日不言，不〔为〕无言”，这应是君主应有的姿态。“终日不言，不〔为〕无言”类似于《心术上》的“不言〔之言〕”“无形之言”，这样的言要胜过臣下“终日之言”。“终日之言”其实“不为

---

① 此句为经文，下一句“不言之言”为解文，根据经文与解文对照的原则，可知应补“之言”二字。

② 《管子·内业》有相似内容：“不言之声，疾于雷鼓。心气之形，明于日月，察于父母。”《心术上》有：“不出于口，不见于色，言无形也。四海之人，孰知其则，言深囿也。”虽然未见“不言之言”，但“言无形”“言深囿”，也可以说是“不言之言”。

③ 曹峰．近年出土黄老思想文献研究．北京：中国社会科学出版社，2015：442-454，第四部分第三章“马王堆帛书‘物则有形’图试解”．

言”，或者说等于“无言”，而“不言”即处于“阴”的、强调“应”的姿态，然而实质上“不〔为〕无言”。① 也就是说，“物则有形”图没有完全否定“言”，而是强调更高层次的“言”，强调把握“道”的圣人应当拥有更高的表达方式。②

再来看《文子·上礼》:

> 故先王之法度，有变易者也，故曰“名可名，非常名也”。……故圣人之制礼乐者，不制于礼乐；制物者，不制于物；制法者，不制于法。故曰“道可道，非常道也”。

《文子》的《上义》和《上礼》都强调“道”常变易不居，并由此引出圣人与时而变的政治哲学，《文子·上礼》更明确指出，圣人要“不制于礼乐”“不制于物”“不制于法”。

《韩非子·解老》有下面一段话，只谈到“道之可道，非常道也”，没有言及相应的“名之可名，非常名也”，也许当时尚未出现“名之可名，非常名也”。

> 凡理者，方圆、短长、粗靡、坚脆之分也，故理定而后可得道也。故定理有存亡，有死生，有盛衰。夫物之一存一亡，乍死乍生，初盛而后衰者，不可谓常。唯夫与天与地之剖判也具生，至天地之消散也不死不衰者谓“常”。而常者，无攸易，无定理。无定理，非在于常所，是以不可道也。圣人观其玄虚，用其周行，强字之曰“道”，然而可论。故曰“道之可道，非常道也”。

按照这里对“常”即“不死不衰者”“无攸易，无定理”“非在于常所”的定义，可以看出《韩非子·解老》既突出“道”绝对的一面，又突出常变的一面，而绝对和常变是正相统一的。这段话背后有“道”“理”相对或

---

① 马王堆帛书“物则有形”图圆圈正中文字有“应于阴，行于□”，“行于”后面这个字并非残缺，但十分模糊，无法判断。其意可与《淮南子·说林》“圣人处于阴，众人处于阳。圣人行于水，〔无迹也〕。众人行于霜，〔有迹也〕”发明对照。圆圈四周还有四字，可以确认出“阴”“无”“应”三字。

② 道家关于“不言之言”社会性、政治性的论述，池田知久《道家思想的新研究——以〈庄子〉为中心》第十三章“对‘无知’‘不言’的提倡和辩证法的逻辑”有详论，可参考。

者道物二分的思想背景存在，“理”和物相应，故而是可“分”、可“定”的，“道”则相反，是“无攸易，无定理”“非在于常所”的。

河上公章句本对“道可道”的注释为：“经术政教之道。”对“非常道”的注释为：“非自然长生之道也。常道当以无为养神，无事安民，含光藏晖。灭迹匿端，不可称道。”对“名可名”的注释为：“谓富贵尊荣，高世之名也。”对“非常名”的注释为：“非自然常在之名也。常名当如婴儿之未言，鸡子之未分，明珠在蚌中，美玉处石间，内虽昭昭，外如愚顽。”

这也是从政治哲学的角度做出的解释，“非常名”不是指“恒常不变的名”，而是说最高的名是无形的、含混的、不确定的、不可为外物把握的，相反，普通的“名”指“富贵尊荣，高世之名”，是“自然常在”的。

因此，这条解释路线，主要不侧重于“道”是否可以用语言表达，用经验感知，而侧重于道之无形、无名、常变不定之一面，侧重将“不言之言”视为更高层次的“言”，按此逻辑推理，我们可以将“不言之言”等同于“非常名”。《文子·上礼》更明确提出“非常道”“非常名”是圣人应有的姿态，即“制物者，不制于物；制法者，不制于法”，这显然是一种实用主义政治哲学，河上公本的“非自然常在之名”也隐含这样的意思。

两条线索的最大区别在于“名”是知识领域可以把握的对象，还是政治领域可以把握的对象。作为前者，即便的确存在与“常道”相应的“常名”，那它也是不可认识的；作为后者，尤其在黄老道家那里，“道”和“名”正是圣人必须把握的对象，可以说今本《老子》第二十一章也有此意。

后世的学者对于这样两条线索，多取前者之解说，但也有融汇综合者，如近代学者朱谦之就做了折中和调和。朱谦之称“道”为变化之总名。他同意俞正燮的说法：“老子此二语‘道’‘名’，与他语‘道’‘名’异。此言‘道’者言词也，‘名’者文字也。”朱谦之做进一步阐释：“《老子》一书，无之以为用，有之以为利，非不可言说也。曰‘美言’，曰‘言有君’，曰‘正言若反’，曰‘吾言甚易知，甚易行’，皆言也，皆可道可名也。”① 也就

① 朱谦之. 老子校释. 北京：中华书局，1984：3-4.

是说,朱谦之认为“道”是可以用言词说明的,没有永久不变之道;“名”是可以用文字书写的,没有永久不变之名。这样朱谦之就把两种解释系统融合在了一起,既论及“道”是否可言的问题(朱谦之认为并非不可言),又说没有永远不变的“道”。

这两条解释系统在“常”的理解上完全相反,究竟是“恒常不变”的,还是“变动含混”的,造成了解释方向的不同。从语法上看,第一种解释似更合理,而第二种解释则有曲解之嫌。因此第一种解释方法,即“能用一般的语言来说明的平常的、普通的‘道’不是常道(恒常之道、绝对之道)。能用一般的语言来说明的平常的、普通的‘名’不是常名(恒常之名、绝对之名)”能够流行,也是有道理的吧。但第一种仍然存在矛盾,那就是无法解释何谓“常名”——既然“道”无形、无名,为什么还需要“常名”存在——这样一个难解的问题。

## 二

笔者在此并不想为《老子》首章这句话找出第三种合理的解释,或进一步调和上述两种,使之各自成立。笔者想说的是,或许这种矛盾的产生更符合历史的必然,我们需要回答的是“名可名,非常名”出现的合理性何在?这两种解释出现的合理性何在?这里先提出结论:“名可名,非常名”的出现,很可能和“名”的政治思想在某一时段(尤其是战国中晚期)极为盛行有关,这种观念虽然认可“道”不可言、不可名,但重点不在于此,而是在道物二分思想背景下,阐述如何借助“道”之名,如何使圣人站在“无名”“无形”的立场,去把握有名有形、可分可定的世界。既然“名”是构成形下世界的主要因素,既然“名”是可以“命”的,由谁去“命”,如何去“命”,让“物”之“名”如何自发地发挥规范约束的作用,就成为政治的首要课题之一。因此,基于这种政治思维背景的“道”“名”关系,“名”就绝非可有可无,圣人不仅要把握“道”,也需要把握“名”,而不是仅仅用“不可道”“不可名”打发了事。

郭店楚简《太一生水》有以下这样一段话:

> 道亦其字也,请问其名。以道从事者,必托其名,故事成而身

长。圣人之从事也，亦托其名，故功成而身不伤。

这是说圣人要使用给予“道”的假托之名，这实际上还是在强调“道”本无名。[1] 然而，《太一生水》的目的不在于论述“道”本无名，而在于“以道从事”，而且其结果是“事成而身长”“功成而身不伤”。可见这个“道”之名具有重大的政治效果。

上博楚简《恒先》的上篇是一部宇宙生成论，这里面有两个生成系列：第一个是由“自厌不自忍，或作。有或焉有气，有气焉有有，有有焉有始，有始焉有往者”显示出来的“或→气→有→始→往”的系列，笔者以为，这里重点展示的是从无到有、从形上到形下的过程，这是包括人在内的世界整体的、抽象的生成系列，所以，其论述以“气”为重点，没有具体到人的社会。第二个是由“有出于或，生出于有，音（意）出于生，言出于音（意），名出于言，事出于名”显示出来的“或→有→生→意→言→名→事”之系列，这条序列具体到人的社会，故不再讲“气”“有”等抽象原理，而从“或”开始，可能是为了强调，虽然从“不确定”出发，但导出的却是具有确定性的人文建构，如《庄子·齐物论》所言，讲的是“是非之彰”的显发过程。[2] 我们注意到，这个系列中“名”和“事”（即人事、政事）是紧密相关的，而这种相关，也见于《鹖冠子》《管子》等文献中。

战国时人对“名”的问题有过大量讨论，几乎每家每派都谈论这个问题。其中“道”和“名”的关系，黄老道家讲得最多。黄老道家既重视无名的“道”，也重视“名”在形下世界的构建中所起的作用。例如《经法·道法》中有这样一段话：

见知之道，唯虚无有。虚无有，秋稿（毫）成之，必有刑（形）名。刑（形）名立，则黑白之分已。故执道者之观于天下殹，无执殹，无处也，无为殹，无私殹。是故天下有事，无不自为刑（形）名、声号矣。刑（形）名已立，声号已建，则无所逃迹匿正矣。

---

① 裘锡圭.《太一生水》“名字”章解释——兼论《太一生水》的分章问题//中国出土古文献十讲. 上海：复旦大学出版社，2004：242-258.

② 曹峰.《恒先》研读. 国学学刊，2014（2）：112.

这段话意为："见知"（即认识把握世界）之道，在于采取虚无有的态度。如果采取虚无有的态度，那就知道，即便再小的事物，也必有它的"形名"。事物的"形名"确立了，则"黑白之分"即事物的特征、位置和是非标准也建立起来了。执道者在把握天下之事时，只要采取"无执""无处""无为""无私"的态度即可。到了天下有事的时候，这些"形名"（确定的秩序、规范）、"声号"（政策、法令）就会自发地发挥作用。只要"形名"和"声号"系统建立起来了，那就没有谁能逃得过它的控制和管理。这里的"形名"是一个词组，不必将它当作"名""形"相对的概念来看待，"形"也罢，"名"也罢，其实都是与秩序、标准相符合的姿态。① "形名"立的结果是"黑白分"，即天下万物之位置和姿态确定之后，是非也分明了。是非标准确定之后，"声号"即政策、法令系统才得以确立，从而使任何对象都无法逃离政治掌控之外。几乎相同的表述还见于《经法》的《论约》篇和《名理》篇。

> 故执道者之观于天下也，必审观事之所始起，审亓（其）刑（形）名。刑（形）名已定，逆顺有立（位），死生有分，存亡兴坏有处。然后参之于天地之恒道，乃定祸福死生存亡兴坏之所在。是故万举不失理，论天下而无遗策。〔故〕能立天子，置三公，而天下化之，之胃（谓）有道。（《经法·论约》）
>
> 故执道者之观于天下〔也〕，见正道循理，能与曲直，能与冬（终）始。故能循名厩（究）理。刑（形）名出声，声实调合，祸〈福〉材（灾）废立，如景（影）之隋（随）刑（形），如向（响）之隋（随）声，如衡之不臧（藏）重与轻。（《经法·名理》）

一旦"名"（有时称为"形名"）的系统得以确立，并能保持在"正名"之状态，"执道者"就可以依赖"名"（"形名"）系统自发地发挥作用，从而达到"无为"的境界。

> 凡事无小大，物自为舍。逆顺死生，物自为名。名刑（形）已

---

① 王博的《老子思想的史官特色》（台北：台湾文津出版社，1993）第十二章第三节"《黄帝四经》的形名思想"也指出了这一点。

定，物自为正。(《经法·道法》)

是故天下有事，无不自为刑（形）名、声号矣。刑（形）名已立，声号已建，则无所逃迹匿正矣。(《经法·道法》)

勿（物）自正也，名自命也，事自定也。(《经法·论》)

欲知得失请（情）〔伪〕，必审名察刑（形）。刑（形）恒自定，是我俞（愈）静。事恒自施，是我无为。(《十六经》)

我们应该特别注意这里的“名自命也”，它和前后文“物自正也”“事自定也”一样，指的是形而下的世界中，“物”“名”“事”都具有自发自为、自我确定、自我监督、自我成就的效果，而最好的统治者正是充分利用这一点，以实现“天下无事”“无为而治”的。如果将“名自命也”和北大汉简“名可命”相对照，或许我们可以这样推测，较之“言说”，这里的“命”更强调的是“命名”，“名可命，非恒名也”意为形下世界中的“物”可以被命名，或者说可以让“名”自发地发挥规范自我、约束自我的作用，而处于形上世界之“恒名”立场者则是不可以被命名、不可以被制约的。

类似于“名正”“名倚”“物自正也，名自命也，事自定也”的说法也见于其他文献，但这类文献几乎都与道家思想有一定关系，如《管子·白心》，《韩非子》的《主道》《扬权》，这些文献与道家思想的密切关系是公认的。这些文献在论述的侧重点上虽与《黄帝四经》[①] 有所不同，但在以“道”为出发点、以“名”为君主的首要政治目标之思想构造方面完全相同。试看以下这些引文：

是以圣人之治也，静身以待之，物至而名自治之。正名自治之，奇身名废[②]。名正法备，则圣人无事。(《管子·白心》)

道者，万物之始，是非之纪也。是以明君守始以知万物之源，治

---

① 《黄帝四经》是马王堆帛书《〈老子〉乙本卷前古佚书》的另一称呼。《〈老子〉乙本卷前古佚书》是否等同于《黄帝四经》，学界至今没有定论。这四种古佚书是否为一人一时完成的一部完整著作，学界也有争议。为了论述的方便，本书暂且使用《黄帝四经》的名称。

② 王念孙认为“正名自治之，奇身名废”是“正名自治，奇名自废”之误。(王念孙. 读书杂志. 南京：江苏古籍出版社，2000：470)

纪以知善败之端。故虚静以待，令名自命也，令事自定也。（《韩非子·主道》）

用一之道，以名为首。名正物定，名倚物徙。故圣人执一以静，使名自命，令事自定。（《韩非子·扬权》）①

圣人通过“无形”“无名”把握“有形”“有名”，这种思想可能出于《老子》，它既与“天下万物生于有，有生于无”（第四十章）、“无名，天地之始。有名，万物之母”（第一章）之生成论相关，也与“为之于未有，治之于未乱”（第六十四章）的思想相关。这类思想被战国中后期结合道、名、法三者为一体的思想家充分运用到政治领域。唯有圣人能由“道”至“名”，并建立政治秩序，它保证了君主在政治上的垄断权。更具体地说，是唯有圣人能从“无形”“无名”中看到即将形成的“形名”，这样“执道者”就控制了发源于“道”的最为根本的政治资源，从而使其立于无人能挑战的绝对地位。

中国古代思想史，从广义上讲就是一部政治思想史，思想家对“无益于治”的东西没有兴趣。正因为“名”是一种重要的政治工具，如何把握它、管理它，由谁来把握它、管理它，就成为一个重要的话题。这种重视，甚至一度到了“名者，圣人所以纪万物也”（《管子·心术上》）、“有名则治，无名则乱，治者以其名”（《管子·枢言》）、“名者，天地之纲，圣人之符”（《申子》）、“治天下之要在于正名……苟能正名，天成地平”（《尸子·分》）、“名正则治，名丧则乱”（《吕氏春秋·正名》）、“至治之务，在于正名”（《吕氏春秋·审分》）的高度，成为确立是非、制定秩序

---

① 在其他文献中也可看到类似说法，这些文献或多或少与道家思想有关。

“示人有余者人夺之，示人不足者人与之。刚者折，危者覆。动者摇，静者安。名自正也，事自定也。是以有道者自名而正之，随事而定之也。……昔者尧之治天下也以名，其名正则天下治。桀之治天下也亦以名，其名倚则天下乱。是以圣人之贵名正也。”（《群书治要》所录《申子·大体》）

“明王之治民也，事少而功立，身逸而国治，言寡而令行。事少而功多，守要也。身逸而国治，用贤也。言寡而令行，正名也。君人者，苛能正名，愚智尽情，执一以静，令名自正，令事自定，赏罚随名，民莫不敬。”（《尸子·分》）

“明主者，南面而正，清虚而静，令名自命，物自定，如鉴之应，如衡之称。”（《新书·道术》）

“声自召也，貌自示也，名自命也，文自官也。”（《淮南子·缪称》）

的根本性法则。

## 三

因此，笔者推测“名可名，非常名”的产生，可能存在着以下的可能性。

第一，原来只是为了修辞上的需要，造出了和“道可道，非常道”相并列的句子，其意终究还是在强调“道”不可“言说”。因此“常名”是出于修辞的需要造出来的，并不是说作者就认可“常名”的存在。虽然存在着内在的矛盾，但历来注家都认为可以忽略这一矛盾。看早期文献对这段话的解释以及后来诸家的阐释，很多都回避了对“名可名，非常名”的解说，仅以“道可道，非常道”的解释代替或涵盖“名可名，非常名”的解释。这就是前述的第一种解释，这一解释似并不认为这句话背后有着强烈的政治哲学倾向。

第二，“道可道，非常道。名可名，非常名”在“名”的讨论大为盛行，“道”“名”关系得到高度重视的时代得到了新的解释。甚至可以假设，郭店楚简尚不存在今本《老子》首章的“道可道，非常道。名可名，非常名”，它只是在“名”的讨论大为盛行，“道”“名”关系得到高度重视之后形成的。其独特的思维方式和修辞方式，也可能受到过名辩思想流行的影响，如“道可道，非常道。名可名，非常名”表现出对名实是否一致的关心。而《公孙龙子·名实论》指出：“夫名，实谓也。知此之非此也，知此之不在此也，则不谓也；知彼之非彼也，知彼之不在彼也，则不谓也。”虽然讨论的不是“道”“名”关系，但《老子》首章这段话的产生很可能是对只关注形下世界的、公孙龙子式名实关系论的一种超越。

我们在上博楚简《恒先》中也发现了类似的表达方式，如：“或非或，无谓或。有非有，无谓有。生非生，无谓生。音（意）非音（意），无谓音（意）。言非言，无谓言。名非名，无谓名。事非事，无谓事。”不可否认，《恒先》有着显著的道家思想背景，虽然没有明确提出“道”“名”关系，但如前所述，“名”被视为在形下人文世界中发挥重要作用的政治概念，这是毋庸置疑的。

而众所周知，《庄子·齐物论》则是对当时名辩思想的全面批判和超越，因此今本《老子》首章的形成及其意涵是否应该放在这样的思想背景下去考虑呢?

因此，今本《老子》首章的形成可能和名的政治思想在战国时期大为流行有关，看上去是在讲“常道”“常名”不可道、不可名。实际上想说的是“道”和“名”是现实政治中最关键的两个要素，只有执道者才能把握“不可道”的道、“不可名”的名。这里虽然说的是“道”之“名”，但在突出“道”无名的前提下，又特别提出“常名”的问题，可能和“名”的重要性大大提高有关，以至于强调圣人既要执“道”，同时也要执“道”之名，就像《太一生水》所说的那样:“以道从事者，必托其名。”

或许，“名可名，非常名”的原型，正如北大汉简《老子》所示，应该是“名可命，非常名”，但为了取得一种文学修辞上整齐划一的效果，而故意没有使用“命”。现在北大汉简“名可命”的出现，不应该被视为抄错，或只是做一般假借处理，而应该结合战国秦汉时期“名”的政治思想的流行，做更深入的分析。

马王堆帛书《老子·道经》的首末章在“道”“名”关系上相互呼应，这或许也是作者有意识的安排，与郭店楚简《老子》相比，马王堆帛书《老子》出现得更晚，而战国时代末期正是名思想极受重视的时代，马王堆帛书《老子》的文本构造，可能正反映了黄老思想家既重视绝对的、本原的“道”，又重视形成人间秩序的“名”这样一种“道”“物”两重世界论的观念。今本《老子·道经》虽保留了马王堆帛书《老子》的首章，但末章却不再突出“名”，这可能说明汉以后对“名”的重视已不如前了。

在这种思想背景下，“名可名，非常名”的创作就有了特殊的意义，即能够被命名的“名”，或者说能够受到政治控制、管理的“名”，不是“常名”。唯有最高统治者能够把握“常道”，能够处于不可命名、不可制约的“常名”的位置，从而使自己立于政治的最高顶点。在字义上，可以将“常名”解读为“道之名”，但实际上，这里说的不完全是“道之名”无法用语言来表达，而主要说的是圣人需要把握“常道”和“常名”，即绝对的、变动的“道”，绝对的、变动的“名”，使自己能够通过无形把握有形、通过无名把握有名。这就是前述的第二种解释系统。

到了后世，名辩思潮、黄老思想开始褪色，只有圣人能够把握“常道”和“常名”的理念不再受到重视，第一种解释系统即“道”不可名的传统解释更受重视，第二种解释系统只在《文子》的《上礼》《上义》等文献中留下痕迹。到了朱谦之等人那里，只能设法调和，曲为之解了。

# 第三章 《老子》第三十六章新研

《老子》第三十六章王弼本如下所示，根据对文义的理解，我们认为可以分为上中下三段：

> 将欲歙之，必固张之；将欲弱之，必固强之；将欲废之，必固兴之；将欲夺之，必固与之。
>
> 是谓微明，柔弱胜刚强。
>
> 鱼不可脱于渊，国之利器不可以示人。

郭店简本没有此章。除一些文字差异外，马王堆帛书甲乙本、北大汉简本、河上公本、傅奕本等重要版本均大体相同，可见这一章出现之后其内容是比较稳定的。①

---

① 一些关键词的异同如下："歙"字，马王堆帛书甲本作"拾"、乙本作"擒"，北大汉简本作"欱"，河上公本作"噏"，傅奕本作"翕"，收敛之意；"固"字，马王堆帛书甲乙本及北大汉简本作"古"，河上公本、傅奕本同王弼本；"废"字，马王堆帛书甲乙本作"去"，北大汉简本、河上公本、傅奕本同王弼本；"兴"字，马王堆帛书甲乙本作"与"，北大汉简本作"举"，河上公本、傅奕本同王弼本；"夺"字，马王堆帛书甲乙本等各本同王弼本，值得一提的是，《韩非子·喻老》、《史记·管晏列传》索隐所引第三十六章、范应元本作"取"；"与"字，马王堆帛书甲乙本、北大汉简本作"予"，河上公本、傅奕本同王弼本；"柔弱胜刚强"，马王堆帛书甲本作"[illegible]弱胜强"、乙本作"柔弱朕胜"，北大汉简本作"耎弱胜强"，傅奕本作"柔之胜刚，弱之胜强"，河上公本同王弼本；"鱼不可脱于渊"，马王堆帛书甲本作"鱼不脱于潚"，乙本与北大汉简本作"鱼不可说于渊"，傅奕本作"鱼不可侻于渊"，河上公本同王弼本；"国之利器不可以示人"，马王堆帛书甲本作"邦利器不可以视人"、乙本作"国利器不可以示人"，北大汉简本作"国之利器不可以视人"，傅奕本作"邦之利器不可以示人"，河上公本同王弼本。

如刘笑敢所言，第三十六章是《老子》中“受人误解、诟病最早最多的一部分”①。因为对于第三十六章的解释，历来有“阴谋论”和“智慧论”两种解释方向。我赞同陈鼓应②、刘笑敢③、邓联合④等学者关于第三十六章性质的判断，即这一章主要是一种“智慧论”而非“阴谋论”，但需要指出的是，“阴谋论”那么早就产生，而且流传甚广，也有其合理性与必然性，不能完全说就是一种曲解或误解。“阴谋论”的产生和其所利用的古之谚语有关。第三十六章是一个有机的整体，上中下三段中，老子自身的语言，只有中段“是谓微明，柔弱胜刚强”两句，但这两句正是此章灵魂。老子之所以引用上段和下段的古之谚语，是为了印证《老子》一书中反复强调的见微知著的重要性以及对于“柔弱”之提倡。因此，读懂读通第三十六章，对于我们深入了解《老子》思想整体，有着很大的帮助。

## 一、上下两段与古之谚语的关系

与上段“将欲歙之，必固张之；将欲弱之，必固强之；将欲废之，必固兴之；将欲夺之，必固与之”类似的话，古书中早已出现，《战国策·魏策一》有如下记载：

> 知伯索地于魏桓子，魏桓子弗予。任章曰：“何故弗予?”桓子曰：“无故索地，故弗予。”任章曰：“无故索地，邻国必恐；重欲无厌，天下必惧。君予之地，知伯必骄。骄而轻敌，邻国惧而相亲。以相亲之兵，待轻敌之国，知氏之命不长矣！《周书》曰：‘将欲败之，必姑辅之；将欲取之，必姑与之。’君不如与之，以骄知伯。君何释以天下图知氏而独以吾国为知氏质乎?”君曰：“善。”乃与之万家之邑一。知伯大说。因索蔡、皋梁于赵。赵弗与，因围晋阳。韩、魏反于外，赵氏应之于内，知氏遂亡。

---

① 刘笑敢．老子古今：上卷．北京：中国社会科学出版社，2006：379.

② 陈鼓应．老子注译及评介．北京：中华书局，1984：17-22.

③ 同①379-381.

④ 邓联合．“阴谋论”：老子何以被诬?．中国哲学史，2016（1）.

与之类似的故事也见于《韩非子·说林上》，语言稍有不同，对《周书》的引用是："将欲败之，必姑辅之；将欲取之，必姑与之。"这个故事说的是，春秋晚期晋国贵族知伯贪得无厌，无故向魏桓子要地。魏桓子不想给，但任章却劝他给，因为只有助长知伯的贪欲和骄横，才能让他尽快走向灭亡，于是魏桓子就给了他拥有一万户的城池。知伯果然接着又向赵氏要地，赵氏不给，知伯就攻打赵。最后韩、魏、赵三家里应外合，灭了知伯。这故事宣扬的宗旨有点像西方人常说的"上帝让谁灭亡，必先使其疯狂"，是人类共有的一种智慧。① 值得注意的是里面引用了《周书》的"将欲败之，必姑辅之；将欲取之，必姑与之"。这段话不见于现存的《尚书》与《逸周书》，出自亡佚了的《周书》，虽然意思和第三十六章相通，但长短、用字并不完全相同，所以这提示我们类似的话可能以多种形式早已存在，《老子》也只是引用了其中一种或做了润色而已。②

虽然原文不同，但表达类似智慧的话在古书并不少见。例如《吕氏春秋·行论》在描述齐湣王种种骄横之举并因此被燕国灭国的故事后，引用了"《诗》曰：'将欲毁之，必重累之。将欲踣之，必高举之。'"这是一篇逸诗，不见于《诗经》。但可想而知，类似的话作为歌谣早已传唱了。

我们还可以参考马王堆帛书《黄帝四经·十六经·正乱》以下这样一段话：

> 民生有极，以欲淫溢，淫溢□失，丰而〔为〕□，□而为既，予之为害，致而为费，缓而为□。忧桐（恫）而宭（窘）之，收而为之咎。累而高之，踣而弗救也。③

① 《左传·昭公十一年》："天之假助不善，非祚之也，厚其凶恶而降之罚也。"（杨伯峻. 春秋左传注. 北京：中华书局，1990：1323-1324）也是类似的思维模式和表达方式，只不过没有形成谚语而已。

② 值得注意的是，王弼本《老子》第三十六章的"固"字，《周书》作"姑"，意思是"姑且""暂时""先"。有些学者认为"固"字应该解释为"原来""本来"，例如刘笑敢认为这才符合"《老子》中事物本来正反相依、正反互转之意"（刘笑敢. 老子古今：上卷. 北京：中国社会科学出版社，2006：376），恐怕没有必要。我们认为王弼本的"固"字以及他本的"古"字，都应该通假为"姑"。因为此处《老子》显然就是在引用谚语，这些谚语强烈地体现出为了实现某个目的而有意使用某种方法的主观意图。当然，如下文所示，老子将其提炼、抽象成了客观的、自然的规律与法则。

③ 陈鼓应. 黄帝四经今注今译. 台北：台湾商务印书馆，1995：308.

魏启鹏先生对这段话做如下解释：

> 那个人（笔者按：指蚩尤）的生涯之所以必定滑向穷途末路，因为他充满贪欲，骄横奢侈，荒淫无度。凡骄奢淫逸者必定失败，丰盈会变成歉贫，充裕会变成竭尽，给予他好处反而会给他带来危害，大量罗致财货反而会给他带来浪费，宽绰阔气反而会给他带来局促压迫。等到蚩尤面临烦忧困窘之时，就抓捕他惩办治罪。这就是层层抬高他的地位，高到让他自己向前扑倒下来，谁也救不了他。①

《正乱》描述的是黄帝及其辅臣如何利用蚩尤的贪婪轻敌激其叛乱，最后加以平定的故事，这里面的“累而高之，踣而弗救”（“层层抬高他的地位，高到让他自己向前扑倒下来，谁也救不了他”），和上述《战国策》《韩非子》所引《周书》，以及《吕氏春秋·行论》所引《诗》，在性质上没有两样，也属于谚语的一种。相似的话，还见于上博楚简《三德》：“天之所败，多亓賫（赇），而募（寡）亓慐（忧），舋（兴）而记（起）之，思（使）蹎而勿救。”意为：“上天如果想要一个人失败，反而先增加他的财物，减少他的忧虑，让他兴旺起来，最后让他跌倒而不去救他。”这段话的前面有“皇后曰”，笔者论证，这里的“皇后”就是“黄帝”。② 可见此类话很可能最先出自所谓的黄帝言。③ 毋庸置疑，这些谚语及其相配合的故事所描述的前后关系，都呈现出为满足动机、实现目的而刻意采用某种隐晦或虚假手段的前后关系。因此是典型的权谋论。

再来看下段的“鱼不可脱于渊，国之利器不可以示人”。“鱼不可脱于渊”可能改写自一句古谚，张富祥最早指出见于《列子·说符》及《韩非子·说林上》④：

---

① 魏启鹏．马王堆汉墓帛书《黄帝书》笺证．北京：中华书局，2004：138-139.

② 曹峰．近年出土黄老思想文献研究．北京：中国社会科学出版社，2015：288-293，第二编第二部分第四章“《三德》所见‘皇后’为‘黄帝’考”.

③ 马王堆帛书《黄帝四经·十六经·正乱》和上博楚简《三德》有非常密切的关系。因此“累而高之，踣而弗救”很有可能取自上博楚简《三德》“兴而起之，使蹎而勿救”。（曹峰．近年出土黄老思想文献研究．北京：中国社会科学出版社，2015：294-312，第二编第二部分第五章“《三德》与《黄帝四经》对比研究”）

④ 张富祥．《老子》校释二题．中国哲学史，2003（1）.

周谚有言：察见渊鱼者不祥，智料隐匿者有殃。（《列子·说符》）

古者有谚曰：知渊中之鱼者不祥。（《韩非子·说林上》）

《列子》两句话是说，深渊中的鱼很难被人发觉，如果发现了这个隐匿的秘密，就会出现不祥；靠智巧算出隐藏者的人反而会有灾殃。为了证明这个谚语，《列子》还讲了一个故事，说得是一个叫郄雍的人善于审视强盗的相貌，晋侯就专门派他去识别强盗，强盗无不落网。余下的强盗走投无路，只能把郄雍杀了。《列子·说符》在引用这两句话之后，还有以下的总结："君欲无盗，莫若举贤而任之。使教明于上，化形于下，民有耻心，则何盗之有？"就是说，要想天下无盗，只能依赖清明的政治，靠一些小聪明只能起一时的作用，而不可能长久。这里，"举贤而任之。使教明于上，化形于下，民有耻心"之类的话看上去像是儒家的说教，其实未必，因为通过前后文可以得知这里强调的是"恃道化而不恃智巧"，"举贤而任之。使教明于上，化形于下，民有耻心"正是合于"道化"的、符合社会管理规律的行为，而非为儒家张目。总之，"察见渊鱼""智料隐匿"之类的行为看上去很聪明，其实并非大智。《韩非子·说林上》所引谚语只有一句，也配了一个故事，说的是齐国大夫隰斯看透了国君的心思，本想做投其所好的事，但中途又停了下来，因为他觉得如果被国君知道秘密被人看破，那自己就变得危险了，那时讨好不成反而害了自己。因此这里渊中之鱼比喻的是国君的心思。这个故事和《列子》那个故事一样，也讲的是察觉隐秘之类的小聪明并非大智。这个谚语和相应故事表现出为躲避不祥或危险而事先刻意采用某种措施的前后关系，当然也是一种权谋之道。

这两段话里都没有出现"《老子》曰"，而且标明是"周谚""古者有谚"，看来是流传已久的谚语。张富祥说《老子》的"鱼不可脱于渊"实由"察见渊鱼者不祥"的谚语化出，我认为是很有道理的。由此理解"鱼不可脱于渊"的意思，应该是鱼不可以脱离其藏身的深渊，秘密不可以轻易地被揭露出来。

"国之利器不可示人"一句，目前并未找到完全匹配的古之谚语。与之形式一致的话有《左传·成公二年》仲尼所言"唯器与名，不可以假人”，以及《左传·昭公三十二年》史墨所言“是以为君，慎器与名，不可以假人”。杨伯峻认为：“‘唯器与名，不可以假人。’此或古人语，故史墨及孔丘皆言之。”[①] 这说的是国之重器与政治名号是权势的象征，君主必须牢牢地掌握在自己手中，这样君主才不会为臣下所利用或架空。这也是一种权谋论，以此可以启发对“国之利器不可示人”的理解，但未必完全合适。因为这里“利器”二字，有不祥之意，应该是刑罚、兵器之类以及由此引申的生杀予夺之权，必须慎用或不用，如《老子》第三十一章就有如下说法：“夫佳兵者，不祥之器。物或恶之，故有道者不处。……兵者，不祥之器，非君子之器。不得已而用之。恬淡为上，胜而不美。而美之者，是乐杀人。夫乐杀人者，则不可得志于天下矣。”

除了句式相同，以及都可以朝权谋论方向解释外，似乎“鱼不可脱于渊”和“国之利器不可以示人”并没有直接的关系。那老子为什么会并列引用呢？《六韬·守土》有所谓“无借人利器，借人利器则为人所害，而不终其世”。这样看来，这两句话的着眼点都在为人所害的结局上，要么因为揭穿秘密看破心思而被害，要么因为“借人利器”而被害，“鱼”和“利器”都是不祥之物，都会导向消极面。而上段所引谚语正好相反，“将欲歙之，必固张之”之类的思维方式、行动方式，最终导致的是积极的成果。老子在引用谚语时，提供一正一反两种例子，中间加上他的按语，确实是有所用心的。

综合以上的分析，可以断言，《老子》第三十六章上下两段并非老子的发明，而都来自谚语。老子为了打造这部宇宙第一书，刻意抹杀所有能够透露时间、地点、人物、典籍的信息，从而增强其神秘性与永恒性。但老子作为史官，不可能不引用或化用古代传承下来的知识。因此，仔细爬梳，就可以发现很多引用或化用的痕迹。对于《老子》与典籍的关系，王博做了不少考察，可以参考。[②] 这里，还可以举出一些《老子》中明显来自古代哲言良谚的文句。例如，《老子》第二十二章有这样的话：“曲则

---

① 杨伯峻．春秋左传注．北京：中华书局，1990：1520．

② 王博．老子思想的史官特色．台北：文津出版社，1993：56-78，第二章第四节“老子与太史所藏古代文献之关系”．

全，枉则直，洼则盈，敝则新，少则得，多则惑。……古之所谓曲则全者，岂虚言哉!”古之所谓“曲则全”者正好透露出“曲则全……多则惑”这一段来自古代的格言警句。此外，第四十一章有：“故建言有之：明道若昧，进道若退，夷道若纇。上德若谷，大白若辱，广德若不足，建德若偷，质真若渝。大方无隅，大器晚成，大音希声，大象无形。”所谓“建言”很可能指的也是古代的谚语歌谣。《老子》中还有很多类似第三十六章上下两段的句子，例如第六十四章的“合抱之木，生于毫末。九层之台，起于累土。千里之行，始于足下”①；第七十三章的“天网恢恢，疏而不失”；第七十四章的“民不畏死，奈何以死惧之”；第五十八章的“祸兮福之所倚，福兮祸之所伏”；第九章的“持而盈之，不如其已。揣而棁之，不可长保。金玉满堂，莫之能守。富贵而骄，自遗其咎”；第四十六章的“祸莫大于不知足，咎莫大于欲得”；等等。这些虽然没有明言来自古语，但应该不是老子自创，很有可能就是对古之谚语的引用。第三十六章就是在对古之谚语大量引用的基础上，做了老子自己有限但相当精辟的哲学提炼。仔细考察这些谚语的出处、引用的方式、老子的化用和提炼，是研究老子思想产生的一个重要途径。

## 二、战国秦汉时期对这两组谚语的解释

接下来考察《老子》成书之后，时代最为接近的战国秦汉时期对第三十六章上下两段谚语的引用。先来看上段谚语。

> 越王入宦于吴，而观之伐齐以弊吴。吴兵既胜齐人于艾陵，张之于江、济，强之于黄池，故可制于五湖。故曰：“将欲翕之，必固张之；将欲弱之，必固强之。”晋献公将欲袭虞，遗之以璧马；知伯将袭仇由，遗之以广车。故曰：“将欲取之，必固与之。”起事于无形，而要大功于天下，是谓微明。处小弱而重自卑，谓损弱胜强也。（《韩非子·喻老》）

---

① 与这句类似的谚语也见于上博楚简《凡物流形》的“登高从埤，至远从迩。十围之木，其始生如蘖。足将至千里，必从寸始”，以及《荀子·劝学》的“故不积跬步，无以至千里；不积小流，无以成江海”。

不用说，这是通过越王句践灭吴国、晋献公灭虞国、知伯灭仇由国三个历史故事，说明想要得到什么必须先付出什么的道理。然后以《老子》之言“将欲翕之，必固张之；将欲弱之，必固强之”“将欲取之，必固与之”作为佐证。而且还提到了“微明”和“柔弱胜刚强”，那就是“起事于无形，而要大功于天下，是谓微明”和“处小弱而重自卑，谓损弱胜强也”。但这样的解释，是不折不扣的权谋论，即为了达到某个政治目，事先以卑弱的姿态做些牺牲与付出是正常而合理的；为了达到某个政治目的，有必要在常人看不透的地方建立起因果关系，让事物按照自己预想的方向发展(即所谓“起事于无形，而要大功于天下”)。本章在下一节将指出，老子虽然借用了这条谚语，但做出的解释其实是超越权谋论的，而《韩非子·喻老》的解释和《韩非子·说林上》利用《周书》所做解释一样，都用到了具体的现实政治中。因此，《韩非子·喻老》看似在解释《老子》，其实利用的还是古之谚语的原意。这和黄老道家要把《老子》当作一种可以立竿见影付诸实践的政治哲学有很大关系。

战国秦汉时期对第三十六章下段谚语的引用非常多。但基本上也是从权谋的方向展开的。《韩非子·喻老》中有：

> 势重者，人君之渊也。君人者，势重于人臣之间，失则不可复得也。简公失之于田成，晋公失之于六卿，而邦亡身死。故曰“鱼不可脱于深渊”。
>
> 赏罚者，邦之利器也，在君则制臣，在臣则胜君。君见赏，臣则损之以为德；君见罚，臣则益之以为威。人君见赏，则人臣用其势；人君见罚，人臣乘其威。故曰“邦之利器不可以示人”。

《韩非子》特别强调君主不能失势。这里把君主比作势重之渊，而把田成、六卿等篡夺或瓜分君位的人比作将势重之渊据为己有的人。张富祥根据《韩非子》这段话，认为“脱”字应该意为脱佚、脱纵或逃脱、逃逸，并且在句中是使动用法，“鱼不可脱于渊”的意思是不可使大鱼逃到深渊中去，使之占据深渊，与解释为脱离恰好相反，我们认为是很有道理的，不然难以说通。但《老子》中的“鱼不可脱于渊”恐怕并不是这个意思，因为如上节所示，作为古谚的“察见渊鱼者不祥”“知渊中之鱼者不祥”并没有“不可使大鱼逃到深渊中去”的意思，而是“看出隐藏于深渊中的鱼不是好事”的意思，因此《老子》中的“脱”还是应该当“脱离”解释，即不可以让那条隐藏的鱼脱离深渊，使之暴露出来。韩非子为了印证自己强化君主权势的政治哲学，也是为了配合下文的“国之利器不可以示人”，而对老子原意做了有意识地改造，使得“渊”变成了象征“势重”的意象。

《韩非子》对“邦之利器不可以示人”的解释，完全遵循上述维护君主集权的政治哲学，原来古谚中并不明确何指的“利器”，在他这里成了“赏罚”二柄，君主如果失去专制“利器”（赏罚）的权势，那么就有被臣下架空的危险。

在《韩非子·内储说下》中，韩非子也对这两句做出过说明，但意思是完全一样的：

> 权势不可以借人。上失其一，臣以为百。故臣得借，则力多；力多，则内外为用；内外为用，则人主壅。其说在老聃之言失鱼也。
>
> 势重者，人主之渊也；臣者，势重之鱼也。鱼失于渊而不可复得也，人主失其势重于臣而不可复收也。古之人难正言，故托之于鱼。
>
> 赏罚者，利器也。君操之以制臣，臣得之以拥主。故君先见所赏，则臣鬻之以为德；君先见所罚，则臣鬻之以为威。故曰“国之利器不可以示人”。

从中可以看出，无论是“鱼不可脱于渊”还是“国之利器不可以示人”，韩非子都是从“权势不可以借人”角度出发去论证的。因此有用“国之利器不可以示人”去绑架“鱼不可脱于渊”之嫌，把“渊”和“利器”对应了起来，而按照句式，本该“鱼”和“利器”相对应才对。值得注意的是，“老聃之言失鱼”“鱼失于渊而不可复得也”中的“失”正相当于“脱”，如果当作“遗失”“丢失”就很难理解，因为丢失权臣岂不正合意图专制之君的心意，所以张富祥认为在《韩非子》这里，“失”等同于“佚”或“逸”，也是脱纵之义，我深表赞同。

总之，韩非子对这两句话做了饱含“权谋论”色彩的解释，虽然第一句和古谚本义有很大不同，但在为“权谋论”服务这一点上和古谚并没有什么两样。之所以引《老子》而不直接引用古谚，和《老子》在战国中后期已经产生很大影响有关。如下节所要论证的那样，这样的解释深受时代环境以及黄老道家的影响，力图把《老子》转化为一种统治之术，这其实并不符合老子本意。但事实上，这样的解释在秦汉之际影响巨大，成为主流。例如《淮南子·道应》记载：

> 昔者，司城子罕相宋，谓宋君曰："夫国家之安危，百姓之治乱，在君行赏罚。夫爵赏赐予，民之所好也，君自行之；杀戮刑罚，民之所怨也，臣请当之。"宋君曰："善。寡人当其美，子受其怨，寡人自知不为诸侯笑矣。"国人皆知杀戮之专，制在子罕也，大臣亲之，百姓畏之，居不至期年，子罕遂劫宋君而专其政。故老子曰："鱼不可脱于渊，国之利器不可以示人。"

这里举出宋国君主让出赏罚之权，结果被国相司城子罕控制国家的历史故事，来说明权势对于君主的重要性。最后引用了《老子》，其解释路线和《韩非子》一脉相承，值得注意的是，这里的"鱼"已经从《韩非子》大臣之比喻，变成赏罚之比喻，这样就不用像《韩非子》那样，要把"脱""失"解释为鱼（权臣）的纵逸于渊，而只要解释成君主要牢牢掌握赏罚之柄，不能脱手即可，同时也和"国之利器不可以示人"完全配合起来，后世的解释很多都是由此而来的。

这段故事以及对《老子》的引用也见于《韩诗外传》卷七和《说苑·君道》，内容大同小异，故不在此一一具引。这说明从权谋论角度理解《老子》第三十六章下段，在当时影响极大。例如河上公注是这样解释的："鱼脱于渊，谓去刚得柔，不可复制也。"① 显然这里"鱼"代表"刚"，是被"柔"所控制的，"鱼"一旦反过来"去刚得柔"，就"不可复制"，无法控制了。"利器〔者，谓〕权道也。治国权者不可以示执事之臣也，治身道者不可以示非其人也。"② 虽然区别了"治国权者"和"治身道者"，但把"利器"释为权道，说君主不能示权道于执事之臣，与《韩非

① 王卡. 老子道德经河上公章句. 北京：中华书局，1993：142.

② 同①.

子》等无异。王弼也从“刑”的角度比照“鱼”和“利器”：“示人者，任刑也。刑以利国，则失矣。鱼脱于渊，则必见失矣。利国〔之〕器而立刑以示人，亦必失也。”①

比较奇特的是《庄子》的引用。《庄子·胠箧》有这样一段记载：

> 圣人不死，大盗不止。虽重圣人而治天下，则是重利盗跖也。为之斗斛以量之，则并与斗斛而窃之；为之权衡以称之，则并与权衡而窃之；为之符玺以信之，则并与符玺而窃之；为之仁义以矫之，则并与仁义而窃之。何以知其然邪？彼窃钩者诛，窃国者为诸侯，诸侯之门而仁义存焉，则是非窃仁义圣知邪？……故曰：“鱼不可脱于渊，国之利器不可以示人。”彼圣人者，天下之利器也，非所以明天下也。故绝圣弃智，大盗乃止。

《胠箧》在《庄子》中反儒家、反政治的倾向最为强烈。这段话的宗旨在最后两句，即“绝圣弃智，大盗乃止”，“绝圣弃智”也是对《老子》第十九章的引用。② 庄子明确指出，对于天下而言，所谓的“圣人”以及由“圣人”创设的斗斛、权衡、符玺等制度规范以及仁义圣知等道德规范，就是一种不祥的“利器”，一旦制作出来，非但不能“明天下”，还很快就会被大盗所利用，成为窃国的工具。这种庄子特有的辛辣讽刺，当然不是权谋论，但实际上还是顺着权谋论的思路，只不过从反面做了批判罢了。

值得注意的是，前面所引的典籍中，即使第三十六章下段两句都被引用，但往往解释的重点放在后一句“国之利器不可以示人”，因为这句话的意思并不隐讳，简单易懂，而比较隐讳的前一句则有多种解释的可能，但到了后来，仿佛成为后一句的陪衬，意思完全照着后一句的方向去解释，两句成了同样的意思，“鱼”不再是古谚中那个不可揭穿的神秘的东西，也变成“利器”的象征了。

---

① “刑以利国”前可能脱一“任”字，“则必见失矣”中的“见”字可能是衍文。（楼宇烈. 王弼集校释. 北京：中华书局，1980：89-91）

② 第十九章在抄写于战国中期的郭店本《老子》中作“绝智弃辩，民利百倍；绝巧弃利，盗贼亡有；绝伪弃诈，民复孝慈”，因此，今本“绝圣弃智”“绝仁弃义”有可能是以庄子学派为代表的道家在战国晚期对《老子》做了改造。

## 三、老子对于上下两段谚语的哲学提炼

如前所述，《老子》一书利用了大量的古语古谚，有些是直接用来印证自己的观点，有些则做了进一步的提升与改造，第三十六章属于后者。因为按照古谚之意去解释，上下两段是不折不扣的权谋论。但包括第三十六章在内的老子思想不能被理解为权谋论，这一点邓联合的《“阴谋论”：老子何以被诬?》辩之最详。他主要从《老子》整体思想和历史的误读两个角度展开。

就老子整体思想而言，首先，他指出：“由雌而雄、由张而歙、由与而夺、由柔弱而刚强、由无私而成其私、由不争而莫能与之争等诸如此类的转化都是外在的客观现实，转化的过程都是‘自然史’性质的，其间并无老子本人的私见和私意，当然更没有丝毫的阴谋术考量。”笔者深表赞同，就是说，对立转化现象是天地间普遍存在的自然的、社会的规律。《老子》所引古语古谚或许有着主观的、权谋式的考量，但《老子》在此则上升为客观规律的表述。《周易·系辞》也提到“尺蠖之屈，以求信也；龙蛇之蛰，以存身也”，从未有人说这是权谋之术，对老子却大加诬蔑，这是不合理的。其次，如邓联合所言，当老子之道转化为政治之术时，对反范畴之间的转化关系就成为“得道者采取的政治实践方式及其将会产生的客观社会效应”，但是“老子之所以强调为政以弱而不以强、以与而不以夺、以无私而不以有私，是因为唯有如此方符应于天地自然和社会历史之常则，上合天道、下合人道，所以必将产生积极、久远的政治效应”。“老子的深刻独到之处在于，他不仅批评君王独断专行、扩张放纵，更洞察到社会政治中‘为人和为己的统一’，即君王只有‘给万物和百姓空间’，才能使自己获得‘更大的空间’。……从这个角度说，所谓柔弱谦退、无私无为实际都是君王自我收敛、自我节制的权力使用方式，而并非诡诈机巧的阴谋术。”对此，笔者也深表赞同，也就是说，老子具有超越时空的眼光和悲天悯人的胸襟，而绝不是一个通过教人计谋企图获得眼前利益的“智谋之士”。老子之所以教统治者退让、克制、收敛，是因为他认识到只有这样才能建立起一个使社会矛盾降到最低点的和谐社会。这是一种宏大的智慧，绝非斤斤计较的诡诈之术。权谋论必然依赖智巧，而老

子恰恰是反对智巧的。他说："古之善为道者，非以明民，将以愚之。民之难治，以其智多。故以智治国，国之贼；不以智治国，国之福。"（第六十五章）这里老子鲜明地指出以智巧治国是国家的灾难。"常使民无知无欲，使夫智者不敢为也。"（第三章）如果将第三十六章视为权谋论，那岂不是说老子在鼓励"智者"之为？这是自相矛盾的。

权谋论也是典型的有为论。所谓有为，指为达到政治目标或获得军事成功，而有意地、故意地采取种种方法与手段。众所周知，老子是崇尚无为的，他虽然希望百姓"成功遂事"，但却期待统治者"无为而治"，因此为实现目的而不择手段的权谋论与他倡导的思想正相反对。明代薛蕙说："夫仁义圣智，老子且犹病之，况权诈乎！"[①] 这是很有道理的。

用权谋论来诋毁老子，基本上起于程、朱等宋儒之后，是基于儒道之争而有意罗织的罪名或者说道德讨伐。对此邓联合做了详细的分析，可以参考。邓联合指出，从历史上看，把老子之学往阴谋术方向诠释起自战国时期的韩非，这也完全符合上述关于老子注释的文本考察。战国秦汉之际之所以会朝权谋论方向去解释，和黄老道家为了因应君主专制以及富国强兵的现实要求，把《老子》从哲学之道转变成治国之术，动机、目的与手段的成分被大大强化有很大关系。如邓联合所言，这是"从广义的社会历史规律和治国理政之道狭义地曲解为政治军事斗争中的运筹谋划、克敌制胜之术"，因此有其时代合理性。但是，笔者在此想指出的是，如前文所分析的那样，这种狭义的解释，与古谚本身包含的权谋论倾向有很大关系。这样一来，不仅使得《老子》对权谋论的克服和超越没有得到彰显，反而回到古谚的方向去了。所以，不见得时代越靠近老子的解释越能获得真意。

如果说第三十六章不是一种权谋论，或者说《老子》克服和超越了古谚包含的权谋论，那么，《老子》所做的哲学提升究竟体现在哪些方面呢？一般对于第三十六章的解读，都把重点放在上段谚语"将欲……，必固……"上，认为体现的是老子关于正反对立统一之理论以

---

① 薛蕙．老子集解//陈鼓应．老子注译及评介．北京：中华书局，1984：19.

及与之相应的辩证观念，例如，刘笑敢指出，这里反映出辩证观念的四个命题：第一，“正反相依及正反相生”的客观事实；第二，“正反互转”的客观事实；第三，“正反互彰或以反彰正”的价值判断和理论主张；第四，“以反求正”的方法论思维。① 基于这一判断，第三十六章往往和第二章“有无相生……”，和第二十八章“知其雄，守其雌……”，和第五十八章“祸兮福之所倚，福兮祸之所伏”，和第四十章“反者，道之动；弱者，道之用”联系起来考察，把第三十六章的基调集中于辩证观念和反向思维上。应该说，这有一定的道理，但是，如果我们把第三十六章看作是一个整体，其诠释倾向就有被上段“将欲……，必固……”左右甚至绑架之嫌。如前面分析的那样，第三十六章由上中下三段组成，上下两段都是谚语，而老子的话，只有中间两句，那就是“是谓微明，柔弱胜刚强”这一句，学者多标点为：“是谓微明。柔弱胜刚强。”即认为这是两个句子，而我认为，“是谓”所指向的内容一直延续到“柔弱胜刚强”。“微明”是前提，“柔弱胜刚强”是表现方式，这正是老子通过上下两段谚语所提炼出的宗旨。所以我们对于第三十六章的分析应该依照这两个概念展开。

何谓“微明”?《老子》除第三十六章外没有再出现。历代注解大体分为两种。

其一，既微又明，或者说似微实明。例如《韩非子·喻老》在引用“将欲取之，必固与之”之后，提出“起事于无形，而要大功于天下，是谓微明”。河上公注曰：“此四事，其道微，其效明也。”② 宋范应元注曰：“几虽幽微，而事已显明也，故曰‘是谓微明’。”③ 清高延第注曰：“首八句即祸福盛衰倚伏之几，天地自然之运，似幽实明。‘微明’谓微而显也。”④

其二，把“明”理解为智慧、预见。例如任继愈就把“微明”解释为“深沉的预见”⑤。我赞同这种观点，因为《老子》中多次出现“明”，都

---

① 刘笑敢．老子古今：上卷．北京：中国社会科学出版社，2006：381-382.

② 王卡．老子道德经河上公章句．北京：中华书局，1993：142.

③ 范应元．老子道德经古本集注．上海：华东师范大学出版社，2010：63.

④ 高延第．老子证义//陈鼓应．老子注译及评介．北京：中华书局，1984：206.

⑤ 任继愈．老子新译．上海：上海古籍出版社，1985：138.

可理解为高级的智慧或境界。如第十六章、第五十五章“知常曰明”，第二十七章“是谓袭明”，尤其是第五十二章有“见小曰明”的说法，把能察觉细微之处的智慧叫作“明”。由此，我们得知，“微明”实际上是一种微妙的、玄妙的、不可思议的神明或智慧。之所以是微妙的、玄妙的、不可思议的，在于“微明”能够通过“无形”看到“有形”，通过“无形”把握“有形”。“微明”就是在“无形”的阶段把握事物发展趋向的能力，在常人看不到的地方建立事物间因果关系的智慧。这种思维当然建立在物极必反的辩证观念以及由反求正的反向逻辑基础之上，但重点已经不是对于事物由正反两极构成以及从反向把握事物更为有效的认识上，而是在对事物发展趋势的把握上。因此老子对“将欲……，必固……”的引用，其目的可能主要不在于说明反向思维的重要，而在于强调见微知著、善于预见矛盾发展方向的重要，在于强调防患于未然，或让矛盾朝自己预见方向发展的超能力。正因为这样的洞察力、行动力不被常人所认识、所把握，因此也是“小”的、“无形”的、“柔弱”的。但“小”必将胜过“大”，“无形”必将胜过“有形”，“柔弱”必将胜过“刚强”。

“柔弱胜刚强”是《老子》反复渲染的“道”之体现，例如第四十章说“弱者，道之用”，第五十二章说“守柔曰强”，即只有持守柔道的人才是真正的强者。第七十六章说：“坚强者死之徒，柔弱者生之徒。……强大处下，柔弱处上。”第七十八章说：“天下莫柔弱于水，而攻坚强者莫之能胜，其无以易之。弱之胜强，柔之胜刚。天下莫不知，莫能行。”在第三十六章中，老子再次通过“微明”证明了“柔弱”的原理和好处，因此也可以说“柔弱胜刚强”是“微明”的作用与体现。

依据上述的分析，在历代注释中，我们认为如下这些见解都是比较精到的。例如王弼对“微明”是这样理解的：

> 将欲除强梁，去暴乱，当以此四者。因物之性，令其自戮，不假刑为大，以除将物也。故曰“微明”也。（第 89 页）①

就是说，“微明”具有这样一种“四两拨千斤”的柔软功夫，充分利用将

---

① 要注意的是王弼对第三十六章解释的背景全部设定在除暴去乱的政治实践上。

欲除去的对立物自身的性质和发展的趋势，不借助强力的手段，就达到了除暴去乱的目的。我们注意到，王弼对于下段两句话的解释，依然沿用的是“微明”的思路：

> 唯因物之性，不假刑以理物。器不可睹，而物各得其所，则国之利器也。（第 89 页）

即尽量不采用“刑”等不得已的、最后的暴力手段，而是采用“因物之性”、使“物各得其所”的顺应自然的方法来解决问题。这里，虽然王弼没有明说，但可以推论“微明”就是“国之利器”。由此理解，“柔弱胜刚强”其实就是“柔弱”之法高明于“刚强”之法。

范应元的诠释可以说也是比较深刻的：

> 天下之理，有张必有翕，有强必有弱，有兴必有废，有与必有取。此春生夏长，秋收冬藏，造化消息，盈虚之运固然也。然则张之、强之、兴之、与之之时，已有翕之、弱之、废之、取之之几伏在其中矣。几虽幽微而事已显明也。故曰是谓微明。或者以数句为权谋之术，非也。圣人见造化消息盈虚之运如此，乃知常胜之道，是柔弱也。
>
> 惟圣人于其幽微而见其显明，指物壮则老，故常以柔道自处。[①]

范应元虽然也指出“将欲……，必固……”这一段涉及“物极必反”“势强必弱”这一“天下之理”的“固然”。但重点强调了认识“几伏在其中”以及“几虽幽微而事已显明”的“微明”之道的重要性。同时还指出通过“微明”获得的“常胜之道”，正是“柔弱”的表现。我们除了不赞成他用“幽微”加“显明”来理解“微明”外，其他认识可以说都非常到位。

高亨说：“此诸句言天道也。或据此斥老子为阴谋家，非也。老子戒人勿以张为可久，勿以强为可恃，勿以举为可喜，勿以与为可贪耳。故下文曰‘柔弱胜刚强’也。”[②] 就是说老子跳出了常人的俗套。常人只知使

---

① 范应元. 老子道德经古本集注. 上海：华东师范大学出版社，2010：63-64.

② 高亨. 老子正诂//高亨著作集林：第五卷. 北京：清华大学出版社，2004：120.

用强硬的手段、直接的手段,而不知柔和的、间接的、迂回的手段更为有效。“这种先予后取的做法,看来首先是柔弱的,但是柔弱却能战胜刚强。”①

因此,老子对“将欲……,必固……”的哲学提炼,其实落实到了对于微妙变化的认识、对于无形征兆之把握上。从这个角度通览《老子》全书,可以发现这和“为之于未有,治之于未乱”的原理相通。第六十三章说:“图难于其易,为大于其细。天下难事,必作于易。天下大事,必作于细。是以圣人终不为大,故能成其大。”这是赞扬圣人能够从小事、琐事、易事入手,所以能成就大事。第六十四章说:“其安易持,其未兆易谋。其脆易泮,其微易散。为之于未有,治之于未乱。合抱之木,生于毫末。九层之台,起于累土。千里之行,始于足下。”这是说,事物还安定的时候容易掌握、把持。问题还没有出现苗头的时候,容易设法对应。事物还脆弱的时候,容易化解。事物还细微的时候,容易消散。所以要在事情没有发生之前就做出处理、采取行动,要在混乱没有出现之前就做好准备、开始着手。老子希望人注意观察事物发展变化的征兆,把握契机,将不利因素消灭于萌芽状态,以免招致大的困难和祸患。顺应事物变化发展的趋势,及早看清形势,预见结局,以占据先机和主动,这正是“微明”之体现。这种微弱的,却又深远的、常人难以把握的明知,当然是难以言说的,只有得道之人才有可能把握。对此,第三十六章虽然没有提及和“道”的关系,但通观全书,便知这不言而喻,因为“道”正是不可言、不可见、无形无名的,却是可以以小见大的,所以河上公注说:“此四事,其道微,其效明也。”

沿着这样的思路,再来考察下段,就可以知道在《老子》这里,这两句谚语既不是韩非子等人宣扬的权谋论,也无法从辩证原理和反向思维去解释,显然,这里讲的也是因为“微明”导致的“柔弱胜刚强”。以往对第三十六章的理解因为过于注重阐明辩证原理和反向思维,使得下段两句谚语很难和上段形成通贯的解释,仿佛游离于第三十六章整体主旨之外。如果把第三十六章主旨定位于“微明”和“柔弱胜刚强”,对下段两句谚

① 高亨.老子注释//高亨著作集林:第五卷.北京:清华大学出版社,2004:324.

语的解释就顺畅了。

以往注释中，有一些学者注重从“柔弱”与“刚强”之关系的角度对下段做出说明，但我们发现，他们所设想的“柔弱”与“刚强”的对应物很难一致。例如河上公注云：“鱼脱于渊，谓去刚得柔，不可复制也。”显然这里“鱼”代表“刚”，“渊”代表“柔”，“鱼”平时被“柔”所控制，如果“鱼”反过来“去刚得柔”，就“不可复制”，无法控制了。北宋苏辙的说法则不同：

> 圣人居于柔弱，而刚强者莫之能伤，非徒莫能伤也，又将以前制其后，此不亦天下利器也哉？鱼惟脱于渊，然后人得制之。圣人惟处于柔弱而不厌，故终能服天下，此岂与众人共之者哉？①

这是通过鱼不能脱离水来说明柔弱的重要性。圣人如果居于柔弱，既不会被刚强者所伤，而且还能够做到“以前制后”，控制刚强者。鱼一旦离开了渊，就会被人控制。但这里不能简单地说“渊”就代表柔弱，“鱼”就代表刚强，苏辙实际上把“渊”和“鱼”组合成了柔弱的意象，而把离“渊”的“鱼”视为刚强的意象，所以范应元才会说“苏辙以柔弱为利器”②，这一推导的思路和王弼把“微明”视作“国之利器”有点像。范应元也有类似的解释：

> 利器，兵器也。此起譬也。……是知鱼以喻人，渊以喻道。鱼侻于渊则终，人离道则死矣。故有邦家者，当以道自重，不可以利器示人也。……遂使后世疑此章为权谋之术，皆不得老氏之意也。盖老氏谓兵事好还，不得已而禁暴除乱，不可以兵取强；谓强梁者不得其死，不如柔弱……故切切明夫人不可离于道，譬之鱼不可侻于渊也。此岂权谋之术哉？为人主者不以道德化人，而以利器示人，则是鱼侻于渊也。③

这里，“鱼不可脱于渊”说的是人不能离开道，与人一样，治国也不能离

---

① 苏辙. 道德真经注. 上海：华东师范大学出版社，2010：45.

② 范应元. 老子道德经古本集注. 上海：华东师范大学出版社，2010：64.

③ 同②63-64.

开道。如果统治者背道而行，就像鱼离了水，而变得刚强，过多地使用兵器、发动战争，让人民遭受苦难，统治者也最终尝到“强梁者不得其死”的恶果。这是把“鱼”和“渊”、不离于“道”的人和其手中的“利器”共同组成柔弱的意象，把脱于“渊”的“鱼”和失控的“利器”比作刚强的意象，除了没有视“柔弱”为“利器”，其他和苏辙是一样的。

清代魏源认为，“鱼不可脱于渊”喻必然之密用不可失，失则非柔弱矣；“利器不可以示人”喻将然之杀机不可露，露则不善用其刚强矣。他的推导逻辑是，“密用”“杀机”都应该藏在柔弱之中，“不可失”，“不可露”，不然就会使“柔弱”不起作用，使“刚强”不得善用。这样看来，他把“鱼”和“利器”比作“刚强”，把“渊”和掌握“利器”的人比作“柔弱”，“柔弱”为体，“刚强”为用。①

高亨接近魏源，没有把“刚强”视为否定的对象，同样把“鱼”和“利器”比作“刚强”，把“渊”和掌握“利器”的人比作“柔弱”。但他的观点更为调和，他认为老子不光要柔弱也要刚强，刚柔相济，但柔弱是刚强的前提。“自己的刚，要隐蔽在柔之中，不可暴露，比如鱼不可脱离水，因为水是鱼的生存条件。国君的政权不可显示给别人，因为政权是国君的生存条件。”②

上述这些注家都试图通过“刚强”与“柔弱”的关系来解释下段两句谚语，似乎各自成理，但也难以确定哪一家更合理。问题在于，首先，在他们那里，“柔弱”和“刚强”的所指常不一致，对“刚强”的价值评判也不一致。其次，他们的解释也都无法和“微明”关联起来。早期文献如《韩非子》《淮南子》等都不从“柔弱”与“刚强”之关系做出解释，结合这一现象，我们认为很有可能是后世之人为了配合“柔弱胜刚强”一句，而造出了种种牵强的说法。

此外，过去的解释，喜欢把“微明”归于上段，把“柔弱胜刚强”归于下段，这不利于判明整体文义。如前文指出的那样，第三十六章中，只

---

① 魏源．老子本义//魏源全集：第十二册．长沙：岳麓书社，2011：55．原文为：“柔弱者其体，刚明者其用。然鱼无一时可离于水，此圣人智勇深沉之机，而慎于临时者也。非明不能见，非微明不能守，故切譬以明之。”

② 高亨．老子正诂//高亨著作集林：第五卷．北京：清华大学出版社，2004：324-325.

有“是谓微明，柔弱胜刚强”是老子之言，也是全章宗旨，拆开解读是不合理的。“微明”是前提，“柔弱胜刚强”是“微明”的体现，也是方法、过程与结果。有些学者对此有较清醒的认识，例如董平指出：“‘柔弱胜刚强’，这一句实际上即是讲‘微明’之用。既能洞烛玄微而通达道体之用，即能以柔弱而胜刚强。”① 可惜他未能结合第三十六章整体文义和文本诠释的历史做出详细有力的说明。

现在我们回到下段所引谚语的古义，再把“微明”和“柔弱胜刚强”结合起来考察，就可以发现其实没有必要非得把“柔弱”“刚强”同“鱼”“渊”“利器”等物象对应起来。

如前所述，“鱼不可脱于渊”的古义是，如同鱼不可以脱离其藏身的深渊，秘密不可以轻易地被揭露出来，如果揭露出来就会有不祥和危险。“国之利器不可以示人”的古义是，可能会害人害己的不祥之物不要交给别人。老子引用的这两句话，其共同点在于为人所害的结局上，即要么因为揭穿秘密看破心思而被害，要么因为“借人利器”而被害。因此，老子的着眼点在于，只有具备高度洞察力的人才能见微知著、防微杜渐，将矛盾消灭于无形之中，以免招致巨大的困难和祸患。这种洞察力正是“微明”。如果“将欲……，必固……”是通过“微明”最终导致了积极的结果，那么“鱼不可脱于渊”“利器不可示人”则是通过“微明”最终避免了消极的结果，两者正好是呼应的。借助“微明”所代表的柔弱的力量，将使局面不再限于危险的境地，这比任何事后的、强力的措施都有效，都及时，这就是“柔弱”胜于“刚强”之意。后世之人在“鱼”和“渊”之间、“利器”和不以“利器”示人者之间寻求“柔弱”与“刚强”的关系，看来是没有必要的，很多解释因此越发复杂、走上歧途。

总之，老子通过第三十六章下段两句谚语的引用，出色地诠释了“微明”及“柔弱胜刚强”的宗旨。

## 四、余论

通过以上分析，我们认识到，第三十六章是一个整体，上段和下段都

---

① 董平. 老子研读. 北京：中华书局，2015：162.

是古之谚语，老子加以引用，是为了发明“微明”和“柔弱胜刚强”这两大理念。只有这样才能排除因为历代种种情况造成的误读、误释，为第三十六章找出通贯的、合理的解释。

由“微明”体现的洞察玄妙、见微知著的超能力以及“柔弱胜刚强”的方法和原理，是《老子》一书反复强调的主题，第三十六章也是其中之一。因此，《老子》第三十六章所引谚语虽然与权谋论关系密切，但《老子》却超越了权谋论，使其为“微明”和“柔弱胜刚强”的主题服务。辩证观念和反向思维虽然是第三十六章的思想基础之一，但非论述的重点，将此视为第三十六章主旨是错误的。上段谚语的引用旨在说明通过“微明”可以导致积极的结果，下段谚语的引用旨在说明通过“微明”可以避免消极的结果，这些都是“柔弱”胜于“刚强”的体现。没有必要在下段各物象之间专门找出“柔弱”和“刚强”的对应关系，历代朝这个方向所做的解释是牵强的，和战国时代之后黄老道家把老子思想具体化为治国用兵之术有很大关系。

值得注意的是，虽然“微明”在《老子》中仅此一现，但一定是非常重要的概念，因为在后世道家中“微明”作为一个重要的主题，得到了集中的、全面的推阐，这由两个现象可以得到证明。一是河上公注《老子》，把第三十六章直接命名为《微明》，可见后世道家认为这就是第三十六章的主旨。二是《文子》中出现了《微明》篇，可见“微明”在后世道家中得到充分的发挥。限于篇幅，我们无法在此对《文子·微明》做出详细论述，但关于此篇主要内容，大致可以总结出以下几点。第一，如宋杜道坚在《文子缵义》中说：“微明者，其道乎？视不以目，听不以耳，得之天而著之心，故能包裹天地，应对无方，不可以智知力求，惟知不知，为不为，言不言，则得之矣。”① 此篇突出了“微明”作为“道”之体现，不可言，不可知，不可为，却又“能包裹天地，应对无方”的神秘性。第二，《文子·微明》内容虽然庞杂，但尤其强调了“察其终始，见其造恩”“见其所始，则知其所终”“先（见）福于重关之内，虑患于冥冥之外”“见本而知末，执一而应万”“从事于无形之外，而不留心于已成之内”

① 李定生，徐慧君. 文子校释. 上海：上海古籍出版社，2004：263.

“祸福之数微而不可见，圣人见其始终，故不可不察”“祸福之门，利害之反，不可不察”的重要性，即只有掌握“微明”者才能“敬小微，动不失时”“戒祸慎微”，察知祸福转换之玄机，在冥冥中见微知著、及早行动、把握先机。第三，如何才能培养出“托期于灵台，而归居于物之初，视于冥冥，听于无声，冥冥之中独有晓焉，寂寞之中独有照焉”的真人。可见《文子·微明》虽然发挥甚多，但基本精神和《老子》第三十六章的“微明”是完全一致的。后世道家有意选出“微明”一词，来总括和代表老子思想中深察事物消长之势，通过无形把握有形，通过未然把握已然的丰富内容、宏大智慧。

# 第四章 《老子》第三十九章新研

《老子》第三十九章，是该书中非常重要的一章，尤其这一章的上半部分，论述的是“道”作为本体的绝对地位与作用，这个本体没有使用“道”之名称，而是用“一”来表示，这是值得重视的一个问题。① 但是，本章想要讨论的是另外一个问题，那就是对第三十九章的文章结构和思想结构如何加以诠释，尤其是对“致数舆无舆”以及最后一段话如何加以诠释。第三十九章王弼本如下所示：

> 昔之得一者，天得一以清，地得一以宁，神得一以灵，谷得一以盈，万物得一以生，侯王得一以为天下贞。其致之，天无以清将恐裂，地无以宁将恐发，神无以灵将恐歇，谷无以盈将恐竭，万物无以生将恐灭，侯王无以贵高将恐蹶。
>
> 故贵以贱为本，高以下为基。是以侯王自谓孤、寡、不穀。此非以贱为本邪？非乎？
>
> 故致数舆无舆。不欲琭琭如玉，珞珞如石。

这一章，如上所示，可以分作上中下三段。郭店楚简无此章，除一些文字差异外，马王堆帛书《老子》甲乙本、北大汉简本、河上公本、严遵本、傅奕本等重要版本均大致相同。这说明，第三十九章的结构基本上是稳定的。但是，上段“昔之得一者……侯王无以贵高将恐蹶”这部分作为一种

---

① 这个问题，刘笑敢有比较详细的归纳，详参刘笑敢《老子古今》上卷第413～415页。

本体论，似乎很难导出后面关于谦卑不争的工夫论或者说实践论。换言之，第三十九章前后的内容，在思想逻辑上并不具有一贯性。那么，应该如何给予合理解释呢？这里首先提出结论。第一，我们要把第三十九章、四十章、四十二章作为一个整体来考虑，将第三十九章放在这个大环境下来分析。第二，中段“贵以贱为本，高以下为基”以及“侯王自谓孤、寡、不穀”作为一种工夫论，很可能是与第四十章“弱者，道之用”相应的，第四十二章的“人之所恶，唯孤、寡、不穀，而王公以为称。故物或损之而益，或益之而损”也是如此。第三，下段“故致数舆无舆”的“舆”应该作“车”解，第三十九章下段不应该视为谦卑不争的工夫论，这部分内容和上段“一”的本体论思想是呼应的。

## 一、第三十九章、四十章、四十二章是一个整体

第三十九章是否存在错简，自古就有人提出疑问。姚鼐认为，第四十二章“道生一”到“冲气以为和”共25字应该在第三十九章“昔之得一者”之上；“故贵以贱为本”的“故”是衍文，从“贵以贱为本”到“非乎”共29字，应在第四十二章“人之所恶”上。马叙伦继承姚鼐观点，进而提出，第四十章的“天下万物生于有，有生于无”和第四十二章的“道生一，一生二，二生三，三生万物。万物负阴而抱阳，冲气以为和”都应该并到第三十九章来；再把“贵以贱为本”到“珞珞如石”的这部分并到第四十二章去。[①] 马叙伦没有说明具体段落应该如何布置，依笔者的想象，或许是如下这样一个格局吧。

第三十九章：

天下万物生于有，有生于无。

道生一，一生二，二生三，三生万物。万物负阴而抱阳，冲气以为和。

昔之得一者，天得一以清，地得一以宁，神得一以灵，谷得一以盈，万物得一以生，侯王得一以为天下贞。其致之，天无以清将恐

---

① 马叙伦. 老子校诂. 北京：中华书局，1974：393.

裂，地无以宁将恐发，神无以灵将恐歇，谷无以盈将恐竭，万物无以生将恐灭，侯王无以贵高将恐蹶。

第四十二章：

贵以贱为本，高以下为基。是以侯王自谓孤、寡、不穀。此非以贱为本邪？非乎？故致数舆无舆。不欲琭琭如玉，珞珞如石。

人之所恶，唯孤、寡、不穀，而王公以为称。故物或损之而益，或益之而损。人之所教，我亦教之。强梁者不得其死，吾将以为教父。

也就是说，马叙伦设计的第三十九章完全成了"道"的生成论和本体论。[①] 第四十二章完全成了谦卑不争的工夫论和实践论。然而，马王堆帛书以及北大汉简本的出土证明，至少在西汉初，《老子》已经是现在的格局，因此，姚鼐、马叙伦等人的调整，只是想象的结果，事实未必如此。

但是，姚鼐、马叙伦等人的研究仍然给我们很大的启发，第三十九章和第四十二章存在非常类似的结构，即本体论（如第三十九章）和本根论、本原论、生成论（如第四十二章）之后，都出现了"侯王""王公"自称"孤、寡、不穀"的话题，都强调自我贬损、谦下不争的重要性。因此，这两章存在亲缘关系，放在一起讨论是应该的。不仅这两章，第三十九章、四十章、四十二章可以视为一个整体。[②] 第四十章的"反者，道之动"说的是事物一定会向着相反方向发展运动，这就是"道之动"。依据这样一种必然性，老子进一步推出"道"的作用方式或者说人对"道"作用方式的领悟和运用，所以下一句就是"弱者，道之用"，就是说在构成事物的相反相成的两个侧面中，老子更强调居于弱势的一面。当事物的运行轨迹即将到达发展的顶点时，老子告诉你需要努力延缓发展的速度，设法改变发展的方向，以避免极限的降临；当事物的运行轨迹已经到达发展的顶点时，老子告诉你甚至需要不惜牺牲利益或尊严，以避免衰退的开始。或者从一开始就留出让步的空间，保持伸展的余地，这就是刻意求

① 这种设计恐怕难以成立，因为强调"一"之本体论的内容和"一"之上再加上"道"的"道生一"的内容，不可能在同一章节。

② 当然第四十三章也有关，"天下之至柔"延续了"柔弱"的话题。

“弱”的“道之用”。王弼对于“反者，道之动”一句，正是用第三十九章“贵以贱为本，高以下为基”来解释的：“高以下为基，贵以贱为本，有以无为用，此其反也。”

如果将第三十九章、四十章、四十二章作为一个整体来考虑，那么，或许在历史上，这三章有可能是合在一起的。这样的话，如果将第三十九章、四十二章的部分内容，看作是与第四十章相对应的，也没有什么不合适。

## 二、第三十九章上段和中段是否对应

从现在第三十九章、四十二章的内在结构来看，其逻辑展开，都显得比较生硬。第三十九章上段论述万物因为“一”而得以生成、存在和运动。天地、神灵、河流、万物、侯王，对人类而言，几乎都是最为重要的存在，甚至有时天地、神灵被直接看作是人的生成者、主宰者，老子却认为，即便贵为天地、神灵，也不过是万物之一，只不过是较为特殊的存在而已，“道”则超越这些存在，成为万物的生成者、主宰者、发动者和引领者，而且，得“道”则昌，失“道”则亡。我们暂且不论这里为何一定要用“一”而不用“道”，如果把“一”直接等同于“道”，把“天地”等存在视为万物，那么可以说这段话体现的就是道物二分的本体论。在道家文献中，为了论证“道”（“一”“无为”）相对于“万物”所具有的不可思议的作用，类似“得……以……”的语言表达方式被大量使用，例如，《庄子·大宗师》中有：

> 夫道，有情有信，无为无形；可传而不可受，可得而不可见；自本自根，未有天地，自古以固存；神鬼神帝，生天生地；在太极之上而不为高，在六极之下而不为深；先天地生而不为久，长于上古而不为老；狶韦氏得之，以挈天地；伏羲氏得之，以袭气母；维斗得之，终古不忒；日月得之，终古不息；堪坏得之，以袭昆仑；冯夷得之，以游大川；肩吾得之，以处大山；黄帝得之，以登云天；颛顼得之，以处玄宫；禺强得之，立乎北极；西王母得之，坐乎少广，莫知其始，莫知其终；彭祖得之，上及有虞，下及五伯；傅说得之，以相武

丁，奄有天下，乘东维，骑箕尾，而比于列星。

《庄子·至乐》中有：

天无为以之清，地无为以之宁。

上海博物馆藏战国楚竹书《凡物流形》中有：

是故有一，天下无不有；无一，天下亦无一有。无〔目〕而知名，无耳而闻声。草木得之以生，禽兽得之以鸣，远之步（薄）天，迩之矢（施）人。①

马王堆帛书《黄帝四经·道原》中有：

小以成小，大以成大。……鸟得而蜚（飞），鱼得而流（游），兽得而走，万物得之以生，百事得之以成。人皆以之，莫知其名。人皆用之，莫见其刑（形）。②

《韩非子·解老》中有：

道者，万物之所以成也。……天得之以高，地得之以藏，维斗得之以成其威，日月得之以恒其光，五常得之以常其位，列星得之以端其行，四时得之以御其变气，轩辕得之以擅四方，赤松得之与天地统，圣人得之以成文章。……万物得之以死，得之以生；万事得之以败，得之以成。

《淮南子·原道》中有：

夫道者……山以之高，渊以之深，兽以之走，鸟以之飞，日月以之明，星历以之行，麟以之游，凤以之翔。

如果不限于“得之以”“以之”，那么，类似的话还可以找出许多，道家以这类特殊的、夸张的语气竭力渲染“道”无上的地位、作用与功能。然而，可以证明的是，这些与《老子》第三十九章相类似的论述，话题都仅

---

① 关于《凡物流形》的文献整理，请参看曹峰《近年出土黄老思想文献研究》第356～376页第二编第三部分第五章“《凡物流形》的文本结构与思想特征”。

② 陈鼓应．黄帝四经今注今译．北京：商务印书馆．2007：299.

仅集中于描述或强调“道”的本体论，没有一处像《老子》第三十九章这样，把“道”的本体论和“以贱为本”的处世原则或者说工夫论、实践论结合在一起讨论。① 从“故贵以贱为本，高以下为基”来看，因为有“故”字，显然在作者看来，上下之间应该是因果关系，然而从“道”的本体论突然转向谦下不争的工夫论，其逻辑展开无论怎么解释都是很奇怪的。在《老子》中，本体论和工夫论、实践论往往是对应的，例如第七章，如果说“天长地久。天地所以能长且久者，以其不自生，故能长生”是一种本体论，那么，“是以圣人后其身而身先，外其身而身存。非以其无私邪？故能成其私”则是工夫论、实践论；例如第三十七章，如果说“道常无为而无不为”是一种本体论，那么“侯王若能守之，万物将自化”则是工夫论、实践论；例如第三十二章，如果说“道常无名。朴虽小，天下莫能臣也”是一种本体论，那么“侯王若能守之，万物将自宾”则是工夫论、实践论。不过，第七章、三十七章、三十二章的逻辑展开显得自然、合理，不像第三十九章，前后转换令人费解。

无独有偶，第四十二章也出现了这样奇怪的逻辑，前面是由“道生一，一生二，二生三，三生万物。万物负阴而抱阳，冲气以为和”表达的宇宙生成论和阴阳气化论，突出的是“道”作为本根、本原的地位与作用，下面的文字却话锋一转，和第三十九章一样，开始讨论王公为何要用“人之所恶”的“孤、寡、不榖”来作为自己的称呼。其结论“物或损之而益，或益之而损”似乎说的是事物轮转的必然性，对于构成事物发展方向的两个侧面予以了平等看待。但从“强梁者不得其死，吾将以为教父”看，这里强调的还是“益之而损”的重要性，因此这也是一种强调谦卑不争的工夫论、实践论。但是遍查先秦秦汉文献，对“道生一……冲气以为和”一段的引用和对“人之所恶……吾将以为教父”一段的引用，都是各自独立的，从来没有将两者结合起来讨论过。②

回过头来看中段“故贵以贱为本，高以下为基。是以侯王自谓孤、

---

① 对第三十九章上段的部分引用见于《抱朴子·地真》，但未见对中段和下段的引用。

② 古书对这两段的引用，可详参杨树达《老子古义》（上海：上海古籍出版社，1991）第50～52页。

寡、不榖。此非以贱为本邪?非乎?”这段话说的是,在构成万物的正反相对的因素中,老子更重视反的、柔弱的、卑下的一面,认为只有使自己一直居于不为人所看重的,甚至轻视的、鄙视的那一面,才能使自己永远居于不败之地。因此这是一种工夫论或者实践论。从老子整体思想而言,大致也可以说这样的工夫论、实践论与道物二分的本体论有关,然而,在一个章节中,用“故”字把这样的本体论和工夫论、实践论直接串联起来,仍不免让人感到突兀和生硬,以至于怀疑其存在的合理性。现在,我们来看看古人是如何引用中段的。

这段话完整地出现于《战国策·齐策四》,是作为《老子》之言来引用的:

> 是故《易传》不云乎:“居上位未得其实,以喜其为名者,必以骄奢为行;据慢骄奢,则凶从之。”是故无其实而喜其名者削;无〔其〕德而望其福者约;无〔其〕功而受其禄者辱;祸必握。故曰“矜功不立,虚愿不至”,此皆幸乐其名华而无其实德者也。是以尧有九佐,舜有七友,禹有五丞,汤有三辅,自古及今而能虚成名于天下者,无有。是以君王无羞亟问,不愧下学。是故成其道德,而扬功名于后世者,尧、舜、禹、汤、周文王是也。故曰:“无形者,形之君也;无端者,事之本也。”夫上见其原,下通其流,至圣人明学,何不吉之有哉?老子曰:“虽贵必以贱为本,虽高必以下为基。是以侯王称孤、寡、不榖,是其贱之本与。非夫?”孤、寡者,人之困贱下位也,而侯王以自谓,岂非下人而尊贵士与?

这段话先引《易传》的话,以明名不副实、骄奢淫逸必然自遗其咎的道理,和《老子》第九章“持而盈之,不如其已。揣而棁之,不可长保。金玉满堂,莫之能守。富贵而骄,自遗其咎。功遂身退,天之道”颇为类似,后面则引《老子》第三十九章中段的话,进一步证明高明的统治者自谦自损,以换得臣下辅助拥戴的重要性,这类话的性质也和《老子》“不自见,故明。不自是,故彰。不自伐,故有功。不自矜,故长”(第二十二章)、“是以圣人后其身而身先,外其身而身存。非以其无私邪?故能成其私”(第七章)、“以其终不自为大,故能成其大”(第三十四章)属于同类。“无形者，形之君也；无端者，事之本也”一段话看上去类似《老子》第三十九章上段的“得一”论，但只是说君主虽居“形之君”“事之本”的“无形”“无端”之位，如果还能够礼贤下士、不耻下问，那“何不吉之有”？这和《老子》第三十九章强调“一”作为本体的绝对地位与作用，不是同一回事。

《淮南子·原道》是一篇对“道”的本体论与工夫论做全面论述的文章，如上所引，《原道》前面部分多是“夫道者……山以之高”之类的话，以强调“道”的无所不在、无所不能，到了后面，开始描述学“道”者、得“道”者的面貌，得道者所具有的一个重要特征就是“志弱而事强，心虚而应当”，此时出现了以下这段话：

> 所谓志弱而事强者，柔毳安静，藏于不敢，行于不能，恬然无虑，动不失时，与万物回周旋转，不为先唱，感而应之。是故“贵者必以贱为号，而高者必以下为基”。

这样的论述过程或者说思想展开逻辑也是非常顺畅的，完全不像第三十九章那样牵强、生硬。

《文子·道原》也引到《老子》第三十九章：

> 夫道，有无相生也，难易相成也。是以圣人执道，虚静微妙，以成其德，故有道即有德，有德即有功，有功即有名，有名即复归于道。功名长久，终身无咎。王公有功名，孤寡无功名。故曰“圣人自谓孤寡”，归其根本。功成而不有，故有功以为利，无名以为用。

这一段可以说是在阐发老子第二章的原理，如“有无相生也，难易相成也”所示，万物是由对立统一的两个侧面构成的，因而是有待的、有名有形的，而超越万物的“道”则是无待的、无名无形的，因此，作为执道者的圣人，其行为方式就必然虚静微妙，“功成而不有”，用老子第二章的话来讲就是：“处无为之事，行不言之教。万物作焉而不辞，生而不有，为而不恃，功成而弗居。”此处引“圣人自谓孤寡”，是为了证明圣人没有功名，亦即无名无形，似乎和“贵以贱为本，高以下为基”“以贱为本”没有直接的关系。

最后来看《淮南子·道应》的引用：

> 狐丘丈人谓孙叔敖曰："人有三怨，子知之乎?"孙叔敖曰："何谓也?"对曰："爵高者士妒之，官大者主恶之，禄厚者怨处之。"孙叔敖曰："吾爵益高，吾志益下；吾官益大，吾心益小；吾禄益厚，吾施益博。是以免三怨，可乎?"故老子曰："贵必以贱为本，高必以下为基。"(《文子·符言》略同)

这段话对《老子》中段的引用是完全合理的，和《战国策·齐策四》一样，是为了证明越是做大事者，越能够忍辱负重、礼贤下士，因而永远能够立于不败之地。

第三十九章下段我们暂且不论，但从上述可以发现，先秦秦汉古文献中几乎没有对第三十九章上段的引用，对中段的引用最多，却都不能够有效说明上段和中段究竟是何关系，亦即上段论述"一"无所不在、无所不能之本体论为何能导出强调忍辱负重、谦下不争的工夫论。所以我们认为，与其将中段视为上段的必然延伸，不如说中段是对第四十章"反者，道之动；弱者，道之用"的回应或印证更合适些。此外，第四十二章"人之所恶，唯孤、寡、不穀，而王公以为称。故物或损之而益，或益之而损。人之所教，我亦教之。强梁者不得其死，吾将以为教父"一段，也可以这样理解。

## 三、对"故致数舆无舆"一段的重新诠释

如果说第三十九章中段和第四十二章下段是对第四十章"反者，道之动；弱者，道之用"的回应和解释，那么，第三十九章下段又如何呢?

我们发现，今人的解释，几乎毫无例外地认为，第三十九章下段持续了中段的话题，也是在论述"以贱为本"的重要性。例如，任继愈做如下的解释：

> 所以，追求过多的荣誉就没有荣誉，不想做什么高贵的美玉，或下贱的坚石。①

陈鼓应做如下的解释：

---

① 任继愈. 老子新译. 上海：上海古籍出版社，1985：146-147.

所以最高的称誉是无须夸誉的。因此，不愿像玉的华丽，宁可如石块般的坚实。

有道的人君应如大厦的基石，要有骆驼般的精神，要能“珞珞如石”，朴实坚忍。①

池田知久做如下的解释：

因此，如果贪图接受太多的荣誉，反而得不到荣誉。所以，不希望成为闪闪发光的美玉，而愿意成为朴实无华的坚石。②

可以说，关于第三十九章下段，目前出版的《老子》注释，几乎都延续着类似的解释方向。当然，也有一些不同，具体而言，第一，如何解释“致数舆无舆”，一些学者依据《庄子·至乐》的“至乐无乐，至誉无誉”，认为“数”是衍文，“舆”当通假为“誉”，“至誉无誉”的意思就是“最高的荣誉仿佛没有荣誉”，陈鼓应的释文就是其中代表。另一些学者接受高诱对于《淮南子·说山》“求美则不得美，不求美则美矣”的注释：“心自求美名则不得美名也，而自损则有美名也，故老子曰‘致数舆无舆’也。”把“致”理解为追求，把“数”理解为多，或者当动词“屡屡”看待，任继愈和池田知久的释文就是代表。如下所述，恐怕这两种解释都是有问题的。第二，关于“不欲琭琭如玉，珞珞如石”。部分学者将“琭琭如玉，珞珞如石”均视为“不欲”的对象，任继愈的释文就是代表。部分学者认为老子重视的是“珞珞如石”而非“琭琭如玉”，这样的话，就要在两者之间加上“宁可”之类表示转折的词，陈鼓应的释文就是其中代表。笔者认为这些都改变了原文的结构，恐怕是不可取的。

不管怎样，相当多的学者尤其是今人认为下段延续着谦下不争的话题，笔者认为这个立场是有问题的。我们来看早期文献是如何理解、阐释第三十九章下段的。首先可以举出的是《淮南子·道应》里的一段话：

薄疑说卫嗣君以王术。嗣君应之曰：“予所有者千乘也，愿以受教。”薄疑对曰：“乌获举千钧，又况一斤乎?”杜赫以安天下说周昭

---

① 陈鼓应. 老子注译及评介. 北京：中华书局，1984：222.

② 池田知久. 老子. 馬王堆出土文献訳注叢書. 東京：東方書店，2006：13-14.

> 文君。昭文君谓杜赫曰："愿学所以安周。"杜赫对曰："臣之所言不可，则不能安周；臣之所言者可，则周自安矣。"此所谓以弗安而安者也。故老子曰"大制无割""故致数舆无舆"也。

这段话在薄疑和杜赫的两段说辞之后，引用《老子》"故致数舆无舆"作为印证，但对"舆"究竟何意以及此句句意并无解释。不过，这段话同时引用了《老子》第二十八章的"大制不割"（此处作"大制无割"），即最完善的政治不是割裂的政治，"大制"指的是与"道"相应的完美的、整全的管理与体制，再结合薄疑和杜赫的两段说辞，可以明确地看出，"故致数舆无舆"的文义也一定和"大"及"整体"相关，《淮南子·道应》这段话意欲说明的是把握"大"的重要性，如"乌获举千钧，又况一斤""臣之所言者可，则周自安矣"所示，把握了"大"就能把握一切"小"，因此，最高明的政治是以"大"摄"小"的政治。与之形成对称，《淮南子·道应》下面一篇通过孔子善于以小见大的故事，专门讲了对于"小"之把握的重要性。因此，可以确认的是，在《淮南子·道应》这里，"致数舆无舆"绝不是什么"至誉无誉"或"致数誉无誉"，也和谦下不争、忍辱负重毫无关系。这里，虽然没有引用"不欲琭琭如玉，珞珞如石"，但可以想象，在《淮南子·道应》作者心目中"不欲琭琭如玉，珞珞如石"也应该和对于大、对于整体的把握有关。

《老子》各种传本中，确实有直接作"致数誉无誉"的，但都比较后起，如傅奕本、范应元本、李荣本、神沙本、次解本、道藏王本。从字形来看，王弼本的"舆"字，马王堆帛书甲本作"與"、乙本作"舆"，北大汉简本作"舆"，河上公本作"車"。可见较早的本子都没有作"誉"的，之所以作"誉"，很可能受了《庄子·至乐》"至誉无誉"以及把第三十九章中段和下段都解释为谦下不争的工夫论有关。

河上公本将下段解释为："致，就也。言人就车数之，为辐、为轮、为毂、为衡、为轝，无有名为车者，故成为车，以喻侯王不以尊号自名，故能成其贵。""琭琭喻少，落落喻多，玉少故见贵，石多故见贱。言不欲如玉为人所贵，如石为人所贱，当处其中也。"除了"以喻侯王不以尊号自名，故能成其贵"有企图在文义上打通中段和上段之努力外，其余都是从把握整体的角度进行解释，所谓“无有名为车者，故成为车”，说的是只有从大局、从全体把握“车”的人，才不至于拘泥于琐碎的个体和局部。“当处其中”也一样，只有跳出“贵贱”之分的人，才有可能把握“贵贱”之上的“中”，这样的解释，和《淮南子·道应》故事所欲说明的思想是完全相通的。

严遵对于第三十九章，有长篇大论，就下段而言，他指出：

> 夫工之造舆也，为圆为方，为短为长，为曲为直，为纵为横，终身揳揳，卒不为舆，故能成舆，而令可行也。夫玉之为物也，微以寡；而石之为物也，巨以众。众故贱，寡故贵。玉之与石，俱生一类，寡之与众，或求或弃。故贵贱在于多少，成败在于为否。是以圣人为之以反，守之以和，与时俯仰，因物变化。不为石，不为玉，常在玉石之间；不多不少，不贵不贱，一为纲纪，道为桢干。故能专制天下而威不可胜，全活万物而德不可量。

和河上公本一样，这里也是以造车和玉石为喻，说工匠从不同的角度制造了车的各个零件，但一辈子努力的东西都不是车，只有跳出来，那个不是任何零件的整体才是车。对于普通人而言，玉石或贵或贱，或求或弃，都是因被狭隘的价值观所牵累，唯有圣人“不为石，不为玉，常在玉石之间；不多不少，不贵不贱”，这就是所谓的“为之以反，守之以和，与时俯仰，因物变化”，也就是河上公本所说的“当处其中”。正因为能够跳出万物，所以能够“专制天下而威不可胜，全活万物而德不可量”，因此这也是一种大小之说。

王弼对于“故致数舆无舆”没有解释，对于“不欲琭琭如玉，珞珞如石”，则说“玉石琭琭、珞珞，体尽其形，故不欲也”。所谓“体尽其形”说的是，不管是“琭琭”还是“珞珞”，是美还是丑，都只是物之形状而已，言外之意都是“末”，而不是“本”。因此，王弼在此没有像河上公本那样用大小来加以说明，而是使用了他所擅长的本末母子论。

基于以上论证，我们可以说，把“舆”读为“誉”，把下段朝和中段同样的方向去解释，都是后起的事。整个下段，应该是大小、本末之论，强调的是要把握“道”的整体，而不要被狭隘、琐碎的物所牵累、所蒙蔽。从这样一个角度看，这完全不是谦下不争、忍辱负重的工夫论，而是从某个侧面论证了本体（或者说整体）的整要性，因此，说这段以“故……”的形式出现的表述是对第三十九章上段的回应或印证，是可以成立的。

## 四、余论

我们或许可以说，第三十九章中段和上段一样，也是一种本体论，上段强调的是“道”相对于“无物”的本体地位，中段则强调的是“贱”相对于“贵”的本体地位，是在“道之用”意义上、工夫论意义上、价值论意义上的本体论，这或许也可以成立。但这样的解释依然无法运用到第四十二章的结构上，而且，第三十九章中段和下段有两个“故”，显然说明这是对某一句重要的话的引申和发挥，所以我觉得将中段（包括第四十二章类似的话）视为第四十章“反者，道之动；弱者，道之用”的回应和解释，要更合理些。

笔者认为，第三十九章的解释，在汉以后逐渐显现出两大变动。第一，把上段作为本体的“一”解释为“无形”，如《文子·道原》云“无形者，一之谓也”，再把“无形”解释为“虚”，然后再把“虚”朝“下”“贱”的方向理解，这样上段和下段就打通了，严遵本就是如此。但王弼本和河上公本都还不明显。第二，把中段和下段朝同一方向，即朝着谦下不争、忍辱负重的工夫论方向去解释，这在释作“誉”的文本系统中，以及今人的解释系统中尤为多见，但是，如前面所论证的那样，这种解释是难以成立的。

总之，《老子》第三十九章为我们提供了文本复杂性和解释复杂性的代表性范例，我们不能把目前所见的章节当作独立的单元来理解，而应该照顾到其前后章节，在前后章节的整体环境中揣摩《老子》本来的面目。

# 第五章　论《老子》的“天之道”

在《老子》中，“道”无疑是最高的概念，这个概念在马王堆帛书本中出现了 71 次，王弼本中出现了 76 次。但是，必须指出的是，这些“道”虽然大部分以独立的概念出现，但也有一部分带有限定词，构成所属关系，如“古之道”“长生久视之道”“天之道”“天道”“人之道”“圣人之道”等。① 其中，尤其以“天之道”的出现频率最高，而且被置于极高的地位。下面，将“天之道”及相关的表达全部罗列出来。

持而盈之，不如其已。揣而棁之，不可长保。金玉满堂，莫之能守。富贵而骄，自遗其咎。功遂身退，天之道。（第九章，郭店楚简本和马王堆帛书本基本相同）

不出户，知天下。不窥牖，见天道。其出弥远，其知弥少。是以圣人不行而知，不见而名，不为而成。（第四十七章，郭店楚简本无，马王堆帛书本基本相同）

勇于敢则杀，勇于不敢则活，此两者或利或害。天之所恶，孰知其故？是以圣人犹难之。天之道，不争而善胜，不言而善应，不召而自来，繟然而善谋。天网恢恢，疏而不失。（第七十三章，郭店楚简本无，马王堆帛书本基本相同）

天之道，其犹张弓与。高者抑之，下者举之。有余者损之，不足

① 《老子》中，还有形容词后加“道”的形式，如“大道”“常道”等，但这仅是一种修饰，并不构成所属关系。

者补之。天之道,损有余而补不足。人之道则不然,损不足以奉有余。孰能有余以奉天下?唯有道者。是以圣人为而不恃,功成而不处,其不欲见贤。(第七十七章,郭店楚简本无,马王堆帛书本基本相同)

和大怨必有余怨,安可以为善?是以圣人执左契,而不责于人。有德司契,无德司彻。天道无亲,常与善人。(第七十九章,郭店楚简本无,马王堆帛书本基本相同)

天之道,利而不害。圣人之道,为而不争。(第八十一章,郭店楚简本无,马王堆帛书本基本相同,但"圣人之道"作"人之道")

从中可以看出,"天之道"及相关的表达似乎更多见于今本,而且《德经》要多于《道经》。郭店楚简仅出现一处,不过,需要指出的是,郭店楚简中有"至虚恒①也。守中笃也。万物方作,居以须复也。天道员员,各复其根"。这段文字可以和《老子》今本第十六章"夫物芸芸,各复归其根"相对照。这样说来,郭店楚简中就有两处和"天之道"相关的表现。此处,马王堆帛书《老子》甲乙本作"天物",这应该是"夫物"之误,因为"天"和"夫"形近易讹。但把郭店楚简的"天道"也说成是"夫物"笔误,恐怕不妥,可能会因此而漏过一个重要的思想史现象。

另外,需要指出的是,郭店楚简中和《老子》丙本合抄的《太一生水》有"天道贵弱,削成者以益生者",后面还有"〔天不足〕于西北,其下高以强;地不足于东南,其上〔□以□。不足于上〕者,有余于下;不足于下者,有余于上"②。它们应当是"天道贵弱"观念产生的依据,这并非《老子》所推崇的守柔示弱之道,而和《老子》第七十七章"天之道,损有余而补不足"类似,应该是"损有余而补不足"这种"天之道"的来源之一。

迄今为止的《老子》研究,一般都将"天之道"放在道论加以考察,

---

① 楚系文字中,"恒"和"极"常混用,这里应读为"极"。

② 这段文字的编联和补字,采用了李零的见解,详参李零《郭店楚简校读记》(增订本,北京:中国人民大学出版社,2007)第41~55页。

成为“道”的子概念，几乎无人将其视为一个独立的概念来认识，我认为这样做，遮蔽了“天之道”在《老子》中特有的地位与功能，不利于对《老子》思想结构的分析。在道家文献中，“天之道”及其相关表现极为丰富，《老子》也不例外。在道家思想史中，天道观具有重要的价值与地位，这是众所周知的。但天道观并非一成不变，在不同文献中，其意义和价值也不尽相同，对“天之道”的内涵及其作用的认识，构成了道家思想史的一个重要侧面。在最具代表性的道家著作《老子》中，“天之道”究竟有着怎样的内容和地位，是一个值得系统分析的问题。

## 一、“道”与“天之道”、“天之道”与“人之道”

以往的研究，将《老子》中的“天之道”，基本上从“道”与“天之道”、“天之道”与“人之道”这样两个向度去分析，从以上所罗列的用例来看，后一个向度是没有问题的，因为道家思想的一个重要特征就是推天道以明人事。在这些用例中，“天之道”无一例外地与人相关，而非讨论“天之道”本身。关键是这些“天之道”究竟指的是什么？我认为基本上可以分为三种情况。

第一，作为一种语气的加强而使用的“天之道”。从第九章“功遂身退，天之道”看，这里的“天之道”并没有出现可供参照的、明白无误的天地运行规律，而是在老子看来人所不可违背的、必须遵循的人事法则。这种人事法则应该是对历史上无数存亡兴坏经验的总结和提炼。那么，为何会叫作“天之道”呢？这可能和老子借助天的权威性、绝对性以加强其重要性和说服力有关，未必真有天道依据。或者，在老子看来，人之道中那些不可违背的、必须遵循的法则和天地运行的法则具有同样的性质和同等的地位。

第二，宇宙运行总的原理和规则。这可以第四十七章“不出户，知天下。不窥牖，见天道”为例，这里“知天下”和“见天道”是并列的，分别针对上和下，只有圣人能够同时把握天下和了解天道，强调的是得道者所具备的不可思议的能力。但这里显然不是以某种具体天道和某种具体人事相对应的思路。郭店楚简《老子》的“天道员员，各复其根”也可以做这样的理解，“员员”，魏启鹏释为“圆圆”，“言其圆转不已，周而复始，此即天道环周之旨”[①]。今本《老子》第十六章作“夫物芸芸”，其实并不矛盾，就万物“各复归其根”而言，这就是天道环周的表现之一。

第三，天地运行中那些为人所效法的原理和规则。即有怎样的“天道”，就有怎样的“人事”。这种情况构成了《老子》所见“天之道”的大多数。例如，第七十三章“天之道，不争而善胜，不言而善应，不召而自来，繟然而善谋”。这里描述的是天（其实应该还包括大地、水流、江海等自然存在）从不有意作为、多言、强制、争胜，但却最终成为主宰、强者、胜者。在这里，虽然没有“人之道”与之相应，但“不争”与“不言”，正是老子心目中圣人处世的原则。关于“不争”，第六十八章有“善为士者不武，善战者不怒，善胜敌者不与，善用人者为之下，是谓不争之德，是谓用人之力，是谓配天，古之极”，这里的“配天”就是“符合天道”之意；第八十一章更是明确指出“圣人之道，为而不争”，第二十二章有“是以圣人……夫唯不争，故天下莫能与之争”，第六十六章有“是以圣人……以其不争，故天下莫能与之争”。关于“不言”，第二章有“是以圣人处无为之事，行不言之教”，第十七章有“悠兮其贵言”，第四十三章有“不言之教，无为之益”。

第七十七章的“天之道，损有余而补不足”，如前所述，有可能来自对中国特殊地理形势的感悟。而这里的“人之道”即“损不足以奉有余”，正好与“天之道”相反[②]，因此只有“有道者”“圣人”才能领会“损有余而补不足”的“天之道”。郭店楚简《太一生水》也是同样的思路，所谓“以道从事者，必托其名，故事成而身长；圣人之从事也，亦托其名，故功成而身不伤”，说的正是圣人要“以道从事”，而这个“道”，应该指的就是“天道贵弱”，即“损有余而补不足”这样的“天之道”。第七十九章的“天道无亲”，可以和第五章“天地不仁，以万物为刍狗。圣人不仁，以百姓为刍狗”对读，“无亲”即没有偏爱，一视同仁，而“不仁”指的正是天地和圣人无差别的仁慈。第五章虽然是“天地”和“圣人”相对，

---

① 魏启鹏．楚简老子柬释．台北：万卷楼图书股份有限公司，1999：23.

② 《庄子·在宥》也有类似思路。“何谓道？有天道，有人道。无为而尊者，天道也；有为而累者，人道也。主者，天道也；臣者，人道也。天道之与人道也，相去远矣，不可不察也。”

但我们说这里同样是“天之道”和“人之道”的对应，并不为过。类似的还有第七章的“天长地久，天地所以能长且久者，以其不自生，故能长生。是以圣人后其身而身先，外其身而身存。非以其无私邪？故能成其私”，这里虽然没有出现“天之道”，但天地的“不自生，故能长生”也完全可以说是“天之道”。可见这种“天道”与“人事”相配的意识遍在于《老子》中，但将其鲜明地提炼出来，明确地表示出来，却是在《德经》的最后数章，在郭店楚简中似乎也还没有得到凸显。所谓的“人之道”，其实就是“圣人之道”，就是说只有得道者才有可能、才有资格参赞“天之道”，马王堆帛书本第八十一章“故天之道，利而不害。人之道，为而弗争”到了今本改为“圣人之道”，正是这种意识的强调吧！

综上所述，《老子》中的“天之道”，有些来自对历史经验的总结，但却将其上升到天意的高度，以强化权威性和说服力；有些是对天地运行总体原理或具体法则的体悟。讲天道的目的在于导出人事之理，导出行动的原理、行为的方式，通过这样的对应结构，为人的行动找到合理的依据，有着明确的政治倾向和实践性质。因此，拟人化是其鲜明的特征，以便于人的理解与接受，因此，可体悟、可感受、可效法、可实践也是理所当然的。

再来看前一个向度，即“道”与“天之道”的关系。学界一般从历史的角度解读这两者的关系，认为“道”是为了取代传统的天道观而提出的。例如，王博认为老子的“道”是对旧的占星术士所使用的天道的突破和改造，“其具体表现就是在天道观念的基础上提出了道的概念，剔除了传统天道观念中的神意内容，发展出了天道自然的观念，进而在天道和人道之间建立了一种完全不同于占星术的关系”①。但这只能说明老子采取了一种更为理性的态度处理天人之间的关系，难以由此说明作为最高概念的“道”是如何发生的。王博还认为，“道”是对春秋时期作为人事准则之“天道”的超越。“天道在春秋时期是当然的人事活动准则，人们应根据日月星辰等的运行情况来决定如何行事，另外，当时人们在强调应按某

---

① 王博．老子思想的史官特色．台北：文津出版社，1993：52.

种标准去做时，往往说这是‘天之道也’，即符合天道的。”“因此，老子若要以道来取代天道，确立道作为人事准则的地位，这样，它就必须改变以往把道从属于天的做法，而以道为高于‘天’的东西。老子宣称道‘先天地生’，是‘天地之根’，就是做的这项工作。同时，由于春秋前人们多把上帝和天等同，所以老子也特别指出道‘象帝之先’，在老子看来，是道，而不是天或上帝，才是万物的来源和母亲，这就确立了道相对于万物而言的权威地位，确立了道作为人事准则的合理性。”① 这种说法不是王博一个人的意见，而具有相当的代表性。但这里面的推理其实存在问题。的确，道超越了天地、超越了上帝，成为最高的存在。这从第二十五章“人法地，地法天，天法道，道法自然”，以及第三十九章“昔之得一者，天得一以清，地得一以宁……其致之，天无以清将恐裂，地无以宁将恐发”的推导方式中可以看出。② 但这里超越的是天地、上帝，推出的是万物最高、最初的本原，用刘笑敢的话来概括，这个“道”属于“本根之道”。③ 但事实上，这个“本根之道”看似高于一切，成为人事准则的最高依据。但老子并没有因为超越天地、上帝，就连“天之道”也给超越了，相反给予了极高的评价。如果说“道”是人事准则，圣人必须执道而行，那么，“天之道”也同样，两者在作用上并无两样。因此，“以道来取代天道”解释不了《老子》中“天之道”与“道”相平行并备受重视的现象。

高木智见在其著作《先秦社会与思想——试论中国文化的核心》中，专设一章“天道与道”，讨论两者的关系，但依然没有解决这个问题。他的思路和王博基本相同，也是从老子的史官身份出发探讨道如何从天道中转化出来。他指出：“天道是通过观察和归纳天文、自然现象以及人间世界的各种现象总结出来的。毫无疑问，史官关注的是太阳的循环运动、月

---

① 王博．老子思想的史官特色．台北：文津出版社，1993：53-54．

② 第十六章“不知常，妄作凶。知常容，容乃公，公乃王，王乃天，天乃道，道乃久，没身不殆”，有着类似的言说方式和推导方式，但这里说的是与“天”一致就能与“道”相符。因此“天”和“道”的地位几乎是一致的。

③ 刘笑敢．老子古今：上卷．北京：中国社会科学出版社，2006：728-730，“77．3 道的概念体系”．

亮的圆缺、季节的交代，包括人在内的动物以及植物（当时植物与人间类比认识）的生死等最根源的现象。”[①]“史官从记录和观察历史中总结出来的最大的智慧是‘配天’的处世哲学。”[②]“史官所说的‘天道’，指的是世界的根源性力量，即天的法则性。”[③]但他又说：“史官所说的天道与老子的‘道’具有同一理论结构，很容易找到其共通点。然而，两者也同样存在着明显区别，《老子》的思想特征绝没有埋没在普通的史官思想中。”[④]他认为老子的道是更加原理性的存在，是老子把天道相对化，并从中抽象出“道”。这种相对化的完成，从原理上讲，和王博一样，他也认为是“道”对天地、上帝的超越；从历史原因上讲，“令《老子》作者站在传统天道观相对化的立场上的，不是别的，正是从原中国到传统中国的历史巨变本身。我们不能不把提倡‘道’的《老子》思想看作春秋末期的时代产物”[⑤]。也就是说，高木智见虽然认同“天道”是世界的根源性力量，具有法则性，但和王博一样，他认为“天道”要低于“道”，并以“道”对天地、上帝的超越作为论证的渠道，并给出了这一超越发生的时间。但是，如前所言，对天地、上帝的超越不等于对“天之道”的超越，《老子》中既有超越天的“道”，又保留“天之道”，我们必须对此现象做出合理解释。因此，高木智见的论证同样存在内在的不合理性。

上述的推导方式，其实都是一种纵向、进化的思路，认为思想必然是在否定或超越的基础之上层层递进，因而最高层位的概念一定建立在其他低层位的概念基础之上。在《老子》中，的确存在这种最高层位的道，即作为世界本原、本根的“道”和作为万物存在与运动最终依据的“道”。这种“道”，我们可以称之为“道之体”，用老子的话说，就是“常道”。受西方哲学的影响，我们过分重视这种“道”，将其视为最高的哲学范畴，在《老子》中努力找寻一种可用来解释一切的实体或本体，一个超越一切

① 高木智见．先秦社会与思想——试论中国文化的核心．何晓毅，译．上海：上海古籍出版社，2011：261.

② 同①262.

③ 同①263.

④ 同③.

⑤ 同①265.

事物的具有普遍性、统一性和绝对性的概念，一种不可捉摸的精神性存在。其实，在《老子》中，显然存在着另一种“道”，即作为方法的道、作用的“道”，作为处世哲学之依据的“道”，一种可以认识和把握的客观性存在，这在《老子》中往往被称为“天之道”。这种道在哲学上未必是最高层位的概念，但在作用上却同样具有绝对性和权威性，而且可体悟、可感受、可效法、可实践。在方法和作用的意义上，完全没有必要被“道”所超越和相对化。因此，王博和高木智见的解释无法圆满回答“道”和“天之道”为何能够有机地融于一书的问题。我认为，我们如果把“天之道”放在道论（这里特指本体论意义上的道论）背景下加以考察，就无法视其为一个独立的概念，就会遮蔽“天之道”在《老子》中特有的地位与功能，不利于对《老子》思想结构的分析。

那么，《老子》为何需要这两种“道”，这两种“道”的分工和关系又如何呢？这些在下节中予以讨论。

## 二、作为“道”与“物”媒介的“天之道”

我认为，在《老子》中有两条基本的线索最为值得关注。在对世界结构的认识上，《老子》的基本线索是道和物（形上和形下）的关系；在对人事原理的认识上，《老子》的基本线索是天和人的关系。这两条线索相辅相成、缺一不可，使老子的理论既有思辨上的哲理性，又有认识和操作上的可能性。道物（形上和形下）关系的建构，是老子在哲学上的一大突破，而天人关系则显然并非老子的发明，只是继承和利用而已。如王博和高木智见所论述的那样，将历史经验和天地运行的原理用“天之道”来表达，并非道家所独有，在《左传》《国语》等书籍中都可以找到，在阴阳家乃至儒家中都可以看到类似的表述。① 但过去的研究，如前所言，更多侧重于如何从“天之道”中细绎出“道”，而对“天之道”在《老子》整体思想结构中所起到的作用注意不够。因此，我们要讨论的是在《老子》

---

① 王博．老子思想的史官特色．台北：文津出版社，1993：41-56，第二章第三节“史官掌天道与老子的道论”．高木智见．先秦社会与思想——试论中国文化的核心．何晓毅，译．上海：上海古籍出版社，2011：251-307，第二部分第三章“天道与道”．

的基本思想框架中，道物关系和天人关系是如何有机地融合在一起的，具体而言，要讨论“天之道”如何使“道”的作用和功能得到彰显。

在道物关系理论中，世界被截然划分成道与物、形上与形下两个部分。用庄子的话讲，“道”具有“物物而不物于物”（《山木》）的特征，即“道”是万物生成的总根源，是万物得以存在的总依据，是万物得以运动的总动力，但其自身却不是物，不可能像物那样被区分、被认识、被管理、被评价。因此，“道”无法用语言、用判断方式来表述。具体而言，第一，“道”不可能用普通的语言表述出来。第二，“道”不可能被普通的感觉器官所感知。第三，“道”不可知，它不能成为知识学习的对象，无法用“是什么”的判断、推理方式去求得。因此，“道”必然是无名、无形的。老子说“道可道，非常道”（第一章），又称道“不可名”（第十四章）、“道常无名”（第三十二章）、“道隐无名”（第四十一章），指的是，能用普通语言来说明的“道”只是普通之道，而非恒常的、绝对的、真正的道；用普通语言来说明“道”，只能适得其反，与“道”渐行渐远。“道”在老子眼中“其上不皦，其下不昧”（第十四章），既不光亮，也不阴暗；“道之出口，淡乎其无味，视之不足见，听之不足闻”（第三十五章）；“迎之不见其首，随之不见其后”（第十四章）；“无状之状，无物之象”（第十四章），没有普通物体的形状，也没有普通物体的样子。普通人只能认识可见、可闻、可触的形象，只能处理感觉器官感知范围内的信息，老子认为这种有限的知识非但不能帮助我们认识“道”，反而会成为体道的妨碍。所以，他提出了一个近乎不可思议的结论：“为学日益，为道日损。”（第四十八章）“道”与西方哲学中的“纯粹概念”有些类似，因为它剥离了经验性的因素和感性的因素，成为抽象的、本质的、绝对的存在，具有无所不在、无所不能的特征，获得了普遍性的形式。

总之，老子将世界划分为两个部分，即形而上的“道”的世界和形而下的“物”的世界、本体的“无”的世界和现象的“有”的世界。“道”的世界无形无名，“物”的世界有形有名；“无”的世界混沌幽暗，“有”的世界清晰有序。“道”的世界表现为统一和整体，“物”的世界表现为个体和分散；“无”的世界代表自然，“有”的世界代表文明建构、人伦生活。这两者既判然有别，又相互打通。“道”既超越万物之上，又包含在万物之内，使万物得以存在。“道”不可以用感官感知，用语言表述，用知识传达，用是非、真假、善恶来判断，那么它就必然和经验与现象，也就是和“物”的层面、“有”的层面脱离关系。对这样一种存在的认识，作为一种玄理，就只能是少数人的智力游戏，只能是想象的、推理的、思辨的产物，和普通人的知识与生活，和现在的政治与社会不发生关系。那么，这种理论不管是否在学理上具有说服力，对于生活在“物”之层面、“有”之层面人的而言信不信均可。然而，《老子》却要求人“执古之道，以御今之有”（第十四章），“惟道是从”（第二十一章），告诉人“道者，万物之奥”（第六十二章），“道常无为而无不为，侯王若能守之，万物将自化”（第三十七章），即“道”不仅与现实生活密切相关，而且发挥着最为巨大的作用，有着直接的示范效果，你必须遵从它、效法它，不然，从生命到生活，再到政治，一切都会有问题。这样，在《老子》思想内部，就出现了巨大的矛盾。就是说，一种无法认识、无法感受、无法表达、无法效法的对象又同时可以成为可认识、可感受、可表达、可效法之对象。① 在《老子》中，并没有对这一矛盾做出解释的理论，只有大量有关得“道”、体“道”的工夫论、境界论，也就是说，人可以不知道“道”是什么，却不可以不知道“道”的作用方式和运动原理，以作为一切行动的指导。因此，对“道”之本体的不可认识转变成为对“道”之作用方式和运动原理的可认识。这时候，“天之道”就登场了，《老子》不得不借用“天之道”来说“道”，尤其是“道”之权威性，因为人的存在、活动均受到“天之道”的现实制约。“道”的运行方式及其作用、功能通过“天之道”（或“天”“天地”）表现出来。于是，道物关系的理论自然地转变成为天人关系的理论，“天之道”仿佛一种媒介，使由“道”向“物”、从“无”向“有”的转移变得顺理成章，“道”既可不认识又可认识的矛盾由此迎刃而解。

“天之道”之所以能够担当媒介的作用，和“天之道”同时具有“道”

---

① 《老子》没有明确这么说，但在具道家倾向的文献中，有对“道”可感知的描述，如上博简《凡物流形》中有：“是故一，咀之有味，嗅〔之有臭〕，鼓之有声，近之可见，操之可操，握之则失，败之则槁，贼之则灭。”

与“物”的性质和特征有关。和“道”一样，“天之道”具有绝对性、公正性、恒常性、权威性，不可能被人把握和管理，是人需要追随、取法的榜样。同时，“天之道”又可以被人切身感知、认识，乃至直接效仿，在可感知这个层面上，“天之道”和“物”有类似之处。《老子》之所以如此重视“天之道”，反复强调“天之道”，显然和“天之道”的双重特性有关。通过“天之道”，“道”的作用被自然地贯彻到了“物”的层面，或者说，“道”的实现，必须以“天之道”的落实为途径。通过“天之道”，“道之体”与“道之用”被密切地结合到了一起，这是理解《老子》思想结构的关键。

当然，在《老子》中，“道之体”和“道之用”的打通，还有其他的渠道，第一是“德”，第二是“无”，第三是“气”。[①] 第一、二依然是意识的产物，属于玄想。“气”在形上、形下之间，但仍然不够直观、形象，而且不够权威，从而让人马上折服，不得不遵从。因此“道”需要找一个代言人，那就是“天之道”（有时直接称为“天”）。“天之道”形象、直观，可以认识、可以效法，是打通“道之体”与“道之用”的最佳方式。《老子》的《德经》更多地着墨于“道之用”，因此，“天之道”为何被多次强调，天人关系为何得到凸显，就不难得到合理解释。

在《老子》中，“天之道”还有一个重要的作用，那就是防止了“道”的虚无化，如果“道”不能顺利地从形上落实到形下，不能转化为具体可行并行之有效的手段，那就只能搁置于玄想的天空。

“天之道”的问题说清楚了，不仅对于《老子》的理解，而且对于中国哲学特征的理解也有很大帮助。这一点限于篇幅，不做展开。

## 三、余论

其他道家著作或具道家倾向著作中的“天之道”是我今后所要研究的重点，但这里，我想先稍稍论及黄老道家文献中的“天之道”，通过对比，可以凸显出《老子》中“天之道”的特征。对于黄老道家是否简单地由黄

---

① 关于这三条渠道，可详参曹峰注说的《老子》（郑州：河南大学出版社，2011）第23～26页。

学和老学构成，学界有争议，但老子思想能够成为黄老思想的一部分，彼此能够融合，说明两者必然有着共通的思想基础。这两者都是道论加政论、从天道到人事的思维结构，在黄老道家文献中同样可以找到道物关系和天人关系两条思路。超然又无情、直观又形象的“天之道”也显然是两者所共同利用的思想资源，如果以马王堆帛书《黄帝四经》作为黄老道家的典型文献，我们发现，《黄帝四经》中“天之道”的论述要比《老子》的更丰富。通过比较可以看出，《黄帝四经》中的“天之道”多表现为天地、日月、星辰、四时的运行规律，成为秩序和规则的象征，“天之道”可以换言为“天之常”，顺天之道就是顺天之常。因此，人对于“天之道”的遵从，是接受“天之道”的直观启示，或接受“天之道”的直接裁判。而《老子》中的“天之道”表现为固定的规律、秩序、规则之内容较少，更多体现为可以灵活体悟的原理与方法。有学者认为，有现象表明马王堆帛书所见“这派道家已把《老子》的‘道’还原为客观事物的规律”，“已把原始道家的生天生地之道拓展为天地之道”①。虽然笔者不能赞同所谓的“还原说”和“拓展说”，但其考察也使我们获得启示，得出一个重要的结论，那就是《黄帝四经》更多是在“天之道”的意义上理解“道”，这和《老子》把作为精神性存在的“道”和客观性存在的“天之道”相区分，有着很大不同。

① 丁原明. 黄老学论纲. 济南：山东大学出版社，1997：157.

# 第六章 《老子》生成论的两条序列

在《老子》中，“道”是宇宙万物生成的本原、本根，这是毋庸置疑的。这方面的内容，《老子》有时候通过生成论直接描述，有时候通过本体论间接描述。例如，“无名，天地之始。有名，万物之母”（第一章）[①]，“有物混成，先天地生。寂兮寥兮，独立而不改，周行而不殆，可以为天下母”（第二十五章），“天下万物生于有，有生于无”（第四十章）[②]，“道生一，一生二，二生三，三生万物”（第四十二章），以及第五十一章的“道生之”那一大段话，可以说都是关于万物生成的直接描述。与郭店楚简《老子》丙本同抄的还有《太一生水》，叙述了以“太一”为起点，直到“成岁”为止的线形生成图式。可以相信，这篇文献正是为了帮助读者理解以“道”为起点的宇宙生成过程，才特意和《老子》并抄的。

这么多的生成论描述，并不代表老子有意识要创建一种类似《太一生水》的系统的、完整的宇宙生成论，这些散见于不同篇章的生成论的出现，完全是为老子的基本思想结构——“道物论”服务的。在老子思想中，道物二分，“道”不同“物”的意识，可以说是其哲学的基本出发点。在追溯宇宙万物的终极根源时，《老子》用大量的篇幅来描述和强调只有

---

① 这两句，马王堆帛书甲乙本和北大汉简本《老子》都作“无名，万物之始。有名，万物之母”。

② 这两句，郭店楚简本作“天下万物生于有，生于无”。

“道”才是万物生成的最终根源和起点，万物的内在性质、外部特征以及作用方式均来自“道”，正是为了使“道物论”得到充分的说明和印证。因此，在《老子》中，更多的文字，是从本体和现象相对比的角度论述“道”是万物存在的根本依据，是一切现象的根本原因，是一切运动的根本动力。就是说，世界可以被区分为形而上的和形而下的、本体的和现象的两个部分。本体世界是独立的、绝对的、永恒的、无限的，不依赖于现象世界的存在；相反，现象世界则是有待的、有限的，依赖于本体世界才能得以存在和运行。这些文字，其实也在间接地论证着“道”是宇宙万物生成总根源。所以，《老子》中本体和本根可以说是一体之两面。例如第三十九章正是本体论和本根论同时体现，“天得一以清，地得一以宁，神得一以灵，谷得一以盈，万物得一以生，侯王得一以为天下贞”这段话，既从生成的角度确立了“道”是万物发生的总根源，又从存在的角度说明了“道”是万物存在的总依据。

不管是通过生成论直接描述，还是通过本体论间接描述，我们在总结《老子》的宇宙生成论时，都往往把“道”视为生成的唯一起点，把“道”生万物视为生成的唯一线索。但这种认识可能有损于对《老子》生成论的完整理解，甚至有损于对《老子》哲学的完整理解。事实上，《老子》非常明确地为我们提供了另外一种生成理论，这种生成理论在第五十一章中得到集中体现，即由“道”和“德”共同构成万物生成的根源和依据，在万物生成过程中，“道”和“德”担任不同的角色，发挥不同的职能，我将其称为《老子》生成论的两条序列，或者说《老子》生成论是由“生”论和“成”论共同构建，没有“德”的参与，《老子》生成论是不完整的。

## 一、“生”与“成”是并重的两条序列

王弼本《老子》第五十一章如下所示：

道生之，德畜之，物形之，势成之。是以万物莫不尊道而贵德。道之尊，德之贵，夫莫之命而常自然。故道生之，德畜之，长之，育之，亭之，毒之，养之，覆之。生而不有，为而不恃，长而不宰，是

谓玄德。[①]

不同于其他一些章节，第五十一章内部结构完整，逻辑展开严密，在《老子》中是比较难得的，称得上是完整的生成论描述。这一章大致可以分为两个部分。第一部分从“道生之”到“常自然”，主要讲“道”使万物出生，“德”使万物发育、繁衍，所以万物都尊“道”而贵“德”。“道”之所以被尊崇，“德”之所以被珍贵，是因为“道”和“德”不强迫命令万物做什么，万物能够自然而然。可见“道”和“德”在万物的生成过程中起着同样重要的作用。

这里的“畜”字非常关键。一般多将此字模糊地解释为“畜养”。但从后文“德畜之，长之，育之，亭之，毒之，养之，覆之”看，“长之”之后的序列均属畜养，因此此字的意思应该有所区别。王弼对此处的解释是：“物生而后畜，畜而后形，形而后成。”可见此处的“畜”是“物”尚未成形之前的一个关键动作，和“物”成形之后的畜养有所不同。因此，任继愈将其释为“繁殖”[②]，我觉得比较妥当，就是说，万物的发生，仅仅有“道”之“生”还不够，还需要“德”之繁殖和养育。

这里的“物形之，势成之”，在马王堆《老子》甲本中作“道生之而德畜之，物形之而器成之”[③]。如叶树勋所言，若依据王弼本《老子》理解，可能会认为这里表述了四个对象（道—德—物—势），而依据马王堆《老子》甲本，实际上老子在此只是表述了两个对象（道·德—物·器），“而”字更能反映出“道”“德”是并列关系，二者同指形上本根，正如同后文的“物”“器”也是并称形下万物。[④]

第二部分从“故道生之”到“是谓玄德”，再次重申“道”使万物出

① 《文子·道德》的“物生者道也，长者德也”正是“道生之，德畜之”的另一种叙述。《文子·道德》又说：“夫道、德者，所以相生养也，所以相蓄长也。”即对万物而言，“道”“德”两者都起到了畜养的职责。

② 任继愈. 老子新译. 上海：上海古籍出版社，1985：170.

③ 马王堆《老子》乙本中作“道生之，德畜之，物形之而器成之”。北大汉简本《老子》作“道生之，德畜之，物形之，热成之”，“热”当读为“势”。

④ 叶树勋. 老子对“德”观念的改造与重建. 哲学研究，2014（9）.

生，“德”使万物繁殖、生长、发育、结果、成熟。值得注意的是，这个部分马王堆《老子》甲乙本作“道生之、畜之，长之，遂之，亭之，毒之，养之，复之”；北大汉简本作“故道生之、畜之，长之，逐之，亭之，孰之，养之，覆之”，似乎“德”被排除，而“道”成了“生”和“成”（“畜之”以下皆可视为“成”的序列）的唯一承担者，而河上公本、严遵本、傅奕本和王弼本相同，均作“道生之，德畜之”，如何解释这一特殊现象呢？我们认为，即便马王堆本和北大汉简本中没有出现“德畜之”，也依然可以认为有“道生之”和“德畜之”两条序列存在。首先，第二部分的最后部分作“生而不有，为而不恃，长而不宰，是谓玄德”，这证明了道“生”以后的所有行为，如“畜”（使万物得以繁殖）、“长”（使万物生长）、“育”（使万物发育）、“亭”（使万物结果）、“毒”（使万物成熟）、“养”（使万物得以爱养）、“覆”（使万物得以保护），都和“德”相关，这个“德”正是“玄德”，即生养万物却不据为己有，推动万物却不居功自傲，统领万物却不加以宰制的“德”，即最深远的“德”。

其次，这个“德”，指的正是“道”之“德”，因此，即便有时省略，也不影响大意。道家学说中的“德”，一般可以从两个向度去解释。第一个向度，如张岱年所云：“德是一物所得于道者。德是分，道是全。一物所得于道者以成其体者为德。德实即是一物之本性。”[1] 如《庄子·徐无鬼》所言“德总乎道之所一……道之所一者，德不能同也”，从结果讲，“德”是“道”之分，是“道”所赋予万物的那种具有内在规定性的东西。“道”与“德”呈现为“一”和“多”、“分”与“总”的关系。另外，“德”兼含万物生成之普遍潜质和具体个物之现实特性的双重含义。从“道”下落为“德”，是一个把普遍潜质具体化为现实特性的动态过程，所以“德”又成为“性”的前级概念，如《庄子·天地》“泰初有无，无有无名；一之所起，有一而未形，物得以生，谓之德；未形者有分，且然无间，谓之命；留动而生物，物成生理，谓之形；形体保神，各有仪则，谓之性”所示，这里的“德”虽然与“命”和“性”相关，但与“命”和

① 张岱年．中国哲学大纲．北京：中国社会科学出版社，1982：24.

“性”不同，“德”更意味着事物所得于“一”而以其为生者。[①]

与第一个向度不同，如刘笑敢所言，“德”有时候指的是“道之功能的具体体现和保证”，“道本身也有德，道之德并非个体特征”[②]。这正是道家学说中的“德”之第二个向度。《老子》第五十一章就是这个向度的代表。后世的道家也从这个角度做过阐发，如《韩非子·解老》云“德者，道之功”，《管子·心术上》也说“虚无无形谓之道，化育万物谓之德”，可见“道”虽然是万物的总根源、总依据，但是万物的形成却必须同时借助“德”的“化育”才能得以完成。《管子·心术上》还说“德者，道之舍，物得以生生”，因此，“德”就是“道”之“生生”功能的落实和保证。河上公则以“道之所行恩德”来解释老子的“德”。(《老子河上公章句·养德第五十一》)

汉初贾谊的《新书·道德说》可以说将上述“德”的两个向度都综合在内了，所以会说：“道者无形，平和而神。……德者，离无而之有。”“物所道始谓之道，所得以生谓之德。德之有也，以道为本。故曰‘道者德之本也’。”这是第一个向度，强调的“道”是万物抽象的本原，“德”是个物具体的本原。因此，“道”又是“德”之本原。但此文又说：“德生物又养物，则物安利矣。安利物者，仁行也。仁行而于德，故曰‘仁者德之出也’。”这是第二个向度，其意涵接近于“德畜之”。只是贾谊把“德”的这种伦理向度进一步坐实为“仁”，这与贾谊的儒家立场密切相关。

所以，如王中江所言，“德”本来是一个围绕人的行为做出评价的概念，但在老子这里，“德”与“道”一样，达到了形上化的高度。[③] 如叶树勋所言，“德”是一个贯通形而上和形而下的概念。[④]“德”的两个向度都反映出这一特点，这使“德”具备了作为一个生成者所需的超越的地位。尤其就第二个向度而言，理解了“德”是“道之功能”，我们就能够

---

① 类似的表述还有：“道者，德之钦也；生者，德之光也；性者，生之质也。”(《庄子·庚桑楚》)“道者，物之所导也；德者，性之所扶也。”(《淮南子·缪称》)也反映出“德”是“性”的前提条件。具体论证可参叶树勋．早期道家宇宙观的人文向度——以物德论为中心的探讨．文史哲，2017 (2)．

② 刘笑敢．老子古今：上卷．北京：中国社会科学出版社，2006：506．

③ 王中江．道家形而上学．上海：上海文化出版社，2001：173．

④ 叶树勋．老子“玄德”思想及其所蕴形而上下的通贯性——基于通行本和简帛本《老子》的综合考察．文史哲，2014 (5)．

明白，《老子》中的“道”可以一身而二任，既是虚无本体自身，又是作用方式的体现。就万物的出生和形成而言，这两者缺一不可，没有“道”则万物无以发生、出现，没有“德”则万物无以繁育、成长。“道”的职责在于始，“德”的职责在于终。①

## 二、“德”的生成论与“玄德”

通过《老子》第五十一章，我们得知，万物的生成依赖“道”和“德”的共同作用，“生”与“成”是并重的两条序列，这两条序列共同构成了《老子》生成论，仅仅从“道”的角度讲《老子》生成论，仅仅突出“生”的序列，是不完整的、不合理的。在《老子》生成论中，万物来自何处固然重要，但万物如何生长同样重要，生成论并不是在万物出生的那一刻就截止了，而是一直延续到万物的终结为止。而且“道”对万物的爱养、关照，在万物出生之后，以一种特殊的面貌和特殊的方式展开，那就是“德”，这就进入了伦理的领域。②《老子》之所以由《道经》和《德经》两部分构成，从某种意义上说也与这种生成论有很大关系，因为这两者必须共存。如果“道”侧重的是本原，那么“德”侧重的就是显现。这种道家所特有的，或者说中国哲学所特有的生成论，体现出中国哲学特有的思维方式和言说方式。

那么，对于万物的成长而言，道怎样的作用方式，即怎样的“德”，是必要的呢？第五十一章在最后部分明确地指出，这就是“生而不有，为而不恃，长而不宰”的“玄德”。“玄德”一词，在《老子》中又见于第十章：“生之畜之，生而不有，为而不恃，长而不宰，是谓玄德。”这段话显然是在熟知第五十一章的基础上形成的，因为“生之畜之”的主语只能是

---

① 《管子·幼官》及《管子·幼官图》均有“畜之以道，养之以德。畜之以道，则民和。养之以德，则民合”。《管子·正》有“爱之生之，养之成之，利民不德，天下亲之，曰德。无德无怨，无好无恶，万物崇一，阴阳同度，曰道。刑以弊之，政以命之，法以遏之，德以养之、道以明之”。这些论述，有可能受到《老子》“道生之，德畜之”的影响。

② 郑开认为，《老子》中的“玄德”涉及政治和伦理两方面的内容，是老子政治哲学和伦理学的基础概念。“玄德”不仅是道家无为政治思想的理论基础之一，也是道家伦理学中超道德论的思想依据。[郑开．玄德论——关于老子政治哲学和伦理学的解读与阐释．商丘师范学院学报，2013（1）]

"道"和"德"，而第十章前面部分"载营魄抱一，能无离乎。专气致柔，能婴儿乎。涤除玄览，能无疵乎。爱民治国，能无知乎。天门开阖，能无雌乎。明白四达，能无为乎"则显然没有对"生之畜之"的主语做出交代。"玄德"一词，也见于第六十五章："古之善为道者，非以明民，将以愚之。民之难治，以其智多。故以智治国，国之贼；不以智治国，国之福①。知此两者，亦稽式。常知稽式，是谓玄德。玄德深矣、远矣，与物反矣。然后乃至大顺。"这说的是治国不能使用那些激发贪欲之心、欺诈之心的智巧，这是一项原则；能够懂得这种原则，就是深远的品德。这一表述接近第十章，因为第十章前面也有"爱民治国，能无知乎""明白四达，能无为乎"。可见，"玄德"在政治领域的表现，就是"无知（智）""无为"。

再来看《老子》中与"生而不有，为而不恃，长而不宰"一段相近的表述，除了第十章几乎完全相同外，还见于第二章、三十四章、七十七章。第二章："万物作焉而不辞，生而不有，为而不恃，功成而弗居，夫唯弗居，是以不去。"② 这里除了没有提到"玄德"，文句的相似度也很高。第三十四章："大道泛兮，其可左右。万物恃之而生而不辞，功成不名有。衣养万物而不为主。常无欲，可名于小。万物归焉而不为主，可名为大。以其终不自为大，故能成其大。"③ 这一章虽然在语言上不似第五十一章，但所要表达的意思，几乎没有什么两样，都强调"道"虽生成万物、养育万物，却不干涉、不阻碍万物的发展，不将万物之功据为己有。第七十七章："是以圣人为而不恃，功成而不处，其不欲见贤。"说的是只有"有道者"才能像"天之道"那样"损有余而补不足"，而要达到这一境界，则必须"为而不恃，功成而不处""不欲见贤"，这其实正是"玄德"的工夫。所以，第二章、三十四章、七十七章虽然没有出现"玄德"二字，但我们可以确定地说，这里也涉及了"道"的作用方式——"玄德"。

《老子》惜墨如金，短短五千言中，"生而不有，为而不恃，长而不宰，

---

① "国之福"，马王堆帛书《老子》甲乙本和北大汉简本《老子》均作"国之德"。

② 此句，郭店楚简本、马王堆帛书甲乙本、北大汉简本均无"生而不有"，其他大致相同。

③ "万物恃之而生而不辞"，北大汉简本作"万物作而生弗辞"，明显接近第二章"万物作焉而不辞"。"衣养万物"，北大汉简本作"爱利万物"。

是谓玄德”以及类似的话，却反复地出现多次，那一定是需要特别重视的地方。如前所述，第五十一章描述的是“生”论和“成”论并重、两者缺一不可的生成论，而“玄德”属于“成”论的重要内容，因此，可以说“玄德”是《老子》生成论的必然产物。这样，“玄德”的必要性和重要性，就获得了天然的合理性和权威性。或许这正是老子大讲特讲“玄德”的原因，因为道家从“道”到“物”，从天道到人道的思维模式和论说方式，使得“道”的作用方式——“玄德”必然成为人间圣人所要效法的对象。如果说，在《老子》政治哲学中，圣人“无为”导致百姓“自然”是最为核心的关键，那么，圣人的“无为”可以说正是对“玄德”的体现和发挥。在《老子》中，并没有像“是谓玄德”那样，对“无为”下过一个定义，但“无为”的实质，即“道”对于万物不主宰、不强制，任由万物自生自长，正是“玄德”的要义，所以，在《老子》中，与“玄德”相关的语境几乎都和“无为”相重合。例如，第二章先讲“是以圣人处无为之事，行不言之教”，然后就是“万物作焉而不辞，生而不有，为而不恃，功成而弗居，夫唯弗居，是以不去”。第十章首先提到“爱民治国，能无知乎”“明白四达，能无为乎”，然后就是“生之畜之，生而不有，为而不恃，长而不宰，是谓玄德”。第六十五章首先提到“古之善为道者，非以明民，将以愚之”，然后就是“常知稽式，是谓玄德。玄德深矣、远矣，与物反矣。然后乃至大顺”。第三十八章云“上德无为而无以为”，说“上德”也是“玄德”的象征，恐无大过。①

“玄”在《老子》中，既有幽暗深远的意思，在很多场合，也带有否定的意涵。“生而不有，为而不恃，长而不宰”就全部是否定的、反向的行为，如王邦雄所言，“不有”才能真正地完成“生”，“不恃”才能真正

---

① 本章从生成论角度，主要讨论了“道”与“玄德”的关系，以及“玄德”与“无为”的关系，这分别属于形上道论语境和形下政治场域，叶树勋认为，“玄德”还有一个维度，即圣人对“道”的体认与德性的自然保持。［叶树勋．老子“玄德”思想及其所蕴形而上下的通贯性——基于通行本和简帛本《老子》的综合考察．文史哲，2014（5）］此说值得参考。许抗生说老子有六种“玄德”，即“敦厚朴实”（朴德）、“谦虚处下”（谦德）、“俭故能广”（俭德）、“慈爱百姓”（慈德）、“宽容乃大”（宽德）、“言善信”（信德）。（许抗生．老子论圣人之玄德//诸子学刊：第5辑．上海：上海古籍出版社，2011）这是对“玄德”做了阐发式的解读，和老子“玄德”原本含义有较大距离。

地完成“为”，“不宰”才能真正地“长”成。[①] 其他与“玄”相关的用词，也往往指向否定的行为，如北大汉简本“玄之又玄之”很可能与“损之又损之”有关[②]，其上经第十九章“知者弗言……塞其兑，闭其门，和其光，同其尘，挫其锐，解其纷”的“玄同”则是一种不断减损的工夫论。

因此，“玄德”以及与“玄”相关的用语在本质上和“无为”相通，这是毫无疑问的。从前述生成论的逻辑来看，如果说“玄德”是“道”的作用和功能，那么，“无为”可以说是“玄德”行为上的表达方式，换言之，“玄德”为“无为”的合理性提供了生成论意义上的理论基础。

## 三、“德”的生成论与“自生”

如上所述，《老子》生成论是一种特殊的，由“生”和“成”两个面向、两条序列构成的生成论，也就是说，《老子》生成论不仅仅关注出生（“道生之”），关注万物通过谁成为万物，同时还有另外一个重头，那就是成长（“德畜之”），关注万物在出生之后，如何继续成长和生存，这样就必然会涉及万物能否充分实现自我、成就自我的问题。我们认为，《老子》对“德畜之”的强调，对“玄德”这种“道”之作用方式的强调，事实上反过来又对其生成论产生了重大的影响。

如果我们撇开“德”的生成论或者说撇开第五十一章的生成论不谈，仅仅关注《老子》中“道”的生成论，就可以发现，《老子》所见“道”的生成论，并不是一种强力的、创造意义上的生成论，王中江把《老子》中的“道”描述为一种“弱作用力”的“道”[③]，这是准确的。“无名，天地之始。有名，万物之母”（第一章），“有物混成，先天地生。寂兮寥兮，独立不改，周行而不殆。可以为天下母”（第二十五章），“天下之物生于有，有生于无”（第四十章），“道生一，一生二，二生三”（第四十二章），都只能说明“道”是生成的最终源头，是“第一因”，强调的是对万物而言，“道”具有天下母、万物母的地位，而并没有强调“道”具有主宰性和强制性。因此，这不是上

① 王邦雄．老子《道德经》的现代解读．长春：吉林出版集团，2011：191-192.

② 参见本书第一章“‘玄之又玄之’和‘损之又损之’”。

③ 王中江．出土文献与先秦自然宇宙观重审．中国社会科学，2013（5）.

帝造人、盘古开天辟地式的凭借强大意志、强作用力才能完成的创生。《黄帝四经·十六经·观》中，黄帝个人在天地、阴阳、四时、晦明、万物的创生过程起到绝对主导作用，这在《老子》中是看不到的。

结合第五十一章的生成论，可以发现，《老子》在强调施用方（“道”或圣人）对受用方（万物或百姓）之统摄的同时，非常关注受用方的感受，所以，这是一种双面而非单面的生成论。“道”对万物既生成之又顺任之，“玄德”作为“道”的作用方式，体现为“生而不有，为而不恃，长而不宰”（第五十一章），“万物恃之而生而不辞，功成不名有，衣养万物而不为主……万物归焉而不为主”（第三十四章），其本质在于“道”竭力克制自己的主观意愿，对于万物不主宰、不强制，注重培养万物自身的意志和动力，给万物留出更大的、不会穷尽的空间，听任万物各遂其性，自然而然地、充满活力地生存发展下去，从而最终达到“无为而无不为”的境界。我们有理由相信，第五十一章这种“弱”的、有克制性的、不张扬的生成论，必然影响到《老子》在生成论上的整体表述，使其生成论不可能强调唯一“他者”创造性的活动。

这种“弱”的、有克制性的、不张扬的生成论，可以说对《老子》以及道家哲学的整体面貌产生了巨大影响，其中一个重要的方面，就是导出、支持了“自然”“自生”的理论。

既然“无为”是“玄德”的必然产物，那么，“自然”就是“无为”的必然产物。《老子》中，“无为”是前提，“自然”是结果，这一点是我们立论的前提。虽然在后世的道家理论中，有把“无为”与“自然”视为同样概念，或者将“自然”视为前提，“无为”视为结果，“自然无为”连读的现象，但在《老子》文本中，“无为”导致“自然”的逻辑展开是非常清晰的。[①]这种理论平移到《老子》施政理念上，可以表述为圣人“无为”→百姓“自然”的图式，即百姓的“自然”是圣人“无为”的结果，圣人的“玄德”即对百姓的不干预、不强制、谦卑不争，必将导致百姓的自发性、主动性、

① 池田知久．道家思想的新研究——以《庄子》为中心．王启发，曹峰，译．郑州：中州古籍出版社，2009：207-211，547-560．王中江．简帛文明与古代思想世界．北京：北京大学出版社，2011：357-376，第八章“《老子》的幸福观与‘玄德’思想之间的关系”．

积极性、创造性、自由度、成就感，“自然”就是这种自发性、主动性、积极性、创造性、自由度、成就感的写照。《老子》第五十七章说：“圣人云：我无为而民自化，我好静而民自正，我无事而民自富，我无欲而民自朴。”显然，这里的“好静”“无事”“无欲”就是“无为”，而“自化”“自正”“自富”“自朴”就是“自然”。这种政治哲学，可以说与第五十一章所体现的“生而不有”的生成论完全一致。类似的表述在《老子》中比比皆是，如“以辅万物之自然，而不敢为”（第六十四章），“万物将自宾……民莫之令而自均”（第三十二章），“万物将自化……天下将自定”（第三十七章），就是说，只有统治者采取“不敢为”“辅”“莫之令”，即类似道生万物时“生而不有”的姿态，才能导致包括百姓在内的万物的“自然”“自宾”“自均”“自定”。

《老子》中的“自生”（只顾自己养生）一词，虽然是负面的，但通过上文关于《老子》生成论以及“自然”理论的分析和论证，可知《老子》中已经潜藏着后世道家“自生”理念的基本内涵。后世道家把“自生”发挥、演绎成为一种实际的宇宙生成论，在理论上做出更为充分的说明，从而更好地为“无为”的理念服务。例如抄写于战国中期的上博楚简《恒先》的上半部分是一篇宇宙生成论，《恒先》一开始虽然承认“恒先”是类似宇宙生成起点的存在，但在具体的生成过程中，却又提出“气是自生，恒莫生气”“气是自生自作”，也就是说，“气”是凭借自己的意愿产生出来的，和作为本原、本根的“恒”没有关系。我们发现，《恒先》的上下两部分是呼应的，其主线是从“自生”到“自为”的学说，这条主线可以这样描述：正因为“气是自生自作”，所以“气”所构成之物，包括人在内的“万物”也都是“自生自作”的，从行为上讲就是“自为”的，所以统治者在政治上必须采取无为的姿态。归根结底，《恒先》“气”的自生理论是为“无为”的政治哲学服务的。①

到了成书于魏晋的《列子》那里，则明确地提出了“生物者不生，化物者不化”的观念。《列子·天瑞》有以下这样一段话：

> 有生不生，有化不化。不生者能生生，不化者能化化。生者不能

① 曹峰．近年出土黄老思想文献研究．北京：中国社会科学出版社，2015：168-187，第二编第一部分“《恒先》研究”第五章“从自生到自为——《恒先》政治哲学探析”．

不生，化者不能不化。故常生常化。……生物者不生，化物者不化。自生自化，自形自色，自智自力，自消自息。谓之生化、形色、智力、消息者，非也。

和《恒先》一样，《列子·天瑞》虽然承认，在生成过程中有所谓的“不生者”“不化者”是类似“道”的最高存在，但这些可以“生物”“化物”的“不生者”“不化者”事实上“不生”“不化”，万物的产生完全依赖“自生自化，自形自色，自智自力，自消自息”。这样，《恒先》和《列子·天瑞》都大大削弱了终极本原在生成过程中的作用和意义，仅仅成为象征性的存在。

到了否定“有生于无”的郭象那里，这一倾向更为强烈，郭象刻意否定在万物之先有生物之道存在，彻底取消了终极本原在生成过程中的作用和意义，完全抛开了“道”或者君主、圣王这个主体、主宰，他对《齐物论》的注释：“无既无矣，则不能生有；有之未生，又不能为生。然则生生者谁哉？块然而自生耳。自生耳，非我生也。我既不能生物，物亦不能生我，则我自然矣。自己而然，则谓之天然。……故物各自生而无所出焉，此天道也。”① 可以说是他把“自生”论推向极端的最好例证。

除去郭象彻底的“自生”论，如果我们把“自生”的基本观念理解为：造物者、主宰者不以造物者、主宰者自居，不是有意识地、有目的地去生成万物，而是任由万物自动地、自发地发生、成长，那么，我们就可以说，在《老子》的“道德”生成论中，已经潜伏着自生思想的种子。道家理论中，“自生”思想极为丰富，从先秦到魏晋，构成一条非常系统的思想脉络，由于篇幅的限制，我们无法充分展开②，但即便从上举思想史现象中也足以看出，一方面，万物“自生”说延续的是《老子》既讲“道”生万物，又讲“生而不有”的思路；另一方面，第五十一章“德畜之”的生成路线以及“生而不有”的“玄德”理论，在道家思想史上的影响是如此强大，以至于对万物“自然”“自生”重要性的强调，最

① 郭庆藩．庄子集释．北京：中华书局．1961：50.

② 曹峰．“自生”观念的发生与演变：以《恒先》为契机．中国哲学史，2016（3）.

终改变了道家生成论的轨迹，使之朝着不断弱化“道”的地位，逐步走向“不生”“不化”，即终极本原并非生成者的方向转变，这样就从根本上否定了“道生之”的可能性，其极端如郭象，甚至连最高存在自身都被否定了。喜欢用“境界形态”定义《老子》之“道”的牟宗三，好用“自生”来解释第五十一章，他说：“‘道生之’者，只是开其源，畅其流，让物自生也。此是消极意义之生，故亦曰‘无生之生’也。……总之，它不是一个能生造之实体。……故表示‘道生之’的那些宇宙论的语句，实非积极的宇宙论的语句，而乃是消极的，只表示一种静观之貌似的宇宙论语句。”① 他否定《老子》之“道”是一个实体，是一个创生之物，一切活动都是“物”自己在生、在成、在化，因此，他说“道生之”其实是消极的“无生之生”。牟宗三用后起的“自生”理念来对应解释第五十一章，固然有其不合理处，但是他敏锐地注意到“自生”论和第五十一章有着密切关联，这是值得肯定的。《老子》“道”“德”并重的生成论对道家思想史发生过如此重大的影响，我们过去却并未予以太多重视，是不应该的。

## 四、余论

基于上述的分析，我们可以得出以下的结论。第一，《老子》生成论其实有两个面向、两条序列，一个是“道生之”，一个是“德畜之”。通过第五十一章，我们得知，万物之所以能够生成，“道”只是提供了发生的源头和存在的保障，而万物出生之后如何继续成长生存，如何实现自我、成就自我，则是“德”关注的重点。所以，这是一种对万物负责到底的生成论。第二，“道生之”和“德畜之”相配合的生成论，为《老子》中的“玄德”和“自然”等重要观念，提供了合理性的基础，同时也影响到道家生成论的走向。如果说在《老子》那里，用“玄德”来表示的“道”的作用方式，和强力创生不同，是一种克制的、照顾到被生者之反应的、“弱”的作用力，那么后世越来越发达的“自生”理论则将这种倾向推向了极致。第三，从生成的序列来看，“道生之”和

---

① 牟宗三. 才性与玄理. 桂林：广西师范大学出版社，2006：138-139.

“德畜之”可以分别称之为“生”论和“成”论;从生成的形态来看,“道生之”和“德畜之”可以分别称之为“流出型”和“作用型”。“流出”借用的是日本学者常用的词汇[①],在此,我意在强调“道生万物”并非有意为之的“创生”,万物的出生虽然以“道”为前提,但由于“道”的“弱”作用力,不如说万物的出生其实是自然流出的。这用来解释后世的“自生”理论或许更为合适。所谓“作用”,则如前所述,“德”代表的是“道”的作用,因此,“德畜之”以后的部分,论述的不是谁先谁后、谁主谁次,而是“道”在万物成长环节中,如何发挥作用的问题。

那么,《老子》为什么会提出“道”“德”并重的生成论呢?为什么要把“生而不有”之“玄德”定义为“道”的作用方式呢?这涉及《老子》道论与德论发生的思想背景,是一个极为复杂的问题。限于篇幅,不做展开,但是可以提供一些思考供学界讨论。老子作为一个哲学家,他的一大贡献在于,将“道”不断提升,使之成为一个独一无二的、最高的、最核心的概念,这样,从形式上看,“道”就必然高于“德”,优于“德”。然而,如前所述,“德”并非“道”的产物,“德”作为一个关联形上与形下的概念,在某些场合,同样具有本原性的地位。当“道”的作用通过“德”体现出来时,“德”本身的价值就显得更为重要。众所周知,“无为”“守柔”“谦下”“清静”“不争”是“道”的重要特征,而这些特征又可以被视为是阴性的、母性的,具有月亮、大地的特点。因此,我们无法不将“道”“德”和“天地”“日月”“阴阳”“男女”“父母”“乾坤”“刚柔”对比、联系起来[②],这些对称的概念应该早于《老子》出现,是《老子》思

---

① 例如池田知久在解释郭店楚简甲本第三十二章“犹小谷之于江海”时指出,使用“小谷”生出“江海”这一比喻,是为了论述“道”生成“天下”万物,但如果考虑到第三十二章的思想基础是“万物之自然”,那么,这里“道”的主宰性被弱化,而“万物”的自发性、自律性被强化,因此,这里的生成论属于“流出论”。(池田知久. 郭店楚簡老子の新研究. 東京:汲古書院,2011:138)不知“流出论”的原型出自何处,或许和古罗马普罗提诺用以解释万物产生的“流溢说”有关。

② 例如王弼注第五十一章时说:“未形无名之时,则为万物之始。及其有形有名之时,则长之,育之,亭之,毒之,为其母也。”严遵也有“道德,天地之神明也。天地,道德之形容也”(《老子指归·道生篇》),“以道为父,以德为母”(《老子指归·治大国篇》)的说法。

想产生的背景。同时，“天地”“日月”“江海”虽然养育着人类，虽然能够左右人类的命运，却只有奉献、没有索取，只有宽容、没有偏私，由此体现的天道也成为《老子》提炼“道”之品德的资源。显然，《老子》在提拔“道”成为一个超越对待的、独一无二的哲学概念的同时，又保留了大量只有在对称概念中才会出现的特征，如用阴性的、母性的柔弱不争作为“道”的品德，吸收了大量由天道体现的宽容无私品格，结果造就了“生而不有”这种独特的“玄德”，造就了既是主宰又刻意否定主宰、既是施用方又刻意否定施用痕迹的独特理论。这种既“体”又“用”、既拔高“道”又留下“德”，甚至强调“用”高于强调“体”、强调“德”高于强调“道”的思维方式，是《老子》哲学、道家哲学乃至中国哲学的一大特征，也是《老子》生成论不同于一般生成论的精彩之处。

最后，还有必要说明一下，这种“道”“德”兼重、呈现为两条序列的《老子》生成论，过去为何未受重视。以往学界在讨论《老子》生成论时，过分注重发生顺序的排列，注重本原的追索。这种仅仅从发生角度阐释的生成论，其产生可能和两方面的原因有关。首先，魏晋以后，王弼“以无为本”“崇本息末”的《老子》解释成为主流，这是一种本体论的思维方式，而生成论则成为服务于、附属于本体论的生成论，目的在于寻求终极的本原本根。其次，近代中国哲学学科出现之后，生成论的叙述主要借助外来框架，也就是说，我们现在所讨论的《老子》生成论，其实是在西学模式影响和引导下归纳出来的生成论。这类生成论有一个共同的思维模式，即有一个唯一的、最高的起点，这个最高起点和万物之间是整体和个体、一和多的关系，是从简单到复杂、从抽象到具体的线形的生成过程。因此，容易将“道”与“德”的关系理解为整体与个体的关系，而不是并列、并重的关系。刘笑敢对此做过评论：“将任何现代概念的清晰的分析用于对中国古代哲学的了解都是要付出代价的，这种代价就是失去了对中国古代哲学特有的思维方式和直觉体验的特点及其复杂性的全面了解。”① 我认为是中肯的。

---

① 刘笑敢. 老子古今：上卷. 北京：中国社会科学出版社，2006：507.

# 第七章 《老子》及道家的“无名”与“有名”

“名”是先秦思想的重要话题，不仅所谓名家，而且几乎各家都会讨论“名”的问题，并使其成为思想体系中一个重要组成部分。但“名”的问题极其复杂，同一个“名”字，有时候代表名誉、名声，有时候代表名字、名称，有时候代表名分、名位。同时，关于“名”的讨论，从今天的眼光来看，也可以大致分出两重维度，即语言学、逻辑学、知识论的维度，以及政治学、伦理学的维度。在笔者看来，语言学、逻辑学、知识论意义上的“名”，可以《公孙龙子》《墨辩》为代表，我们今天对先秦名家以及中国古代逻辑学的研究，就是主要以这些文献为研究对象的，然而在先秦思想史上，各家所讨论的“名”更多具有政治学、伦理学的意义，是先秦政治思想的一个重要组成部分①，道家也不例外。但关于“名”的态度，和其他各家相比，道家呈现出非常有趣的姿态，那就是，有时候表示出轻视与否定，有时候又表示出重视与肯定，为什么会出现这种看似矛盾的现象呢？这是值得令人深思的思想史问题。

## 一、道家对“名”的否定

“无名”是道家常用的一个概念，显然，“无名”是对“名”或者“有名”的一种否定。《老子》第一章说：“无名，天地之始。”第十四章说：

① 曹峰．对名家及名学的重新认识．社会科学，2013（11）；又见《中国人民大学复印报刊资料·中国哲学》，2014（2）。曹峰．中国古代“名”的政治思想研究．上海：上海古籍出版社，2017：1-25，“序言 回到思想史——先秦名学研究的新路向”．

“其上不皦，其下不昧。绳绳不可名，复归于无物。”第二十五章说：“有物混成，先天地生。寂兮寥兮，独立不改，周行而不殆，可以为天下母。吾不知其名，字之曰道，强为之名曰大。”第三十七章说：“道常无为而无不为，侯王若能守之，万物将自化。化而欲作。吾将镇之以无名之朴。”①第三十一章又说“道常无名”，第四十一章也说“道隐无名”。可见，“无名”是对“道”性质与状态的描述。“无名”之所以可以用来描述“道”的性质与状态，则和道家的基本理念“道”不同于“万物”有关。道物二分可以说是道家最为基本的思维结构，舍此，将无法真正理解道家。就是说，正因为“物”是“有名”“有形”的，那么，不同于万物并且超越万物的“道”就一定是“无名”“无形”的。② 其背后暗含的基本预设就是，“万物”既然由某种“形”某种“名”构成，那就必然带有一定的局限性，相反，超越于万物之上的“道”不存在这样的局限。因此，作为万物产生、存在、运动、发展之总依据、总根源、总动力的“道”就不可能用“名”和“形”去认识和把握。从生成论上讲，就一定是“无名”“无形”的“道”在先，“有名”“有形”的“物”在后。这种思维结构在《老子》第一章中已经表现得非常清楚。《老子》第一章说：“无名，天地之始。有名，万物之母。”（马王堆帛书甲乙本和北大汉简本《老子》均作：“无名，万物之始。有名，万物之母。”）这是说，从生成论上讲，“无名”的“道”才是天地万物之始源；而用来区分、描摹、认识、管理万物的“名”虽然也是“万物之母”，但“有名”却是生于“无名”的。这一点通过《老子》第四十章“天下万物生于有，有生于无”也可以得到印证。

“道”不同于“万物”，用《庄子》的话讲就是“物物者非物”（《知北游》），这是大量道家文献不遗余力反复加以说明的一个道理，这种说明往往通过“名”的角度展开。例如，《管子·内业》云：“不见其形，不闻其声，而序其成，谓之道。”《黄帝四经·道原》云：“恒无之初，迵（通）同大（太）虚。……古（故）无有刑（形），大迵（通）无名。……万物

---

① 此句马王堆帛书《老子》作：“道恒无名，侯王若能守之，万物将自化。”

② 基于这样的思维结构，老子必然讲“道”无法命名，因此就有所谓第一章“道可道，非常道。名可名，非常名”，以及第二十五章“吾不知其名，字之曰道，强为之名曰大”的说法。

得之以生，百事得之以成。人皆以之，莫知亓（其）名。人皆用之，莫见亓（其）刑（形）。”“是故上道高而不可察也，深而不可则（测）也。显明弗能为名，广大不能为刑（形）。”王弼《老子指略》也说：“夫物之所以生，功之所以成，必生乎无形，由乎无名。无形无名者，万物之宗也。”

大量道家文献也从生成的角度强调“有名”生于“无名”的理论，例如《黄帝四经·十六经·行守》云：“无刑（形）无名，先天地生。”《庄子·天地》说：“泰初有无，无有无名；一之所起，有一而未形。物得以生，谓之德；未形者有分，且然无间，谓之命；留动而生物，物成生理，谓之形；形体保神，各有仪则，谓之性。”这里描述了从“无有无名”到“未形”的“一”然后再到有“形”之“物”的生成过程，虽然这里的重点在于“德”“命”“形”“性”在万物形成过程中的重要性，而且没有提到“有名”。但换个角度看，可以说“德”“命”“形”“性”正昭示了万物如何一步步获得其确定性，从而得以命名的原因。《鹖冠子·环流》描述了一个详细的生成序列图式：“有一而有气，有气而有意，有意而有图，有图而有名，有名而有形，有形而有事，有事而有约。约决而时生，时立而物生。”这里，“名”和“形”被置于万物生成途中的一个环节上，那么可想而知，作为万物生成起点的“一”毋庸置疑是无名无形的。在上博楚简《恒先》中，也有一个类似的生成序列描述：“又（有）出于或，生出于又（有），音（意）出于生，言出于音（意），名出于言，事出于名。”这是一个从不确定的“或”，经过“有→生→意→言”，最后到达具有高度确定性之“名”“事”的过程。“或”是一个表示不确定的词汇，在“或”之前，还有所谓“恒先”（或称为“恒”），“恒先”的性质是“无有”，是“大朴”“大静”“大虚”，这和《庄子·天地》“泰初有无，无有无名”非常接近。

《庄子·天道》下面这段话既涉及“道”，也涉及“形名”。此文虽然承认“形名”具有一定的作用，但又提出“可用于天下，不足以用天下”，即其作用有局限性，只能“下”用来“事上”，而不能“上”用来“畜下”，即不可能以此导致天下太平。归根结底，“骤而语形名，不知其本也”。“本”就是“大道”，“道”是最高、最完善的东西，“形名”不是

“本”，而是“末”，不能过分看重“形名”的地位和价值。在“大道”中要“五变”才“形名可举”，如果不依赖“道”，仅仅依赖“形名”“赏罚”这些禁忌与规范来解决政治问题，那是治标不治本。

> 是故古之明大道者，先明天而道德次之，道德已明而仁义次之，仁义已明而分守次之，分守已明而形名次之，形名已明而因任次之，因任已明而原省次之，原省已明而是非次之，是非已明而赏罚次之。赏罚已明而愚知处宜，贵贱履位，仁贤、不肖袭情。必分其能，必由其名。以此事上，以此畜下，以此治物，以此修身，知谋不用，必归其天。此之谓太平。治之至也。故书曰：“有形有名。”形名者，古人有之，而非所以先也。古之语大道者，五变而形名可举，九变而赏罚可言也。骤而语形名，不知其本也。骤而语赏罚，不知其始也。倒道而言，迕道而说者，人之所治也，安能治人。骤而语形名、赏罚，此有知治之具，非知治之道。可用于天下，不足以用天下。此之谓辩士，一曲之人也。礼法数度，形名比详，古人有之。此下之所以事上，非上之所以畜下也。

从“书曰：‘有形有名。’形名者，古人有之”来看，形名的问题在庄子之前早就有人讨论并载入古书了。但在庄子的心目中，“形名”“因任”“原省”“是非”“赏罚”一样，是带有规则、规范意义的概念，只能排在“天”“道德”“仁义”“分守”之后，属于“治之具”，而非“治之道”，因而受到轻视。

正因为“道”是“无名”的，所以得道之人也可以用“无名”来命名，例如，《庄子·逍遥游》说：“至人无己，神人无功，圣人无名。”在《庄子·应帝王》中，“天根”为了寻求“为天下”之道，而去求教“无名人”，“无名人”正是一位“方将与造物者为人，厌则又乘夫莽眇之鸟，以出六极之外，而游无何有之乡，以处圹埌之野”的得道之士，他给予的回答是：“汝游心于淡，合气于漠，顺物自然而无容私焉，而天下治矣。”即只有进入道的境界和高度，才有可能摆脱有形世界的束缚，从而真正实现天下之治。《淮南子·说山》明确指出：“凡得道者，形不可得而见，名不可得而扬。今汝已有形名矣，何道之所能乎?”就是说，“已有形名”和

“得道”之间是不可能并立共存的。

与今本《老子》第三十七章相应的马王堆帛书本是:“道恒无名,侯王若能守之,万物将自化。化而欲作,吾将镇之以无名之朴。镇之以无名之朴。夫将不辱,不辱以静,天地将自正。”按照这个逻辑,侯王需要以“无名”为政治策略来应对包括百姓在内的万物,这样万物就能“自化”,即自己合理地、完善地解决自己的问题。但是“自化”进一步发展,可能会导致“欲作”这种无法控制的局面,这里虽然没有明说,但可以想象,“欲作”的世界必然为“有名”“有形”活跃的舞台。这时,老子再次明确提出要用“无名之朴”加以压服,这样才有可能重新回到“不辱以静”的“自正”的局面。因此,“无名”在老子这里也成为克服“有名”世界之弊端的利器。

此外,正因为由“名”“形”构成的物体只能代表万物中的一种,因此必然有其特殊性而无普遍性,只能处于“末”的位置,无法处于“本”的位置,因此如王弼《老子指略》所言:“名必有所分,称必有所由。有分则有不兼,有由则有不尽。”相反,“道”则“名之不能当,称之不能既”。所以,在道家看来,处于万物层面的“名辩”之争,虽然自以为是,喋喋不休,其实永远不可能跳出“物”的层面而达到最高的真理。因此,老子说“绝知弃辩”(郭店楚简《老子》甲种)、“善者不辩,辩者不善”(第八十一章),《庄子·齐物论》则是从道的高度对“名辩”之徒展开总批判。同样,在道家看来,“名利”不过是“人”这种“物”虚妄狭隘的追求,《庄子·养生主》说“为善无近名,为恶无近刑”,这里的“名”指的是名誉,“刑”指的是刑罚,无论是名誉还是刑罚,归根结底都是身心的桎梏。《庄子·则阳》说“有名有实,是物之居。无名无实,在物之虚”,这里的“名”指的是名誉,“实”指的是实利,凡人无法摆脱名利的束缚,只有得道者才有可能处于“无名无实,在物之虚”的境地。

这样看来,“无名”有时是道家一种否定的工具,借以在“道”和“物”之间、得道者和凡夫俗子之间拉开距离,从而形象地说明“道”作为本原的用本体性语言不可描述的、用知识无法把握的崇高地位;有时是道家一把批判的利器,借以反衬凡夫俗子津津乐道的“名辩”、孜孜以求的“名利”是多么虚幻不实,或用来克服“有名”世界出现的问题;有时是道家用以衡量得道与否的一个标尺，只有达到“无名”的程度才能摆脱“名”“形”的束缚。

## 二、道家对“名”的肯定

值得注意的是，《老子》第一章既说“无名，天地之始”，同时又说“有名，万物之母”，按照马王堆帛书和北大汉简本的说法，此处作“无名，万物之始。有名，万物之母”。这样看来，老子并非仅仅重视“无名”，虽然“无名”是万物生成的本原，但万物要成为万物，仅有“无名”还不够，还需要“有名”。第一章“此两者，同谓之玄”（此处马王堆帛书和北大汉简本均作“此两者同出，异名同谓”）中的“两者”，历史上有多种说法，或曰“有欲”与“无欲”，或曰“始”与“母”，或曰“有”与“无”，或曰“常有”与“常无”，或曰“其妙”与“其徼”，或曰“道”与“名”，或曰“恒道”与“可道”，或曰“无名”与“有名”①；还有“有形”与“无形”②、“名”与“欲”③，以及“道”与“万物”④ 等说法。具体所指，或许永远莫衷一是，但显然指的是对立的两个方面。这两个方面看似对立，但在“同出”及“同谓”上是一致的，因此是缺一不可的。“无名”和“有名”显然也正是这样一对因子。老子第三十二章也说：“道常无名。朴虽小，天下莫能臣也。侯王若能守之，万物将自宾。天地相合，以降甘露。民莫之令而自均。始制有名，名亦既有，夫亦将知止。”这里先强调道是“无名”的，侯王只有守住这种“无名”的“朴”，包括百姓在内的万物才会自动宾从。但后面话锋一转，老子又说“始制有名”，就是说社会管理是需要“名”的⑤，只不过对“名”这种东西需要保持警惕，即需要“知止”⑥，不能让“名”的使用超越了尺度。用前引《老子》

---

① 刘笑敢．老子古今：上卷．北京：中国社会科学出版社，2006：95.

② 任继愈．老子新译．上海：上海古籍出版社，1985：62.

③ 李先耕．老子今析．北京：中国社会科学出版社，2002：10．李若晖．道之隐显（下）——《老子》第一章阐微．哲学门，2010（21）：180.

④ 池田知久．老子．馬王堆出土文献訳注叢書．東京：東方書店，2006：180.

⑤ 如王弼的《老子道德经注》说：“始制，谓朴散始为官长之时也，始制官长，不可不立名分以定尊卑，故始制有名也。”（第82页）

⑥ 王弼认为所谓“知止”就是：“任名以号物，则失治之母也。”

第三十七章的话说，就需要用“无名之朴”加以镇之。前引《庄子·天道》虽然强调“骤而语形名，不知其本也”，但是也承认“形名”是“大道”“五变”以后的产物，属于“治之具”，没有“道”这个根本，不能治理天下，缺少“形名”这样的工具，同样不能治理国家。

因此，在《老子》的思想结构中，绝不仅仅强调“无名”，强调“无名”最终是为了走向“有名”，强调“道”最终是为了走向“物”，不然道家理论就成了空洞无用的理论。世界万物由“形名”构成，如果想要认识世界万物，必须从“形名”开始；如果想要把握世界万物，也必须从“形名”开始。“形”指的是具有形状样态的实体，“名”则是对形状样态的规定。这一点作为事实，是先秦各家都承认的。没有“名”“形”，万物就无法被区分、描摹、认识、管理，这就是“名”之所以成为“万物之母”的原因吧！①

《尹文子》被认为是名家之作，但据笔者考证，其中思想成分极为复杂，而且道家在其中有着极高的地位。②《大道上》说：“大道无形，称器有名。名也者，正形者也。形正由名，则名不可差。……大道不称，众有必名。生于不称，则群形自得其方圆。”“无名，故大道无称；有名，故名以正形。今万物具存，不以名正之则乱；万名具列，不以形应之则乖。故形名者，不可不正也。”这里首先强调“大道”是“无名”“无称”的，而“众有”之“名”是“生于不称”的，这类似于《老子》的“道常无名”以及道生万物。但是，接下来，《大道上》马上就突出了“名”的重要性，其特色在于，这里不是泛泛讲“名”和“形”都很重要，而是具体论述“形”需要“名”来“正之”，“名”需要“形”来“应之”，“形”“名”均得以正，天下的治理就顺理成章了，用《大道上》的话讲就是：“名以检形，形以定名；名以定事，事以检名。察其所以然，则形名之与事物，无

① 关于“万物之母”，王弼的《老子道德经注》说：“及其有名有形之时，则长之、育之、亭之、毒之，为其母也。”（第1页）这是利用第五十一章来说明万物形成具体事物之后，继续得到“道”的养育之恩，所以可以称为“母”。这种说法首先不对称，因为“有名”没有和“无名”相对，而是成了“有名之时”，其次也和他对“始制有名”的解释形成矛盾。

② 曹峰．中国古代“名”的政治思想研究．上海：上海古籍出版社，2017：200-221，第六章“尹文子所见名思想研究”．

所隐其理矣。”这套理论在王弼《老子指略》那里也同样存在，如前所述，王弼虽然在《老子指略》中说：“夫物之所以生，功之所以成，必生乎无形，由乎无名。无形无名者，万物之宗也。”但后文中他也说：“夫不能辨名，则不可与言理；不能定名，则不可与论实也。凡名生于形，未有形生于名者也。故有此名必有此形，有此形必有其分。”

总之，“形名”之辨在道家那里不是可有可无的。当道家强调“无名”高于“有名”、“有名”高于“无名”、“有名”代表局限性、“无名”代表无限性时，“有名”成为被轻视和否定的对象。然而，一旦进入形而下的“万物”的世界，就进入了“形名”的舞台，道家尤其黄老道家，作为一种建设性的思维，其根本目标在于天下的大治，在于“无不为”。“名”作为塑造世界的工具和力量，是不可能不加以重视和把握的。

道家对于“名”的重视和肯定，其理论基本上从三个方向展开。第一，“形名”的存在有其合理性。道生万物的原理也可以说是由无名、无形的道走向有名、有形的物的过程，与此相应，君主作为执道者，在人间所要从事的一项重要的工作，就是认识和把握形名，在此基础上，建立起人间的名分系统、规则系统，然后让名分系统、规则系统发挥自我组织、自我管理的功能。因此，“形名”由道而生，例如在《庄子·天道》的“大道”展开模式中，“形名”也是需要“明”的对象之一，因为明确等级和分业的社会管理需要“必分其能，必由其名”。所以“形名”是不可缺少的“治之具”，只是不能“骤而语形名”，不然就“不知其本”了。马王堆帛书《黄帝四经》是一篇将道家理论运用于政治实践的政论，其中存在一个从“道”到“名”“法”的思想结构，作者对于“名”的论述要远远多于“法”，特别强调“执道者”必须认识和把握“刑名”，只要“刑名”树立起来，天下的治理就容易做到。[①] 书中多处提到“形名”的由来：“见知之道，唯虚无有。虚无有，秋稿（毫）成之，必有刑（形）名。刑（形）名立，则黑白之分已。”（《经法·道法》）这段话说的是：“见知”

① 曹峰.“名”是《黄帝四经》中最重要的概念之一——兼论《黄帝四经》中的“道”“名”“法”关系//徐炳.黄帝思想与道、理、法研究（轩辕黄帝研究：第一卷）.北京：社会科学文献出版社，2013.

（即认识把握世界）之道，在于采取虚无有的态度。如果采取虚无有的态度，那就知道，即便再小的事物，也必有它的“刑名”。事物的“刑名”确立了，则“黑白之分”即事物的特征、位置和是非标准也建立起来了。可见这里的“刑名”不是与人没有直接关联的万物的“形名”，而是和是非价值判断相关的人世间的“刑名”。对于这种“刑名”的认识，必须在“虚无有”的心理条件之下，才有可能准确把握。《黄帝四经·十六经·观》说人间社会最初是“无恒”（“无常”“无序”）的，具体表现为：“逆顺无纪，德疟（虐）无刑（形），静作无时，先后无名”，于是黄帝命大臣力黑“见黑则黑，见白则白”。通过上述《经法·道法》“刑（形）名立，则黑白之分已”。可知，“见黑则黑，见白则白”指的正是确立“形名”，即确定应有的位置。《黄帝四经·称》说：“有物将来，亓（其）刑（形）先之。建以亓（其）刑（形），名以亓（其）名。”笔者赞同王博的意见，可以把这里的“建以亓（其）刑（形），名以亓（其）名”理解为圣人建立规范、标准的举动。[①] 所以，在《黄帝四经》的宇宙论中，“刑（形）名”是天地开辟、文明发生过程中不可省略的必然环节，代表着秩序和规范的形成。

第二，强调道“无名”“无形”并不是最终的目标，通过“无名”“无形”的“道”去把握“有名”“有形”的万物才是最终的目的。依据“道”“物”相分，“道”高于“物”的理论，万物的问题无法在万物的世界内部解决，必须跳出“有名”“有形”的束缚，站在“无名”“无形”的“道”的高度，从根本上解决万物中存在的问题。在黄老道家中，这种思维具体表现为以“道”为体，以“名”“法”为用的理论结构，在具体政治实践中，表现为君主与臣民截然不同的认识原理。如《庄子·天道》所言：“礼法数度，形名比详，古人有之。此下之所以事上，非上之所以畜下也。”因此“形名”只能制约臣民，不能制约站在“执道者”立场上的君主。《韩非子·扬权》说“夫道者，弘大而无形”，《韩非子·主道》说“道在不可见，用在不可知”，目的在于强调“道不同于万物”（《扬权》），因此，“君臣不同道，下以名祷。君操其名，臣效其形，形名参同，上下

① 王博．老子思想的史官特色．台北：文津出版社，1993：354.

和调也”。在这里，“名”“形”成为操纵臣下的工具。唯有“执道者”能够站在“道”的高度，依据万物生成的理论，由“道”下贯至“名”，并建立人间的政治秩序，这样就保证了君主在政治上的垄断权。或者说唯有“执道者”能从“无形”“无名”中看到即将形成的“形名”，这样“执道者”就控制了发源于“道”这一最为根本的政治资源，从而使其立于无人能挑战的绝对地位。这方面的论述，《黄帝四经》以及《韩非子》的《主道》《扬权》都堪称典范。《黄帝四经》虽然讲“见知之道，唯虚无有”(《经法·道法》)，但“虚无有”的“执道者”最首要的政治任务是审名察形，确定事物究竟处于“正名”还是“倚名”。“故执道者之观于天下也，必审观事之所始起，审亓（其）刑（形）名。刑（形）名已定，逆顺有立(位)，死生有分，存亡兴坏有处。然后参之于天地之恒道，乃定祸福死生存亡兴坏之所在。”(《经法·论约》)《黄帝四经》中充斥着这样的内容，即先描述对象的各种“形”态，然后为之命“名”(采用“是谓”“此谓”“名曰”“命曰”等方式)，最后根据赋予对象之“名”，采取相应的政治行动。①

第三，在古人眼中，“形名”具有规则、规范的意义，因此，“形名”一旦确立，就能自发地产生规则、规范的效应。道家相信并借重这种思维方式，即“执道者”只要依赖“形名”系统自发地发挥作用，就可以达到“物自为正”，从而圣人“无为”的效果。这方面的论述不胜枚举：“故圣人执一以静，使名自命，令事自定。”(《韩非子·扬权》)“故虚静以待，令名自命也，令事自定也。虚则知实之情，静则知动者正。有言者自为名，有事者自为形。形名参同，君乃无事焉，归之其情。”(《韩非子·主道》)“凡事无小大，物自为舍。逆顺死生，物自为名。名刑（形）已定，物自为正。”(《黄帝四经·经法·道法》)“是故天下有事，无不自为刑(形）名、声号矣。刑（形）名已立，声号已建，则无所逃迹匿正矣。”(《黄帝四经·经法·道法》)因此，黄老道家倚重“形名”并不奇怪，黄老道家推崇的“无为”“因循”，如果缺少“循名责实”的机制保障，就有

① 曹峰．“名”是《黄帝四经》中最重要的概念之一——兼论《黄帝四经》中的“道”“名”“法”关系//徐炳．黄帝思想与道、理、法研究（轩辕黄帝研究：第一卷)．北京：社会科学文献出版社，2013.

可能沦为空头理论，必须借助“形名”，才有可能实现臣民自我组织、自我管理的政治效应。

既然“名”被视为一种塑造世界的力量，在有些黄老道家的著作中，甚至害怕“无名”状态的出现，例如在《黄帝四经·十六经·观》中有：“逆顺无纪，德虐无刑，静作无时，先后无名。”《黄帝四经·经法·论》中有：“三名：一曰正名立（位）而偃（安），二曰倚名法（废）而乳（乱），三曰强主威（灭）而无名。三名察则事有应矣。”当然这个“无名”不是万物创生以前没有形名的状态，而是失去了曾经存在的形名，事物处于混乱的、最坏的结局。

因此，黄老道家利用“形名”学说，既建构起通过“无名”“无形”去把握“有名”“有形”的宏大理论，也建构起利用形名参同统御臣下的具体法术。这些不是空洞的玄想，而是有实际内涵的、可操作的实用主义政治理论。这种思想虽以形而上的“道”为首，但融合“名”“法”，强调制度、法规的建设。其理念和战国中晚期为绝对君权专制政体服务的名分制度其实非常吻合，即每个人都有其确定的位置、确定的职业、确定的奋斗目标，统治者只要把握住这种确定无疑的制度，就可以把握每个人的欲求和发展方向，使行政效率得以大幅度提高，使统治变得轻而易举。

## 三、余论

可见，在先秦道家思想中，关于“名”的论述是不可缺少的一环。对于“名”的态度，道家奇妙地呈现出两个极端，一方面是轻视与否定，另一方面是重视与肯定。《老子》首章就是这两者的奇妙结合，在讲“无名，天地之始”的同时，马上讲“有名，万物之母”。可以说，老子同时开启了“无名”和“有名”这两道大门。可见无论是“无名”还是“有名”，对于道家而言都具有重要的意义。讲“无名”是为了跳出“有名”的束缚，讲“有名”是为了使万物都得到区别、认识和管理，因此，“无名”和“有名”在不同的场合有不同的存在合理性。“名”的内涵包括名称、名号、名分，有时甚至包括名誉、名声。尤其在重视将道家理论落实到具体政治实践的黄老道家那里，如果缺少了对“名”的审查、认识和把握，如果不能建立起由名号、名分所代表的规则、规范系统，不能使这套系统发挥自我组织、自我管理之功能的话，那么黄老道家“无为而治”的政治理念就是一句空话，井然有序的政治局面就难以形成。

《老子》首章“道可道，非常道”容易理解，但为何同时还要让“名可名，非常名”与之并列？既然“道”不可“名”，为什么还有所谓的“常名”？为何北大汉简本《老子》要写作“名可命，非常名”？这是《老子》首章的一大谜团。现在，当我们了解到道家有时重视“无名”，有时又重视“有名”，那么这个看似矛盾的现象就容易解决了。《老子》首章在郭店楚简文本中尚未看到，而且笔者注意到早期对《老子》首章的解释，几乎都只谈何谓“道可道，非常道”，不谈何谓“名可名，非常名”，所以笔者推测，“名可名，非常名”有可能比较晚出，这句话的出现，可能和“名”的重要性大大提高有关，可能和重视“名”的政治思想的黄老道家在战国中晚期的盛行有关。黄老思想家既重视绝对的、本原的“道”，又重视形成人间秩序的“名”。可以说，“道”和“名”是现实政治中最关键的两个要素，只有执道者才有能力把握“不可道”的“道”、“不可名”的“名”。黄老道家虽然也认可“道”不可言、不可名，但同时更强调如何借助“道”之名，使圣人站在“无名”“无形”的立场上，去把握有名有形、可分可定的世界。既然“名”是构成形下世界的主要因素，既然“名”是可以“命”的，于是由谁去“命”，如何去“命”，让“物”之“名”如何自发地发挥规范约束的作用，是政治的首要课题之一。因此，基于这种政治思维背景，“道”“名”几乎具有了平等的地位，圣人不仅要把握“道”，也需要把握“名”，而不是仅仅用“不可道”“不可名”打发了事。这个问题，笔者有较详细论证，可以参考。①

---

① 参见本书第二章“《老子》首章与‘名’相关问题的重新审视——以北大汉简《老子》的问世为契机”。

# 第八章 《老子》的幸福观与“玄德”思想之间的关系

幸福源自何处，怎样做才能获得幸福，这是所有哲学都要追问的问题，道家也不例外。《老子》中虽然没有“幸福”二字，但老子无疑是关注这个问题的。关于《老子》的幸福观，一般的理解多把重点放在“知足”上①，即万事不能过度，过一种有节制的生活是幸福的保障。笔者不反对这种幸福观，但这基本上是一种人生教训，即便儒家等其他学派也是如此。而且这种幸福观基本上落在个人层面，无论是帝王还是百姓，均是如此。实际上老子还有更为本质的、更大视野的幸福观，即老子从哲学理论的高度，论证了人类整体意义上的、最大程度上的幸福何以可能的问题。笔者认为这种幸福观与老子用“道”和“德”来体现的生成论有密切关系，而圣人的“玄德”是这种幸福观能够实现并得以保障的前提。

## 一、《老子》中背道者之快乐与得道者之痛苦

在今本《老子》第二十章中有这样一段话：

> 荒兮其未央哉！众人熙熙，如享太牢，如春登台。我独泊兮其未兆，如婴儿其未孩。儽儽兮若无所归，众人皆有余，而我独若遗。我愚人之心也哉！沌沌兮！俗人昭昭，我独昏昏；俗人察察，我独闷闷。澹兮其若海，飂兮若无止。众人皆有以，而我独顽似鄙。我独异

① 如《老子》第四十六章云：“祸莫大于不知足，咎莫大于欲得，故知足之足，常足矣。”第四十四章云：“知足不辱，知止不殆，可以长久。”

于人，而贵食母。

“荒兮”以后的这部分内容不见于20世纪末在湖北荆门郭店出土的楚简本《老子》，郭店本《老子》有第二十章，但只有前面从“绝学无忧”至“不可以不畏”几句话。无论是从语言风格还是从思想内容来看，“荒兮”以后的部分，都与前面的部分截然不同，董楚平认为这部分有可能是后人添加的。他给这部分取名为《荒兮》，说这是一首感情充沛、用词丰富多彩、独立完整的抒情诗，并做了以下非常传神的翻译：

人海茫茫，一望无边，
大家都熙熙攘攘，
好像赴盛宴，不知倦，
好像春天里争相登高，开心望远。
我却独个儿冷冰冰未开窍，
像婴儿只会哭，没有笑脸。

好累啊，像无家可归！
大家都有赢余，心欲醉，
只有我若有所失，似断炊，
我这颗笨蛋的心啊，
蒙着一层糊涂的灰！
俗人都清醒，
只有我昏睡；
俗人都明白，
只有我一头雾水。

人头攒动，像波涛喷浪花，
人声鼎沸，像大风哗啦啦。
人人都有用，相逢笑哈哈，
只有我笨头笨脑，顽固不化。
我与众不同，永远是个婴儿娃，

只爱着给我喂奶的恒道妈。①

幸福是建立在快乐基础之上的②，在《荒兮》这首抒情诗中，《老子》描写了很多的快乐，例如生活上“如享太牢”“如春登台”“有余”，能力上“有以”，精神上“昭昭”“察察”，但在老子眼里，这些都是没有得道的俗人的快乐，与之形成鲜明对照的是，得道的“我”（圣人）却体验着俗人眼中的无穷的痛苦，例如“独泊”“未兆”“未孩”“儽儽兮若无所归”“若遗”“昏昏”“闷闷”“顽似鄙”，换言之，这些痛苦是强烈的孤独感，“我独”连文竟达六次之多。因此，就像董楚平所总结的那样，不难推出这样的结论：“行道痛苦，背道幸福。”③ 类似的描述在《老子》中还有一些，例如第四十一章说：“下士闻道，大笑之。不笑不足以为道。”也就是说，对“道”的嘲笑甚至可以成为俗人获得快乐的源泉之一，背道越甚，所能获得的快感也越大。当然，这也是老子常用的“正言反说”的修辞法，通过最大程度拉开背道者和得道者的距离，来强调“道”的神圣和不可思议。

那么，这是否证明老子否定俗人的快乐，而肯定得道者的痛苦和孤独呢？从某种意义上讲，的确如此，老子虽然没有明言，但我们可以做出这样的合理推断，即老子认为，俗人所能获得的快乐无论是感官之乐、人伦之乐还是求知之乐、信仰之乐，其实都是狭隘的、局限的，甚至是浅薄的、愚昧的。因为这种快乐，基本上都是功利性的追求，这种追求首先具有相对性，其次具有暂时性，如《庄子·至乐》所言：

---

① 董楚平.《老子》三题. 未刊稿. 这是董楚平先生生前遗稿，我曾有机会拜读。可惜的是，因为他的突然离世，此文发表搁置了。听说他的生前文集正在整理中，但愿此文也能收录其中。其实，“澹兮其若海，飂兮若无止”也可以释为“像大海那样淡泊沉静，像急风那样飘忽无定”。这样的话，这两句就不是对俗人的写照，而是形容得道者的姿态，这显然与上下文不合，因此有种见解认为应该移到第十五章“混兮其若浊”下面，而董楚平的释文则试图保持前后文的一贯性。

② 很难给“幸福”和“快乐”下定义，但尝试梳理两者关系时，陈少明以下的观点可以成为参考：“没有快乐的幸福是不可思议的。区别也许在于：乐是分层次的，可以是片断或短暂的经验，而且可能是有冲突的，而幸福则是不同层次的乐的协调状态，是一种整体感受或评价。”［陈少明. 论乐：对儒道两家幸福观的反思. 哲学研究，2008（9）51］这样看来，幸福要高于快乐。但这不等于幸福为少数人所拥有，每个人都既可以拥有快乐，也可以拥有幸福，只是内容和性质会不同。

③ 董楚平.《老子》三题. 未刊稿.

> 夫天下之所尊者，富贵寿善也；所乐者，身安厚味美服好色音声也；所下者，贫贱夭恶也；所苦者，身不得安逸，口不得厚味，形不得美服，目不得好色，耳不得音声；若不得者，则大忧以惧。其为形也亦愚哉。

也就是说俗人的所尊所乐，不仅以感官的满足为基础，以符合社会的期待为标准，而且很容易走向其反面，因此，在追求幸福时，不免患得患失，当求之不得时，很快便从得到失，从乐到苦，使身心备受折磨。《老子》显然具备同样的思想基础，因为在《老子》的道物二分的世界观中，“物”的层面，如“有无相生，难易相成，长短相较，高下相倾，音声相和，前后相随”（第二章）所示，都是由两两相对并互相转化的因素构成的。因此，快乐和幸福也必然是有限的、相对的、暂时的、易变的，无法达到得道者所能体验的那种超越的、至高的、整全的、包容的心理境界。

这种心理境界作为精神现象，可以表现为三种形态，第一是孤独痛苦，第二是无苦无乐，第三是最高的快乐。这三者虽然表现不同，看似矛盾，但性质其实是一样的。就《老子》而言，更多表现为第一种形态，而《庄子》中则三种形态都具备。

首先，俗人和圣人对“道”的认识完全不在同一个层次，如《老子》第二十章所示，当然在俗人眼中，圣人就会显示出孤傲来。此外，《老子》第二十章也可以理解为当修道者从俗世中艰难拔出，向着“道”的境界努力接近时，必然会体验到种种困窘和痛苦，但这却是真正的解救之道。因此，从体道、悟道这一工夫论的角度看，老子的确否认了俗人的快乐和幸福，因为那样会妨碍圣人得道。《庄子》也有类似的描述，例如《庄子·齐物论》篇中的得道者南郭子綦，在外人看来就是一副“形如槁木”“心如死灰”的样子，完全不值得欣赏，然而在道家眼中，只有道行最高者才有如此境界。只有达到如此境界，才有可能最大限度地应接和把握万物，而不被万物所左右。

其次，如果换一个角度，从已经得道者的立场来看，他们应该是不在意具体的快乐和幸福、痛苦和孤独的，因为具体的快乐和幸福、痛苦和孤独必然和具体的得失相牵连，《老子》第六十四章说："为者败之，执者失之。是以圣人无为故无败，无执故无失。"当得道者不再拘泥于俗世的、具体的得失，成为一个"无私""无欲""无为""无事"的人时，他的精神气象就必然会呈现为"大象无形"或者"无象之象"，在这方面，《庄子》有很好的说明，《应帝王》篇的壶子就是极好的例子。因为俗人的快乐与否是被"生死存亡""祸福寿夭"所左右的，因此他们的快乐或痛苦必然因为生活中的种种得失而充分呈现在面容上，这就为算命者留下可乘之机，郑国的神巫季咸因为善于观察把握普通人外在的喜、怒、哀、乐而成为极为灵验的算命大师，以至于郑国人一见到他，就赶快躲开，生怕他说出不吉利的话。可是，当季咸遇到壶子时，却一筹莫展，甚至最后甘拜下风，自己先逃走了。因为，或者壶子的容貌呈现为"太冲莫胜"，也就是看不出任何征兆的"无象之象"，没有快乐、忧苦可以让人把握，使季咸无机可乘；或者壶子不断变换自己的容貌特征，让季咸没有规律可循。道家常常用"素""朴""混沌""无形"亦即没有任何雕凿来形容得道者，其道理是相通的。

最后，关于圣人究竟有没有至高无上的快乐和幸福，《老子》没有明说，《庄子》却给予了明确的回答。圣人并非没有快乐，但那不是局限在小小时空、排他利己的一己、一党、一派的快乐，而是与天地同体、无拘无束的、至高无上的快乐。其实这时已经很难用快乐、幸福这样的词汇来描述了。因为快乐、幸福必然与忧愁、痛苦相反相成，互为因果，而逍遥游的境界则超越了万物的牵引和局限，是心灵上乃至身体上的极大解放，为此《庄子》专门创造了两个词汇来形容，那就是"至乐"和"天乐"。在《至乐》篇中，《庄子》提出"至乐无乐"①，这种语言方式有点像"道可道，非常道"（《老子》第一章）、"上德不德"（《老子》第三十八章），"至乐"类似于"常道""上德"，处于"道"的层面，其性质是对"物"否定的超越，因此"至乐"所否定的"乐"，必然是世人有限的、狭隘的、暂时的"乐"，而"至乐"或"天乐"则不以追求世俗的快乐为目标，也

---

① 马王堆帛书《黄帝四经·称》有"实谷不华，至言不饰，至乐不笑"，《淮南子·说林》有"至味不慊，至言不文，至乐不笑，至音不叫"，但它们似乎强调的是，最为本质的东西是不受形式拘束的。

不会与忧愁相伴随，超越了事物的对立面，如“天乐者，无天怨，无人非，无物累，无鬼责”（《庄子·天道》）所示，是一种超越了一切的恩怨，与道融为一体的极乐境界。如王志楣所言，《庄子》中的“乐”往往与“逍遥”“游于无何有之乡”同时出现，“以近乎审美体验的表达方式，把道引向心灵，从而使人对道的契合与追求逍遥之乐相结合，成为一种人生境界哲学，把人所能臻至的最高境界描述为超越一切物质的、逻辑的、社会名声的局限而达到绝对之乐”①。同时如刘笑敢所言，“庄子之所以为庄子，不仅在于他看到了别人所看不到的人世之苦，而且在于他能够化苦为乐，并追求另一种怡悦之乐”②。整个《庄子》就是一部化苦为乐，在心灵上构建出极乐境界的精神体验性哲学之作，这里面有着非常复杂的修炼工夫和实现过程，因不是本章的重点，所以不做展开。

诚如王志楣所言，《庄子》所谓的“至乐”，其方式“就是在于对道的把握”③。从这个立场来看，从《老子》中也可以开出“至乐”的观念，但老子并没有走这条路。那么，《老子》是否有他独特的幸福观呢？我认为是有的，这就是下文要讨论的重点。

## 二、《老子》思想中包含“共乐”的观念

我们可以发现，《庄子》的“至乐”有两大特征：一是精神性，二是个人性。所谓精神性，指的是“至乐”主要表现为精神体验，是一种心灵境界；所谓个人性，指的是“至乐”主要为极少数得道者所独享，需要极为复杂的修炼过程，难以和大多数人共享。因此，有学者将这种快乐称之为“独乐”，将其同儒家的“同乐”“共乐”（例如《孟子·梁惠王下》讲“独乐乐”不如“与人乐乐”，“与少乐乐”不如“与众乐乐”）对立起来。并将孟子的“乐”和庄子的“乐”视作儒道关于“乐”的典型区别。④

---

① 王志楣．天下有至乐——论《庄子》之乐//方勇．诸子学刊：第三辑．上海：上海古籍出版社，2009：130.

② 刘笑敢．庄子之苦乐观及其现代启示．社会科学，2008（7）：16.

③ 同①139.

④ 陈少明．论乐：对儒道两家幸福观的反思．哲学研究，2008（9）：第三节“同乐，还是独乐”.

需要确认的是，《老子》虽然没有直接对“乐”或者说对幸福观做过多的展开，但这显然是他要关注的重要问题。在第二十章中，虽然为了突出得道者的与众不同，《老子》用鄙薄的口气描述了俗人之乐，但如果脱离“得道”“修道”的语境，着眼于《老子》的政治理念，那么可以看出，对于普通世人之乐，老子并没有加以取消与否定，尤其是“身之乐”[①]，老子虽然反对贪婪和无度，但对于基本的“身之乐”，老子显然是予以支持和保护的，如《老子》第三章云：“圣人之治，虚其心，实其腹，弱其志，强其骨。”第八十章称美好政治的理想境界是：“甘其食，美其服，安其居，乐其俗。”

另外，老子虽然没有明确提出所谓圣人之乐，但从逻辑上讲，这也是完全成立的。《老子》的最高政治理想是“无为而无不为”（第三十七章、四十八章）。类似的思维方式和语言表述在《老子》中比比皆是：“圣人……功成而弗居。夫唯弗居，是以不去。”（第二章）“为无为，则无不治。”（第三章）“不自见，故明。不自是，故彰。不自伐，故有功。不自矜，故长。”（第二十二章）“以其不自生，故能长生。是以圣人后其身而身先，外其身而身存。非以其无私邪？故能成其私。”（第七章）“夫唯不争，故无尤。”（第八章）“以其终不自为大，故能成其大。”（第三十四章）“以其不争，故天下莫能与之争。”（第六十六章）虽然都建立在“无为”的基础之上，但作为结果的“无不为”“（功）是以不去”“无不治”“明……彰……有功……长”“身先……身存……成其私”“长生”“无尤”“成其大”“莫能与之争”，无不充满了强烈的成就感和自豪感，我们说这种成就感和自豪感就是一种幸福观，其实并不为过。

这样看来，《老子》政治理念下的幸福观，既不否定世人之乐，也格外推崇圣人之乐。那么，这种圣人之乐是否就是《庄子》的“至乐”呢？就建基于得道的超越境界而言，两者确有相似之处。但两者显然有很大区

① 陈少明把“乐”分为“身之乐”“心之乐”“身—心之乐”三种。“身之乐”即感官的舒适和愉悦，建立在物质条件基础之上，而未经心的反思；“心之乐”指的是不依赖于物质条件的精神满足，如人伦之乐、求知之乐、信仰之乐。“身—心之乐”介于“身之乐”与“心之乐”之间，既是生理的，也是心理的。［陈少明．论乐：对儒道两家幸福观的反思．哲学研究，2008（9）：第一节“经验结构的分析”］

别，即圣人之乐并不是沉溺于个人心灵层面、属于精神体验的“独乐”，因此不是一种人生哲学，而和《孟子》的“与人乐乐”“与众乐乐”一样，属于有着现实政治意义的“共乐”。陈少明认为《孟子》的“共乐”，“从政治的观点看，王之乐必须与民之乐统一，否则，王将不得其乐，甚至王将不王”①，笔者以为，在这一点上《老子》几乎也是一样的，在《老子》中，同样有着类似“先天下之忧而忧，后天下之乐而乐”的情怀，例如“圣人后其身而身先，外其身而身存。非以其无私邪？故能成其私”（第七章）就是很好的例证。这说明，老子和孟子都意识到，为民众制造和提供快乐，是一件有意义的事，也是统治者的责任。

但是，在“共乐”观的人性论基础以及实现途径上，老子和孟子显然不同。陈少明认为，《孟子》“共乐”观的人性论基础在于，无论是国君还是民众，对于“乐”都有着共同的体验，“孟子从人性论出发，得出追求与民同乐才是行王政或施仁政的表现”②。也就是说，正因为有着共同的人性基础，因此“乐”可以达到最大程度的共享。尤其在物质利益上，“以减少你的身之乐为条件，来成全你所关切的人的快乐”③。这体现为一种利他主义的仁爱精神，因此孟子追求的是道德意义上的快乐，这种幸福观有着深厚的伦理内涵。

在老子看来，政治的最大问题，不在于消除所有的矛盾，而在于将矛盾降到最低点；不在于给予百姓所需要的一切，而在于给予百姓自由伸展的足够空间。虽然同样是追求“共乐”，但老子并不是从人性相通的角度去论证快乐可以从统治阶层平移到民众，从而实现快乐共享。在实现途径上，“无为”“无私”也不能简单理解为通过最大限度地牺牲自我的利益，从而实现最大程度的利益分享。从《老子》中可以看出一条鲜明的思路，那就是百姓的成功就是统治者（当然首先必须是得道的圣人）的成功，百姓的快乐就是统治者的快乐。为政者的理想就是让百姓尽最大可能、自由自在地实现自己的理想，为此，为政者要尽可能地缩小对百姓生产、生活

---

① 陈少明. 论乐：对儒道两家幸福观的反思. 哲学研究，2008（9）：47.

② 同①47.

③ 同①48.

的干扰和影响，甚至将这种影响降低到感觉不到的程度。因此，和儒家“有为”式的幸福观，即百姓的幸福来自有德的统治者有意识地给予、出让、分享不同，《老子》体现为“无为”式的幸福观，统治者尽量创造条件让百姓自由发展，甚至让百姓认为，幸福的获得完全依靠自己的力量，而不是依赖谁的帮助或赐予，“功成事遂，百姓皆谓我自然”（第十七章）。

这种施政的方式和理念，可以简单地表述为圣人“无为”→百姓“自然”，“自然”是圣人“无为”的结果，即圣人的无意识、无目的、不干预、不强制，必将导致百姓的自发性、主动性、积极性、创造性。这种自发性、主动性、积极性、创造性用一个词来概括，那就是“自然”。最好的例子就是第五十七章所云：“圣人云：我无为而民自化，我好静而民自正，我无事而民自富，我无欲而民自朴。”其因果结构如下所示：

我无为〔原因〕→而民自化〔结果〕
我好静〔原因〕→而民自正〔结果〕
我无事〔原因〕→而民自富〔结果〕
我无欲〔原因〕→而民自朴〔结果〕

这是说统治者无为则百姓自我化育，统治者好静则百姓自我端正，统治者无事则百姓自我富足，统治者没有贪欲则百姓自然淳朴。这里的“好静”“无事”“无欲”就是“无为”，而“自化”“自正”“自富”“自朴”就是“自然”。在这种“自然”中，我们可以说洋溢着成功的快乐和幸福。而且这种快乐和幸福不必局限在某种特定的价值观之下，是精神上、政治上的充分自由。

反之，百姓获得自然之后必然反哺圣人，使圣人收获建立在百姓自然基础之上的最大成就及最大快乐，这可以简单地表述为百姓“自然”→圣人“无不为”，虽然如前所述，《老子》中的“无不为”多以“无为”为前提，但通过我们以上的分析，说“无不为”是以“无为”加“自然”为前提的，在逻辑上也完全成立。

## 三、幸福是“玄德”的产物

综上所述，在老子看来，政治的最大成功，不是直接给予百姓什么，而是帮助百姓自己成功建业，而百姓的成功和快乐最终会归结为圣人的成功和快乐。老子心目中的圣人，不是那种劳心焦神、鞠躬尽瘁，通过各种强制的手段将百姓引上某条“正路”的人，而只是一个辅助者、一个引导者、一个保姆，圣人所起的作用只是帮助百姓打开枷锁、放开手脚，极大地激发起百姓的主动性和创造性，让他们做自己的主人，自觉、自愿、自发、自动地去建功立业，让百姓陶醉在自己的成功中，却并不认为自己的成功和圣人有什么关系。

所以，老子幸福观和有德者通过自己的痛苦与牺牲来换取他人幸福的（儒墨的圣贤可以说都是这样的人物）理念不同，和早期儒家推崇的安贫乐道不同①，和后期儒家如宋明理学推崇的为了获得“存天理”的快乐刻意去“灭人欲”不同②，也和庄子表现为个人精神逍遥的“独乐”不同，这是一种更大视野、更为深刻的幸福观，即老子从拯救人类的理想出发，提出了什么是人类整体意义上、最大程度上的幸福。那么这种幸福观何以可能，换言之这种幸福观的哲学基础是什么呢？这个问题几乎没有人讨论过。③ 笔者认为这种幸福观与老子用“道”“德”来体现的生成论有密切关系，而圣人的“玄德”正是这种幸福观能够实现并得以保障的前提。也就是说，从表面上看，百姓的“自然”（物质与精神最大程度上的自由与满足）来自圣人的“无为”，但圣人为何能够“无为”呢？实际上是因为具备了“玄德”，那么，“玄德”来自何处呢？“玄德”的产生其实又和《老子》独特的宇宙生成论有着密切关系。因此《老子》幸福观的哲学基础，追根溯源，来自其独特的生成论。

---

① 最好的例子就是《论语·学而》：“子贡曰：‘贫而无谄，富而无骄，何如?’子曰：‘可也。未若贫而乐、富而好礼者也。’”

② 例如朱熹把“孔颜乐处”理解为“私欲既去，天理流行”：“颜子不改其乐，是私欲既去，一心之中浑是天理流行，无有止息。”（朱杰人，等. 朱子全书：第15册. 修订本. 上海：上海古籍出版社，2010：1126）明朝道学家王艮作《乐学歌》云：“人心本自乐，自将私欲缚。私欲一萌时，良知还自觉。一觉便消除，人心依旧乐。”（心斋王先生语录：卷下. 明刻本：33）

③ 也有一些论文做了尝试，例如尚建飞指出：“从整体上来看，《老子》的作者在其幸福观中表达了一种深刻的理论洞见：人类生活不能仅以守护生命作为终极目的，而是应该消解自我中心意识，尊重每一个与自己共同在世的事物来实现其本性的卓越。”但此文更多以西方幸福观作为哲学原理的参照，没能从《老子》文本自身的脉络中找出思想基础。[尚建飞.《老子》中的幸福观. 道德与文明，2012（4）：105]

说到《老子》生成论，我们一般都以这些篇章为代表："有物混成，先天地生。寂兮寥兮，独立而不改，周行而不殆，可以为天下母。"（第二十五章）"天下万物生于有，有生于无。"（第四十章）"道生一，一生二，二生三，三生万物。"（第四十二章）此外《老子》第一章"无名，天地之始。有名，万物之母"和第三十九章"天得一以清，地得一以宁，神得一以灵，谷得一以盈，万物得一以生，侯王得一以为天下贞"也常常被认为是宇宙生成论的另一种体现。这样就从宇宙生成的角度确立了"道"是万物发生的总根源，又是万物存在的总依据。由此，世界被区分为形而上的和形而下的、本体的和现象的两个部分，本体世界是独立的、绝对的、永恒的、无限的，不依赖于现象世界的存在；相反，现象世界则是有待的、有限的，依赖于本体世界才能得以产生、存在和运行。这样的生成论虽然没有违背老子的主旨，但实际上却有被过度强调之嫌。被过度强调的原因很复杂，但笔者以为最主要来自两个方面，第一是魏晋以后，王弼"以无为本""崇本息末"的《老子》解释得到了极大的重视；第二是20世纪西学背景下的《老子》研究，本体论的探究和树立被置于首位，几乎所有关于《老子》的系统性研究，都始于本体论，似乎只有这样，才能提升《老子》的哲学高度。

然而，这种只注重"道"本体论的《老子》生成论研究，必然造成一个现象，那就是对《老子》第五十一章的忽视。第五十一章如下所示：

> 道生之，德畜之，物形之，势成之。是以万物莫不尊道而贵德。道之尊，德之贵，夫莫之命而常自然。故道生之，德畜之，长之，育之，亭之，毒之，养之，覆之。生而不有，为而不恃，长而不宰，是谓玄德。

这一章可以分为两段，前一段讲"道"使万物出生，"德"使万物发育、繁衍，所以万物都尊"道"而贵"德"。"道"之所以被尊崇，"德"之所以被珍尊，是因为"道"和"德"不强迫命令万物做什么，万物能够自然而然。后一段再次重申"道"使万物出生，"德"使万物生长、发育、结果、成熟。"道"和"德"生养万物却不据为己有，推动万物却不居功自傲，统领万物却不加以宰制，这就是"玄德"，即最深远的"德"。

后世的道家也从这个角度做过阐发，如《管子·心术上》中有“虚无无形谓之道，化育万物谓之德”“德者，道之舍，物得以生生”，《韩非子·解老》中有“德者，道之功”。因此，“德”就是“道”之“生生”功能的落实和保证。

过去学界过分注重发生顺序的排列，注重本原的追索。但通过第五十一章我们得知，《老子》生成论其实有两个面向、两条序列，一个是“道生之”，一个是“德畜之”，也就是说，《老子》生成论不仅仅关注出生（“道生之”），关注万物通过谁成为万物，同时还有另外一个重心，那就是成长（“德畜之”），关注万物在出生之后，如何继续成长和生存，这样就必然会涉及万物能否充分实现自我、成就自我的问题，这个问题也就必然和幸福观相连。因此仅仅从“道”的角度讲《老子》生成论是不完整的，万物之所以能够生成，“道”只是提供了发生的源头和存在的保障。而在《老子》生成论中发生和成长是缺一不可的，这正是《老子》又称为《道德经》，既要讲“道”又要讲“德”，两者必须共存的原因之一。

笔者将“道生之”“德畜之”这两个面向和两条序列用“流出型”和“作用型”来命名，“流出”是日本学者常用的一个词语①，用意在于强调“道生万物”并不是一种有意为之的“创生”，万物的出生虽然以“道”为前提，但万物的出生其实是自发的行为，是自然流出的。如果用后世道家的词汇来描述，那就是“自生”② 甚至是“不生”③，因此这种生成论，更加强调万物自身的意志和动力，而不是“道”的主宰和强制。之所以称《老子》生成论中“德畜之”的序列为“作用型”，意在表示“道”在万物成长环节中所起的作用，在此，“德”代表了“道”的功用。④ 这种功用，

---

① 有关“流出”，参见本书第六章“四、余论”相关注释。

② 《老子》有“自生”（第七章）一词，但意为只顾自己的生存，和“自然而生”无关。

③ “自生”与“不生”，见于上博楚简《恒先》，以及《庄子》《列子》《淮南子》《论衡》等文献中，限于篇幅，这里不做展开。详细可参曹峰的《近年出土黄老思想文献研究》第二编第一部分第四章“《恒先》的气论：一种新的万物生成动力模式”，第二编第一部分第五章“从自生到自为——《恒先》政治哲学探析”。

④ “德”的问题非常复杂，在此，笔者更多强调的是“德”在万物生成过程中的作用与功能。在道家学说中，“德”还兼含了万物生成之普遍潜质和具体各物之现实特性的双重含义。“德论”包含了万物性能如何获有、如何存续以及如何与人世社会发生关联等几个方面的内涵。详细可参叶树勋. 先秦道家“德”观念研究. 清华大学哲学系博士学位论文，2013.

体现为“道”对于万物不主宰、不强制，任由万物自生自长的特征，这一特征如果用一个术语加以概括，那就是“无为”。同时，《老子》又用了一个特别的术语来概括“无为”的作用与功能，那就是“玄德”。上述理论的展开，在第五十一章中可以说一气呵成，一览无余。

如前所述，第五十一章强调，对于万物的生长而言，要尊贵的不仅仅有“道”，还有“德”。因为是“道”使万物出生，是“德”使万物生长、发育、结果、成熟。而且无论是“道”还是“德”，虽然生养万物却不据为己有，推动万物却不居功自傲，统领万物却不加以宰制，使万物得以自然而然地成就自我。这样，《老子》就从生成论的角度，天然地论证了圣人“无为”→百姓“自然”的合理性，因为圣人是“道”在人间的执行者、代言人，因此圣人也就必须具备或者说必然具备这样的“玄德”。我们注意到，“玄德”是《老子》中多次出现的术语，分别见于《老子》的第十章、五十一章、六十五章（其中，第六十五章出现两次），而作为“玄德”的具体内涵的“生而不有”，也出现于《老子》的第二章、十章、五十一章中，可见是极为重要的思想。① 而且“玄德”往往与表示否定的行为相关联，如王邦雄指出，“不有”才能真正完成“生”，“不恃”才能真正完成“为”，“不宰”才能真正“长”成。②

因此，如叶树勋所言，“玄德”在形上语境中意味着“道”对万物“生而不有”的两面性作用，这一作用推衍到形下的政治生活，便是通过圣人效法“道”而具备与之相应的“玄德”。③ 这样，由于“玄德”是宇宙生成论的必然产物，圣人的“无为”就是“玄德”的必然产物；由于百姓的“自然”是圣人“无为”的必然产物，百姓建立在自发、自为基础之

---

① 《老子》的第三十四章、七十七章也有类似的表达。

② 王邦雄. 老子《道德经》的现代解读，长春：吉林出版集团，2011：191-192. 笔者认为，北大汉简《老子》“玄之又玄之”中的“玄”也许可以理解为具有否定意义的动词，参见本书第一章“‘玄之又玄之’和‘损之又损之’”。许抗生说老子有六种“玄德”：“敦厚朴实”（朴德）、“谦虚处下”（谦德）、“俭故能广”（俭德）、“慈爱百姓”（慈德）、“宽容乃大”（宽德）、“言善信”（信德）。（许抗生. 老子论圣人之玄德//方勇. 诸子学刊：第五辑. 上海：上海古籍出版社，2011）但这是把“玄德”理解为广义的美德了，和老子无为意义上的“玄德”有很大距离。

③ 叶树勋. 老子“玄德”思想及其所蕴形而上下的通贯性——基于通行本和简帛本《老子》的综合考察. 文史哲，2014（5）.

上的自由度、成就感以及相应的快乐和幸福也就是“玄德”的必然产物，或者说是《老子》特殊生成论的必然产物。

不过，虽然是“共乐”，但百姓的幸福和圣人的幸福在性质上是不同的。百姓的幸福是圣人“玄德”的产物，但他们并不需要“玄德”；而圣人建立在人类整体幸福基础上的幸福感，则以拥有“玄德”为前提。亚里士多德说：“幸福应伴随着快乐，而德性活动的最大快乐也就是合于智慧的活动。所以，哲学以其纯净和经久而具有惊人的快乐。”① 《老子》心目中的圣人所掌握的“玄德”，无疑也是这样一种德性活动。老子当然关注百姓的幸福，但因为百姓的幸福是圣人“玄德”的产物，所以，老子幸福观的重点其实放在了圣人的德性活动上。

## 四、余论

在《老子》中，我们找不到这样一种幸福观，即幸福来自心理上对某种主宰物的归属和依赖。如果我们过分强调《老子》本体论，强调“道”对于万物具有的主宰性意义，那么，《老子》的幸福观就有可能被解释成为一种宗教信仰意义上的幸福，强调人的身心对于“道”的依赖。然而这种现象只有到了道教才会出现，在《老子》中，“道”并不是顶礼膜拜的对象，即便得道者内心的依托也不是外在的主宰，而是人自己。老子以此为前提，论述了“玄德”作用下每个人主动性、积极性的充分开发。如前所述，在《老子》中存在着对百姓之乐的肯定和维护，洋溢着圣人因为实现“无不为”而生发的成就感，因此，在《老子》中存在着我们称之为“共乐”的幸福观。如果说儒家、墨家追求做至善的人，那么，道家就是追求至善的生活，把握至善的关系，对应到对幸福的理解上，在《老子》这里，就是通过“玄德”的作用、“无为”的方式，让百姓获得多种可能的、最大限度的快乐，同时将矛盾和痛苦降到最低点，即便导致快乐的原因在价值认同上相互冲突，《老子》也是认可的。② 然而在儒家、墨家那

---

① 亚里士多德. 尼各马科伦理学. 苗力田，译. 北京：中国社会科学出版社，1990：225.

② 《老子》有所谓“圣人常善救人，故无弃人；常善救物，故无弃物”（第二十七章）的说法。

里，由于对至善的理解有着单一的价值标准，很有可能导致有限的、排他的、自我中心的幸福观，即用一种幸福观去支配、控制其他的幸福观。在今天这样一个提倡价值多元的世界，《老子》的幸福观是否更有普适意义呢？这是值得我们思考的。

# 第九章　黄帝的“法天则地”与《老子》的“人法地，地法天”

《史记·太史公自序》对《史记》每一篇都有一个精炼的总结，在第一篇《五帝本纪》中，他是这样说的：

> 维昔黄帝，法天则地，四圣遵序，各成法度……厥美帝功，万世载之。作《五帝本纪》第一。

这是说：从前黄帝以天为法，以地为则，颛顼、帝喾、尧、舜四位圣明帝王先后相继，各自建成一定法度……这些帝王的美德丰功，万世流传。

后面的每一篇，都同样四字一句，用极为精简的文字，对直到“今上”（汉武帝）为止的帝王功业做了总结。① 值得注意的是，对于黄帝这位开创中华文明史的第一帝王，司马迁用了“法天则地”四个字，我想这绝非偶然，应该是司马迁在衡量了黄帝的种种功德，字斟句酌之后，才做出的审慎评断。因为这四个字既能突出黄帝不同于其他帝王的特征，又能说明黄帝为何够得上“中华第一帝”的称号。虽然司马迁说“百家言黄帝，其文不雅驯，荐绅先生难言之”（《史记·五帝本纪》赞），但是他依

---

① 对于《史记》的叙事为何始于黄帝，从古至今有多种说法。李伟泰做过总结与评述：第一是因为后世氏姓无不出于黄帝；第二是因为司马迁尊重孔子在《五帝德》《帝系姓》中的说法；第三是因为司马迁为了展示自己的见识比孔子更博洽；第四是为了证明方士所编神仙之说不可信，以袪武帝及后世之惑；第五是为了继承和发展民族一元论，收拾人心，利用黄帝号召统一，这也是顾颉刚等人所强调的。（李伟泰．《史记》叙事何以始于黄帝诸说述评//黄帝与中国传统文化学术讨论会文集．西安：陕西人民出版社，2001：16-24）而程金造认为《史记》始于黄帝，和为司马迁所服膺的“法天则地”思想不可分，“法天则地”体现了“无私的圣德”，“可以为万世有国者遵行的正道”，这就是司马迁所要“成一家言”的理论核心。（程金造．史记管窥．西安：陕西人民出版社，1985：68-84）此观点着眼于司马迁的道德观，虽无大误，但对“法天则地”的具体内涵并无研究。

然用“法天则地”这一极高的标准来形容黄帝，我想有两方面的原因。第一，司马迁发现，虽然《尚书》及儒家大部分著作不传黄帝的事迹，但在百家之言中以及在民间，黄帝却具有无与伦比的地位。司马迁说：“余尝西至空桐，北过涿鹿，东渐于海，南浮江淮矣，至长老皆各往往称黄帝、尧、舜之处，风教固殊焉，总之不离古文者近是。”“其所表见皆不虚”，也就是说，全国各地虽然风俗不同、教化各异，但都称颂黄帝，而且其总体精神也和古代经典不相违背，绝非虚妄之说。所以他认为轻易否定黄帝者是“浅见寡闻”之人，对儒家典籍中宣扬黄帝事迹的《五帝德》及《帝系姓》二篇表示了充分的肯定，指出：“《春秋》《国语》，其发明《五帝德》《帝系姓》章矣。”认为《春秋》《国语》这两部儒家心目中重要的典籍，很多地方正是对《五帝德》《帝系姓》的发明。因此，这里隐含了对不愿传播这两篇文献的儒者之批评。最后他自己“好学深思，心知其意”的结果是：“余并论次，择其言尤雅者，故著为本纪书首。”即司马迁不拘泥于书本，在采择百家之言中“雅”的部分之后，为黄帝等五帝作了本纪。所以，“法天则地”也可以说是对黄帝之言中“雅”的部分的最高总结。第二，在《太史公自序》中，司马迁详细叙述了自己的身世，作为太史公，他在追溯司马氏这个官职的前身时说：

> 昔在颛顼，命南正重以司天，北正黎以司地。唐虞之际，绍重、黎之后，使复典之，至于夏商，故重黎氏世序天地。其在周，程伯休甫其后也。当周宣王时，失其守而为司马氏。司马氏世典周史。

就是说，司马氏的职守可以上溯到颛顼时代掌管天文地理的南正重和北正黎，而南正重和北正黎正是沟通天人之际的管道。[①] 古人视天地人为相互联

---

① 此事在《尚书·吕刑》中被描述为：“乃命重、黎，绝地天通，罔有降格。”孔传曰：“重即羲，黎即和。尧命羲、和世掌天地四时之官，使人神不扰，各得其序，是谓绝地天通。言天神无有降地，地祇不至于天，明不相干。”在《国语·楚语下》被描述为：“昭王问于观射父曰：‘《周书》所谓重、黎实使天地不通者，何也？若无然，民将能登天乎？’对曰：‘……颛顼受之，乃命南正重司天以属神，命火正黎司地以属民，使复旧常，无相侵渎，是谓绝地天通。……’”这被理解为宗教意义上百姓与神之间本来可以自由往来的沟通，被统治者垄断，从而可以借助神意支配百姓。然而，司马迁这里的描述（包括后面的羲仲、羲叔、和仲、和叔）似乎比较理性，并没有太多宗教意涵，仅仅是说由南正重和北正黎来负责对天地之道的观测和把握，因此司马迁这里主要是从天人关系而非神人关系来体现这段历史。

动的一个整体，要根据宇宙秩序来指示人类的政治行为，政治行动必须从自然原理中寻求合法性依据。通过对天文地理的认识与把握，利用自然的规律，借助自然的权威来管理人事，代天立言、替天行道，成为中国古代政治中最为关键的部分，古代阴阳家、道家尤其强调这一点。因此，“法天则地”乃是文明建构的第一步，是一切制度、礼仪、秩序、规范的首要条件，例如《尚书》首篇《尧典》，即以大量篇幅描述帝尧如何任命羲氏与和氏，遵循天数，推算日月星辰的运行规律，制定历法；又分命羲仲、羲叔、和仲、和叔，分别确定东、南、西、北的方位和春分、夏至、秋分、冬至的准确时间。因为只有确定了空间的位置和时间的运行，百官的职守才能因此规定下来。在《五帝本纪》中，司马迁把这段话几乎完整地抄录下来。可见，司马氏的职掌正是为帝王提供“法天则地”的依据和标准，如下文所述，黄帝的主要事迹正符合“法天则地”的精神，黄帝可以说是“法天则地”的第一人，因此和司马迁自己所从事的神圣的事业是一脉相承的，用“法天则地”来形容黄帝，应该是司马迁心目中可以找到的最高的词汇。

在本章中，我想从两个方面展开讨论，第一，通过传世文献和出土文献考察为何用“法天则地”这四个字来代表黄帝是极为准确的。第二，在《老子》中，是否也有“法天则地”的思想，以及在第二十五章中，老子如何利用和提升了“法天则地”的思想。

## 一、黄帝与“法天则地”

无论是传世文献还是出土文献，用“法天则地”四个字来形容黄帝都是最为合适的。《史记·五帝本纪》关于黄帝的描述并不多，但和“法天则地”密切相关，例如：“获宝鼎，迎日推策……顺天地之纪，幽明之占，死生之说，存亡之难。时播百谷草木，淳化鸟兽虫蛾，旁罗日月星辰水波土石金玉，劳动心力耳目，节用水火财物。”所谓“迎日推策”，是说黄帝借助宝鼎来观测太阳的运行，用蓍草来推算历法，预知节气日辰。[1]《史

① “推策”就是推算，这一点王国维做过详细梳理：“《史记·五帝本纪》‘迎日推策’，《集解》引晋灼曰：‘策，数也，迎数之也。’案：策，无‘数’义，惟《说文解字》云：‘算，数也。’则晋灼时本当作‘迎日推筭’，又假筭为算也。汉荡阴令张迁碑‘八月策民’，案《后汉书·皇后纪》，汉法，常以八月算人，是八月策民，即八月算民，亦以策为算，是古筭策同物之证也。”（王国维．观堂集林：第一册．北京：中华书局，1959：266）

记正义》的解释是："黄帝受神策，命大挠造甲子，容成造历。""幽明之占"，《史记正义》释为："言阴阳五行，黄帝占数而知之。""顺天地之纪，幽明之占，死生之说，存亡之难"，是说黄帝能够顺应天地四时的规律，通过占数了解阴阳的变化，从而讲解死生、存亡的道理。"时播百谷草木，淳化鸟兽虫蛾，旁罗日月星辰水波土石金玉……节用水火财物"，指的是黄帝能够按照季节播种百谷草木，驯养鸟兽虫蛾，能够使天地间没有灾异，使土石金玉为民所用，教导百姓有节度地使用水、火、木材及各种财物。对此，钱穆概括说："黄帝……上知天文，推测日月星辰的运行，预知四时季节的转换。中知人事，别男女，异雌雄；制作用具，建造房屋；畜牧鸟兽，化野为驯。下知地利，播百谷，植草木，利用土、石、金、玉。"① 司马迁在《史记》的另一篇文章《历书》中再次强调这一点："太史公曰：神农以前尚矣。盖黄帝考定星历，建立五行，起消息，正闰余，于是有天地神祇物类之官，是谓五官。各司其序，不相乱也。民是以能有信，神是以能有明德。民神异业，敬而不渎，故神降之嘉生，民以物享，灾祸不生，所求不匮。"也就是说，对天地之道的观测、考定、利用始于黄帝。关于"黄帝考定星历"，《史记索隐》引《系本》及《律历志》："黄帝使羲和占日，常仪占月，臾区占星气，伶伦造律吕，大挠作甲子，隶首作算数，容成综此六术而著《调历》。"这即所谓《黄帝历》的由来。如前所述，在《史记·太史公自序》中是颛顼、在《尚书·尧典》中是尧最早开始设置监测天地运行、制定历法颁行民间的官职，到了《史记·历书》，这些功劳直接被归于黄帝，并明确说他是通过星历建立五行之人，并因此设置管理天地神祇物类的五官。五官的形成代表天地人各得其所，三者间的秩序开始井井有条。人界和天界因为黄帝而划清界限，各尽其职、各行其是，从而使人间能够"灾祸不生，所求不匮"，过上有序而安宁的生活。所谓黄帝建立五行、设置五官，当然是后人的附会，但有一点可以确认，在司马迁心目中，政治的开端，必然始于对天人关系的妥善处理，像舜那样注重对人伦关系做出妥善处理的帝王只能是后起的统治者。

从其他文献看，《易传·系辞下》云："黄帝、尧、舜垂衣裳而天下

---

① 钱穆．黄帝．北京：三联书店，2004：21.

治，盖取诸乾坤。”《说卦传》明确指出：“乾，天也；坤，地也。”正是说黄帝因为“法天则地”而能无为而治。《大戴礼记·虞戴德》说黄帝“明法于天明，开施教于民”，《黄帝四经·十六经·立命》也说“吾类天大明”，如葛志毅等指出的那样，“明法于天明”和“吾类天大明”意思相同，都是法天之明。[①] 贾谊的《新书·修政语》上下二篇，集合了从黄帝到周成王的各种为政语录及其感悟，说：“黄帝职道义，经天地，纪人伦，序万物，以信与仁为天下先。”似乎开始从儒家伦理的角度去评价黄帝。《淮南子·览冥》云：“昔者黄帝治天下，而力牧、太山稽辅之，以治日月之行律，治阴阳之气；节四时之度，正律历之数；别男女，异雌雄，明上下，等贵贱；使强不掩弱，众不暴寡；人民保命而不夭，岁时孰而不凶；百官正而无私，上下调而无尤；法令明而不暗，辅佐公而不阿；田者不侵畔，渔者不争隈；道不拾遗，市不豫贾；城郭不关，邑无盗贼；鄙旅之人，相让以财；狗彘吐菽粟于路，而无忿争之心。于是日月精明，星辰不失其行；风雨时节，五谷登孰；虎狼不妄噬，鸷鸟不妄搏；凤皇翔于庭，麒麟游于郊；青龙进驾，飞黄伏皂；诸北、儋耳之国，莫不献其贡职。”这段话中的黄帝几乎是各家都能认可的人文共祖形象，但无论《新书·修政语》还是《淮南子·览冥》，都离不开“法天则地”这一最为关键的事迹。

黄帝的孙子颛顼、曾孙帝喾，同样具有“法天则地”的功德，例如《史记·五帝本纪》说颛顼“养材以任地，载时以象天”，即他能够养殖各种农作物和牲畜以充分利用地力，能够推算四时节令使人类的生活顺应自然的变迁。[②] 帝喾则“取地之财而节用之”“历日月而迎送之”，即能够合理收取土地上的物产并节俭地加以使用；所谓“迎送之”，指的是通过恭敬地迎送日月的出入，以推算日月的运行，定岁时节气。[③] 颛顼还有“乃命羲、和，敬顺昊天，数法日月星辰，敬授民时”，以及分命羲仲、羲叔、

---

① 黄帝与黄帝之学//葛志毅，张惟明. 先秦两汉的制度与文化. 哈尔滨：黑龙江教育出版社，1998：134.

② 贾谊的《新书·修政语上》云：“帝颛顼曰：……故上缘黄帝之道而行之，学黄帝之道而赏（常）之。”《鬻子》也有类似的话。

③ 《鬻子》云：“昔者帝喾……上缘黄帝之道而明之，学帝颛顼之道而行之。”

和仲、和叔确定时空准确位置的事情，这在前文已有详述。也就是说，在黄帝子孙的各项功德中，“法天则地”依然是不可缺少的重要一环。只有到了帝舜，才把重点转移到如何以孝治国，不再强调“法天则地”。

后代有关黄帝事迹的记载，不可胜数，虽真伪难辨，但“法天则地”则始终是其中的主题。① 例如，《吕氏春秋·序意》云：“文信侯曰：‘尝得学黄帝之所以诲颛顼矣，爰有大圜在上，大矩在下，汝能法之，为民父母。’盖闻古之清世，是法天地。”也就是说，吕不韦曾经学到过黄帝教诲其孙颛顼的话，那就是如果能够效法天（“大圜”）地（“大矩”），就能“为民父母”，做天下的统治者了。② 而且他所说古代最好的时代，就是法天地的时代。显然，吕不韦把“法天则地”视为黄帝之言的主旨，他所谓

① 所谓黄帝诸子也基本上是同一风格，详细可参《汉书·艺文志》，所载五行类有《黄帝诸子论阴阳》二十五卷，黄帝诸子，即封钜、大挠（又称大填）、大山稽（又称太山稽）、力牧（又称力黑）、风后、大鸿（又称鬼臾区）、封胡、孔甲、岐伯、伶伦、天老、五圣、知命、规纪、地典、常先、羲和、隶首、容成、俞拊等。《管子·五行》言：“昔者黄帝得蚩尤而明于天道，得大常而察于地利，得奢龙而辨于东方，得祝融而辨于南方，得大封而辨于西方，得后土而辨于北方。黄帝得六相而天地治，神明至。蚩尤明乎天道，故使为当时；大常察乎地利，故使为廪者；奢龙辨乎东方，故使为土师；祝融辨乎南方，故使为司徒；大封辨于西方，故使为司马；后土辨乎北方，故使为李。是故春者土师也，夏者司徒也，秋者司马也，冬者李也。”清人吴乘权云：“黄帝得六相而天地治，神明至。风后明乎天道，太常察乎地利，苍龙辨乎东方，祝融辨乎南方，大封辨乎西方，后土辨乎北方。帝命苍颉为左史，沮诵为右史。苍颉见鸟兽之迹，体类象形而制字。”（吴乘权. 纲鉴易知录：卷一. 北京：中华书局，1960：9）不过，清华大学藏战国竹简《良臣》在记载黄帝的贤臣时说：“黄帝之师，女和、䣙人、保侗。”［李学勤. 清华大学藏战国竹简：（三）. 上海：中西书局，2012：157］这些名字似乎和《管子·五行》所记黄帝诸子无法对应，也不知其在哪些方面贤能。《汉书·古今人表》“黄帝师”条有“封钜、大填、大山稽”。《潜夫论·赞学》篇载：“故志曰：黄帝师风后，颛顼师老彭，帝喾师祝融。”均与清华简《良臣》不同。值得注意的是，清华简《良臣》应是将黄帝明确作为人王加以记载的最早的文献，清华简的形成时期至少在战国中期以前。文献中较早出现黄帝的是《国语》《左传》《逸周书》，《国语·晋语》说黄帝有二十五子，十二姓，强调他是华夏各族的始祖。《左传·僖公二十五年》有关于黄帝的卜辞“遇黄帝战于阪泉之兆”；《左传·昭公十七年》有“昔者黄帝氏以云记，故为云师而云名”，说云是黄帝的图腾。《逸周书·尝麦》讲黄帝和蚩尤战于涿鹿的故事。这些都含有神话色彩。

② 葛志毅等将“大圜在上，大矩在下，汝能法之，为民父母”和《吕氏春秋·圜道》的“天道圜，地道方，圣人法之，所以立天下”相对比，认为这是典型的阴阳家言。（黄帝与黄帝之学//葛志毅，张惟明. 先秦两汉的制度与文化. 哈尔滨：黑龙江教育出版社，1998：135）不过，该书也指出阴阳家正源自黄帝的天道阴阳观。（《黄老帛书》与黄老之学考辨//葛志毅，张惟明. 先秦两汉的制度与文化. 哈尔滨：黑龙江教育出版社，1998：155）这个问题下面还要涉及。

的“古之清世”，也指的就是黄帝的时代。《序意》是《吕氏春秋》的序言或者至少是“十二纪”的序言，其中说：“凡‘十二纪’者，所以纪治乱存亡也，所以知寿夭吉凶也。上揆之天，下验之地，中审之人，若此则是非可不可无所遁矣。”可见吕不韦试图用黄帝“法天则地”的意识作为贯穿整部书籍或“十二纪”的主体精神。

文献所见黄帝“法天则地”涉及的范围极为广泛，但主要可以总结为这样几个方面。第一，通过把握天地间运行规则和原理以指导政治人事；第二，通过把握天地间运行规则和原理以指导医疗养生；第三，通过把握天地间运行规则和原理以指导军事行动。

关于第一点，通过把握天地间运行规则和原理以指导政治人事，马王堆帛书《黄帝四经》可以说最为具体。《黄帝四经》由《道法》、《十六经》①、《称》、《道原》构成，这四篇中虽然只有《十六经》明确出现了黄帝（又称“黄宗”“皇后”）的名称和事迹，但因为这四篇在主旨、观念、立场、用语等许多方面都密切相关，因此，将其整体视为反映黄帝之言的代表作是不为过的。

如果用最简练的一句话来概括《黄帝四经》的思想结构，那就是从天道到人事。当然，《黄帝四经》的落脚点是人事，认识、描述天道的目的是为了指导人事，遵从天道的目的是为了更好地安排人事，因循天道是掌握天下最为直接有效的手段。②《黄帝四经》的叙事有一个既定的框架，即一定是在天地人三重架构中展开的。如《经法·六分》说：“王天下者之道，有天焉，有人焉，有地焉。三者参用之，□□而有天下矣。”这三重结构其实又可以简化为两重，那就是“天—人”或“天地—人”，人虽然必须遵循天地之道，但人绝非匍匐于天地之下、只能任凭天地摆布的奴隶，而是有着强烈的能动性，即人可以参天地之道，

① 有学者将《十六经》最后的文字“十六经凡四千□□六”读为“十大，经凡四千□□六”，即以“十大”为分篇名，以“经”为总篇名。（李学勤．马王堆帛书《经法·大分》及其他//道家文化研究：第三辑．上海：上海古籍出版社，1993）“十六”有可能是“十大”，但“十六经”不会是“十大，经”，因为从图版中可以看出，“十六经”是写在一起的，中间没有空白。

② 《黄帝四经》没有“法天则地”的说法，但有“以天为父，以地为母”（《十六经·果童》），性质相似。

在其中起到积极的、正面的作用。这个“参”有两层含义：一层含义如上引《经法·六分》所言，《黄帝四经》在观察、思考政治问题时，一定是放在立体的、宇宙的角度，把天地人看作是一个动态的整体，对任何一方都不加偏废。《黄帝四经》中体“道”、执“道”的最高代表就是黄帝，《十六经·立命》说他“吾受命于天，定位于地，成名于人”，“吾畏天爱地亲〔民〕”。另一层含义则表示只有黄帝这样的体“道”者、执“道”者，才能够使“人之道”主动参与“天之道”的运行，与“天之道”融为一体，因此体“道”者、执“道”者必须是把握天地之道的人，《十六经·立命》说黄帝“践位履参”后，“数日、历月、计岁，以当日月之行”。这和《史记·五帝本纪》所见“迎日推策”、《史记·历书》所见“考定星历，建立五行”的黄帝形象是一致的。《十六经·观》说黄帝命臣下力黑“布制建极”，又说黄帝将天地“始判为两，分为阴阳”，这些内容有代天地建立法则的意涵，和传世文献所见从阴阳开始创立宇宙间制度和秩序的黄帝形象相吻合。例如《淮南子·俶真》云：“乃至神农、黄帝，剖判大宗，窍领天地……提挈阴阳，嫥捖刚柔。”《淮南子·说林》也有“黄帝生阴阳”。《黄帝内经·素问·阴阳应象大论》云：“黄帝曰：阴阳者，天地之道也，万物之纲纪，变化之父母，生杀之本始，神明之府也。”①

出土文献和传世文献还都有“黄帝四面”的说法，也和“法天则地”相关。《尸子》言：“子贡问孔子曰：‘古者黄帝四面，信夫？’孔子曰：‘黄帝取合己者四人使治四方，不谋而亲，不约而成，大有成功，此之谓四面。’”② 这段话，李学勤将其与《鹖冠子·道瑞》《黄帝四经·十六经·立命》《吕氏春秋·本味》结合起来考察。《鹖冠子·道瑞》的文字如下所示：

---

① 葛志毅等曾详述黄帝与阴阳家的关系，指出：“天道阴阳观应发端于黄帝，最后假手于史官得以完成。”（《黄老帛书》与黄老之学考辨//葛志毅，张惟明. 先秦两汉的制度与文化. 哈尔滨：黑龙江教育出版社，1998：152-161）还指出：“黄帝遗说应作为阴阳家的嚆矢，并在其学说的形成过程中，起到相当的作用。”（136～137页）“从发端于黄帝的天文历数之学中渐滋阴阳思想因素，此阴阳思想因素日益发展，最后在战国成为系统化体系而独立成为阴阳家学派。”（140页）“黄帝可视为阴阳家的始祖。”（142页）

② 李昉，等. 太平御览：卷79. 北京：中华书局，1960：369.

天者，万物所以得立也。地者，万物所以得安也。故天定之，地处之，时发之，物受之，圣人象之。夫寒温之变，非一精之所化也；天下之事，非一人之所能独知也；海水广大，非独仰一川之流也。是以明主之治世也，急于求人，弗独为也，与天与地，建立四维，以辅国政，钩绳相布，衔橛相制，参偶具备，立位乃固。……是以先王置士也，举贤用能，无阿于世。仁人居左，忠臣居前，义臣居右，圣人居后。左法仁则春生殖，前法忠则夏功立，右法义则秋成熟，后法圣则冬闭藏。先王用之，高而不坠，安而不亡，此万物之本剸，天地之门户，道德之益也。此四大夫者，君之所取于外也。

李学勤认为这段话实际上是《黄帝四经·十六经·立命》下面这段话的演绎：

昔者黄宗质始好信，作自为象，方四面，傅一心，四达自中，前参后参，左参右参，践位履参，是以能为天下宗。吾受命于天，定位于地，成名于人。唯余一人□乃配天，乃立王、三公，立国、置君、三卿。数日、历月、计岁，以当日月之行。

李学勤认为《鹖冠子·道端》虽然没有提到黄帝，但讲的就是黄帝四面的传说，只不过比《立命》更详细而已。李学勤指出：“所谓黄宗（即黄帝）的‘作自为象’，即《道端》所云圣人象天地；所谓‘方四面’‘四达自中’，即《道端》所言立四大夫以取于外。”① 同时他在与《吕氏春秋·本味》“故黄帝立四面”比较后指出：“实则‘四面’就是辅佐黄帝的四臣，象天地之有四时。《鹖冠子·道端》的阐释是正确的。”② 《太平御览》卷79引《帝王世纪》载：“力牧、常先、大鸿、神农、皇直、封钜、大镇、大山稽、鬼臾区、封胡、孔甲等，或以为师，或以为将，分掌四方，各如己亲，故号曰黄帝四目。”③ 可见，黄帝四面和他效法天地有四时有四方有关系。

---

① 李学勤.《鹖冠子》与两种帛书//简帛佚籍与学术史. 台北：时报文化出版企业有限公司，1994：100.

② 同①.

③ 李昉，等. 太平御览：卷79. 北京：中华书局，1960：367.

“法天则地”的内容，具体而言，一是效法天地固有的秩序，二是效法天地运行的原理。《黄帝四经》中有大量关于天地之道的描述，有时指的是日月运行、四时更替等表现为“理”“数”“纪”的宇宙秩序和规则，有时指的是阴阳消长、动静盈虚、刚柔兼济的宇宙原理，这些都是人所需要认识和把握的天道。

首先来看秩序，“天地”之道之所以为人效法，就在于其绝对性、永恒性，是经过世世代代验证的、颠扑不破的规则。《经法·道法》说:“天地有恒常，万民有恒事。……天地之恒常，四时、晦明、生杀、柔刚。万民之恒事，男农、女工。”“万民”之所以有“男农、女工”这样的“恒事”，是因为“天地”有“四时、晦明、生杀、柔刚”这样的“恒常”。《经法·四度》说“日月星辰之期，四时之度，〔动静〕之位，外内之处，天之稽也。高〔下〕不蔽其形，美恶不匿其情，地之稽也。”有了“天之稽”“地之稽”，与之相应，就必然有“人之稽”，那就是“君臣不失其位，士不失其处，任能毋过其所长，去私而立公，人之稽也”。《十六经·果童》的“观天于上，视地于下，而稽之男女”也是此意。《经法·论》说:“人主者……不天天则失其神，不重地则失其根。不顺〔四时之度〕而民疾。”意为统治者如果不尊重天就失去了他的神明，不尊重地就失去了他的根本，不顺应四时的节度就会招致百姓埋怨。《经法·论约》说:“功溢于天，故有死刑。功不及天，退而无名。功合于天，名乃大成。”这是说天地四时运行的法则表现为文武兴废生杀循环之道，人事只能严格遵循其中的法则，与天地节拍吻合者，“名乃大成”；稍有超越或不足，就将“故有死刑”或“退而无名”。因此“执道者……参之于天地之恒道，乃定祸福死生存亡兴坏之所在。是故万举不失理，论天下而无遗策。〔故〕能立天子，置三公，而天下化之，之胃（谓）有道”（《经法·论约》）。可见，人间的“祸福死生存亡兴坏”都基于对“天地之恒道”遵循与否，只有成功“参之于天地之恒道”者，才有可能从心所欲而不逾矩，才有资格去立天子，置三公，让天下百姓受其教化。这里描绘出了《黄帝四经》理想中的最高统治者，这种统治者的形象完全超越了历史和地域的局限，其典范就是黄帝。和儒家心目中理想统治者必须是道德化身形成对照，《黄帝四经》的最高标准显然是“法天则地”。

在《黄帝四经》中，这种天地间的“恒道”往往用“数”的形式表达出来，以强化其规律性和神秘性。以下这段话可以说最具代表：

> 天执一以明三。日信出信入，南北有极，〔度之稽也；月信生信〕死，进退有常，数之稽也；列星有数，而不失其行，信之稽也。天明三以定二，则壹晦壹明，□□□□□□□□。〔天〕定二以建八正，则四时有度，动静有位，而外内有处。天建〔八正以行七法〕。明以正者，天之道也；适者，天度也；信者，天之期也；极而〔反〕者，天之性也；必者，天之命也；□〔者，天之〕□〔也；〕□□□者，天之所以为物命也。此之谓七法。七法各当其名，谓之物。物各〔合于道者〕，谓之理。理之所在，谓之〔顺。〕物有不合于道者，谓之失理。失理之所在，谓之逆。逆顺各自命也，则存亡兴坏可知〔也。〕（《经法·论》）

这是说天道可以表现为“一”（最高的道）、“三”（日、月、星辰）、“二”（阴阳或晦明）、“八正”（四时、动静、外内）、“七法”（明以正者、适者、信者、极而〔反〕者、必者、□〔者〕、□□□者），根据能否合于天道（合于道者、不合于道者），可以判知人事的存亡兴坏。这里，除了“一”没有确定的内涵外，“三”“二”“八正”均是人可以直接把握的、确定不疑的规律和秩序，而“七法”不仅有规律和秩序的含义，也包括了物极必反等人必须效法的原理。

从“度之稽”“数之稽”“信之稽”“天之道”“天度”“天之期”“天之性”“天之命”“天之所以为物命”可以看出，天道带有不以人的意志为转移的强制性和权威性，就像魏启鹏指出的那样：“它要求君主掌握这个有期信、有法式、有适度、具有必然性和规律性的环周不已的天道，去治理国家，解决一年四季中的经济政治问题，调节动与静、外与内等一系列的矛盾关系。”①

在以上作为秩序的“天道”中，已经包含了一些原理的成分，或者说，《黄帝四经》论述的“天道”中，秩序和原理绝不是截然二分的。何

① 魏启鹏．马王堆汉墓帛书《黄帝书》笺证．北京：中华书局，2004：309．

谓“天道”的原理？简而言之，“天道”表现为循环往复、盛极必反、阴阳互补、交替不已的原理，这些原理在《黄帝四经》中，主要由这样一些相互对立的概念，即“阴一阳”“男一女”“外一内”“刑一德”“文一武”“动一静”“柔一刚”“雌一雄”“逆一顺”“生一杀”“取一予”“吉一凶”“兴一废”等体现出来，这些概念总体上都可以用阴阳概括，而阴阳正是以天地为法则的：“诸阳者法天……诸阴者法地。”（《称》）① 政治绝不仅仅是机械地、僵化地、简单地模仿、套用天地间那些确定不易的禁忌和规范，而是要注意观察、揣摩、提炼天地间阴阳消长的节律以及万物之间那些看似复杂、实则充满规律的辩证关系。② 例如《十大经·观》提出：“并（秉）时以养民功，先德后刑，顺于天。”这是说，统治者应该依据四时的变迁来安排人类社会的杀伐庆赏，把德治和刑治有机地结合起来。下面这段话更清晰地反映出政令必须和阴阳消长的自然节律相吻合的理念：

> 始于文而卒于武，天地之道也。四时有度，天地之理也。日月星辰有数，天地之纪也。三时成功，一时刑杀，天地之道也。四时而定，不爽不忒，常有法式，□□□□。一立一废，一生一杀，四时代正，终而复始。〔人〕事之理也，逆顺是守。功溢于天，故有死刑。功不及天，退而无名。功合于天，名乃大成，人事之理也。顺则生，理则成，逆则死，失〔理无〕名。倍（背）天之道，国乃无主。（《经法·论约》）

这里同样讲的是天地法则为“人事之理”建制立极，但这里的“天地之道”“天地之纪”具体指的是“始于文而卒于武”、“三时成功，一时刑杀”（春夏秋意味着发育、生长，冬季意味着肃杀）、“一立一废，一生一杀”这种作用和原理意义上的天道，对于这种天道的遵循，既不能“溢”，也不能“不及”，所以有“功溢于天，故有死刑。功不及天，退而无名”、“顺则生，理则成，逆则死，失〔理无〕名。倍（背）天之道，国乃无主”

---

① 《称》把天地万物包括人间各种关系全部用“阴阳”来涵盖。

② 白奚认为，后来的黄老之学之所以能够调和儒法，“可能与其注重对阴与阳、刑与德的辩证关系的认识于阐发这传统有关”（白奚．学术发展史视野下的先秦黄老之学//白奚．先秦哲学沉思录．北京：中国社会科学出版社，2007：161）。

之说。类似的说法还有《十六经·姓争》：“夫天地之道，寒热燥湿，不能并立；刚柔阴阳，固不两行。两相养，时相成。居则有法，动作循名，其事若易成。若夫人事则无常，过极失当，变故易常，德则无有，措刑不当，居则无法，动作爽名，是以戮受其刑。”这段话指出了“寒热燥湿”“刚柔阴阳”这些“天地之道”既具有“不能并立”“固不两行”相互对立的性质，同时又是“相养”“相成”，互补统一的，人事也必须踏着这样的节拍，遵循其中的节奏，不能“过极失当，变故易常”，如果人事无常，则必然导致“戮受其刑”的结局。

在《黄帝四经》中，这种作为原理的天道，还集中体现为对时机的把握，无论是政治还是军事，如果想要以最小的代价获得最大的成功，那就必须正确地认识时机、充分地把握时机，甚至人为地创造符合事物发展规律的时机。这比“三时成功，一时刑杀”这种简明易操的形式要复杂得多，但这同样属于依据天道行事的范畴。例如《经法·四度》提出：“极而反，盛而衰，天之道也，人之理也。”强调过极必反既是“天之道”，也是“人之理”。圣人异于常人之处，就在于“圣人不巧，时反是守”（《十六经·观》）。圣人不靠机心巧慧，而是能够谨守循环反复的天道。“当天时，与之皆断。当断不断，反受其乱。”（《十六经·观》，又见《十六经·兵容》）当天机来临时，就必须果断地做出行动。错过时机，反受其乱。《十六经·兵容》指出“天固有夺有予”，如果“弗受”，那就“反随以殃”，也就是说，人间的统治者如果不能顺从配合天时天命，做出生杀取予的举动，那么这个统治者也会受到天的制裁。因此，圣人一定是善于把握时机、取予得当的人：“天制寒暑，地制高下，人制取予。取予当，立为□王。取予不当，留之死亡。天有环刑，反受其殃。”（《称》）

和《老子》一样，《黄帝四经》也特别强调守柔示弱，但守柔示弱并不是追求无为的人生姿态。在《黄帝四经》这里，有着非常明确的目的性，那就是制造假象，欲擒故纵，尽快让敌方由盛而衰，促使其自己走向失败。例如《十六经·顺道》在讨论大庭氏之所以能拥有天下时，指出其基本方针是“安徐正静，柔节先定”，即安定从容、持正守静，首先确定“守柔”的法典。其战术是：“立于不敢，行于不能。战视（示）不敢，明埶（设）不能。守柔节而坚之，胥凶节之穷而因之。”不妄为、不逞能，在战场上不挑衅敌人，为自己设定不能行动的界限，坚守柔弱的姿态，等待对方力量耗尽，处于困境时再消灭之。《顺道》明确地将此行为方式称为“顺道”，即顺天之道。关于《黄帝四经》守柔和《老子》守柔的相似与不同，限于篇幅，笔者将另文阐述。

关于第二点，通过把握天地间运行规则和原理以指导医疗养生，这方面的资料极为丰富，并深刻地影响到后世的中医理论。限于篇幅，这里稍做梳理，不加展开，其精神实质在于人体就是天地的一部分，人体的结构反映着天地的结构，人体的机能就是天地运行原理的投射，人能健康长寿在于顺应天地之道，反之则是疾病之源。[①] 令人感兴趣的是，无论是传世文献还是出土文献，都将这种观念和黄帝相连，而且在论述方式和思维方式上也和上述第一点基本相同。[②] 与黄帝相关的医学文献中也有“法天则地”的说法[③]，例如，《黄帝内经·素问·八正神明论》在讲用针之法时云：

> 黄帝问于岐伯曰：“用针之服，必有法则焉，今何法何则？”岐伯曰：“法天则地，合以天光。”黄帝曰：“愿卒闻之。”岐伯曰：“凡刺之法，必候日月星辰四时八正之气，气定乃刺之。……”……岐伯曰：“星辰者，所以制日月之行也。八正者，所以候八风之虚邪以时至者也。四时者，所以分春秋冬夏之气所在，以时调之也。八正之虚邪，而避之勿犯也。”

这是说，针刺疗法必有其法则，用岐伯的话来讲，就是要以天为法，以地为则，与日月星三光相合。具体而言，就是要配合日月星辰和春夏秋冬八正之气，才敢行针刺之法。而且这套法则和治国之术并无二致，如《黄帝内经·灵枢·外揣》云：

> 黄帝曰：“余愿闻针道，非国事也。”岐伯曰：“夫治国者，夫惟道焉。非道，何可小大深浅杂合而为一乎？”

---

① 《黄帝内经·素问·血气形志》说“人的常数”就是“天之常数”。

② 魏启鹏．马王堆古佚书中的道书与医家//魏启鹏．马王堆汉墓帛书《黄帝书》笺证．北京：中华书局，2004：319-337.

③ 除了“法天则地”，《黄帝内经》还有“法阴阳”（《素问·阴阳应象大论》）、“法四时五行”（《素问·脏气法时论》）的说法，可以说是“法天则地”的具体体现。

就是说，无论是治国还是养生，都必须对“道”加以奉行和遵从。① 这个“道”，在《黄帝内经·灵枢·逆顺肥瘦》中有明确说明：

> 黄帝问于岐伯曰：“余闻针道于夫子，众多毕悉矣。……”岐伯曰：“圣人之为道者，上合于天，下合于地，中合于人事，必有明法，以起度数，法式检押，乃后可传焉。……”

因此，这个“道”实际上就是天地人三者相互连动、相互因果的整体意义上的天道。② 这和《黄帝四经》所讲的天道几乎是一回事。魏启鹏认为《黄帝四经》中的一些话，就是和医学相关的论述，例如：

> 人主者……不天天则失其神，不重地则失其根。不顺〔四时之度〕而民疾。不处外内之位，不应动静之化，则事窘于内而举窘于〔外，八〕正皆失……八正不失，则与天地总矣。(《经法·论》)

魏启鹏在将《黄帝四经》、马王堆医书和《黄帝内经》全面比较后指出：“可见，在黄学的理论指导下，中国古典医学已经有意识地强调天地人相参的物质世界的统一性，并以此为规律来理解和把握人体生理病理机制，作为医学认识论的一个重要原则。”③ “黄学的四时观、‘八正七法’论④，不仅对中医的养生保健学、季节性多发病流行医学、时间医学（如后来崛起的子午流注针灸学）有直接的影响，而且由此拓展形成的具有明法度数和模式的天道观运用学说，对古典中医建立自己的系统和方法论，起了奠定的作用。”⑤ “黄学的天道环周论，其形成与天文学、历算学、物候学的巨大发展而密切相关，这也为天道环周论给予医学产生直接的重大影响准

---

① 也可以说，“养神保形”的养生之术在黄帝学说中和治国之术是一体之两面，《列子·黄帝》说黄帝之言乃“养身治物之道”，《论衡·自然》说“黄老之操，身中恬淡，其治无为”。

② 《黄帝内经》也有“人与天地相参”之说，如《素问·咳论》云：“人与天地相参，故五脏各以治时感于寒则受病，微则为咳，甚者为泻、为痛。乘秋则肺先受邪，乘春则肝先受之，乘夏则心先受之，乘至阴则脾先受之，乘冬则肾先受之。”当然，这是更进一步和五行理论相结合了。

③ 魏启鹏．马王堆古佚书中的道书与医家//魏启鹏．马王堆汉墓帛书《黄帝书》笺证．北京：中华书局，2004：323.

④ 所谓的“八正”就是前文提到的四时、动静、外内，所谓的“七法”就是前文提到的“明以正者“适者”“信者”“极而〔反〕者”“必者、□〔者〕”□□□者”。

⑤ 同③326.

备了条件，主要体现于中医的血液循环理论。”① “黄学的道论和形名原理……古典中医学将它作为获得正确认识的手段和途径，由此及彼，由外知内，由远知近……遵循逻辑思维形式，完成形成概念、判断和推理的过程，从而获得真知，避免了失误。这种‘形名参合’，是四诊之后另一个更深入、更高的认识过程，体现了黄学对医学的理论引导。”② “通观马王堆医书，无不体现了以黄学为主的‘顺察天地之道’，‘与阴阳皆生’，掌握阴阳化变的道家精神。”③ 究竟是否存在“黄学”？如果存在“黄学”，有无系统的理论？大致是在何时定型的？“黄学”和道家是何关系？中国古典医学是否受“黄学”影响而产生，或者存在倒过来“黄学”受中国古典医学影响而产生之可能？这些问题都还有讨论的空间，但魏启鹏的系统阐述至少在这一点是无可置疑的，即黄帝名义下的治国养生之术，在理论框架和思维行动模式上完全一致。这种一致既包括对天地运行模式、禁忌的直接效法，也包括对天地之道所反映规律和原理的体会和遵从。从文明发展的角度看，治国之术晚于养生之术，从逻辑上讲，这显然是合理的。而且，将治国之术与养生之术融为一体，浑然不分，对天人关系、人神关系做出高明把握的角色，往往出现于人类早期，由类似巫师的人物来担当，黄帝就是这类早期巫师最典型的代表。④ 这方面的记载，主要集中在道家、阴阳家、兵家以及对此数家有集中体现的医药、术数等领域，可以说这是中国文明的早期传统或者大传统，强调人伦关系和伦理意识的儒家是从中分化出来的小传统，到了《吕氏春秋》《春秋繁露》才又将这两大传统重新做了整合。

关于第三点，通过把握天地间运行规则和原理以指导军事行动，这方面的资料同样相当丰富，也同样可以理出两条线索，一条是由专业人士通过观察天象（如日月星辰的位置、云气风向的变迁）、地势（地形、地貌）

---

① 魏启鹏. 马王堆古佚书中的道书与医家//魏启鹏. 马王堆汉墓帛书《黄帝书》笺证. 北京：中华书局，2004：330.

② 同①332.

③ 同①.

④ 这一点，笔者做过论述，详见曹峰《近年出土黄老思想文献研究》第一编第二章“黄老思想与民间术数——以出土文献为线索”。

后决定军事行动，即所谓的兵阴阳家，而且他们往往和占卜活动有关；另一条则侧重强调结合天地间阴阳消长、四时变迁的原理和规律来指导军事行动。限于篇幅，这里也只能做简单概括。

首先看第一条线索，20 世纪 70 年代出土的银雀山汉墓竹简《孙子兵法》有《黄帝伐赤帝》一篇，为传世文献所不见，可能是对《孙子兵法·行军》中“凡四军之利，黄帝之所以胜四帝也”的一种解释。从青、赤、白、黑四帝加黄帝之格局看，显然和五行相关。[①] 张家山汉墓竹简《盖庐》讲“黄帝之征天下也”是运用“天之时”“阴阳”“刑德”“日月之道”“五行之道”才取得胜利的[②]，例如“天地为方圜，水火为阴阳，日月为刑德，立为四时，分为五行，顺者王，逆者亡，此天之时也”，也有浓厚术数色彩。[③] 可见兵家理论的一个重要侧面就是如何准确把握天地之道，因此黄帝被认为是兵家鼻祖是理所当然的。

《汉书·艺文志》兵阴阳家的小序说兵阴阳家的特色是：“随时而发，推刑德，随斗击，因五胜，假鬼神而为助者也。”近年来，与占书、兵阴阳家相关的“刑德”材料大量问世，如马王堆汉墓帛书《刑德》甲乙丙本、阜阳双古堆汉简《刑德》[④]、睡虎地秦简《日书》甲种《岁》篇[⑤]、《居延新简》也都有与“刑德”相关内容。其特征是“刑德”与阴阳五行相结合，加上日月星辰二十八宿、十二支神、十二大将、建除、五方、五音、九宫、八风等配成一套十分复杂的系统。而术数家又以较简明的式盘形式来模拟他们所描绘的宇宙基本构架，凭借天盘和地盘的左旋右行来推演表现那个系统的运作。例如，马王堆帛书《刑德》甲乙本有两种涉及“宇宙图式”的图案，即所谓大游图（岁徙图）和小游图（日徙

---

① 银雀山汉墓竹简《地典》篇也是一部黄帝书，和阴阳术数有关，尚无正式发表的整理本。可参看：吴九龙. 银雀山汉简释文. 北京：文物出版社，1985. 李零. 简帛古书与学术源流. 北京：三联书店，2004：395-397，第十一讲“附录五”。

② 张家山二四七号汉墓竹简整理小组. 张家山汉墓竹简〔二四七号墓〕. 释文修订本. 北京：文物出版社，2006：161-167.

③ 曹峰. 近年出土黄老思想文献研究. 北京：中国社会科学出版社，2015：162，第一编第二章“黄老思想与民间术数——以出土文献为线索”.

④ 胡平生. 阜阳双古堆汉简术数书简论//出土文献研究：第四辑. 北京：中华书局，1998：12-30.

⑤ 刘乐贤. 睡虎地秦简日书研究. 台北：文津出版社，1994：108-109.

图）。在大游图（岁徙图）中，“宇宙图式”的定位对象是“刑”“德”二神，它可用来推定两神在各年中所处位置，进而求得刑德左、右、向、背的态势及吉凶情况。在小游图（日徙图）中，“宇宙图式”的定位对象是“刑”“德”“丰隆”“大音”“风伯”“雷公”“雨师”等诸神，可用来表示诸神所值之日，为“将军”等各级军吏提供军事所当日时。① 就是说，“刑”“德”（包括连用为“刑德”）已具体化为神煞了。这些学说具有复杂的系统，需要更多的演算，具有高度的技术性，虽然有时也和黄帝拉上关系，但显然是相当晚期的产物，而且过分强调术数，已经属于末流了。②

与第一条线索相比，第二条线索要更为突出。《尉缭子·天官》云：“梁惠王问尉缭子曰：‘吾闻黄帝有刑德，可以百战百胜，其有之乎?’尉缭子对曰：‘不然。黄帝所谓刑德者，刑以伐之，德以守之，非世之所谓刑德也。世之所谓刑德者，天官时日阴阳向背者也。黄帝者，人事而已矣。’”可见，在《尉缭子》看来，黄帝可以百战百胜的刑德，并非狭隘的、仅仅表现为术数的“天官时日阴阳向背”，而是“人事”。何谓“人事”？军事行动是政治行为的延伸，通过前面第一点“通过把握天地间运行规则和原理以指导政治人事”的论述，我们已经完全可以领会其实质，这里稍做补充。《黄帝四经》中的很多论述，既可以套用到政治上，也可以套用到军事上。例如，“刑德”之说在《黄帝四经》中极为常见，既可以指代政治上的赏罚，也可以指代军事上的杀伐，其中的《观》篇有“正之以刑与德”、“春夏为德，秋冬为刑，先德后刑以养生”、“凡谌（戡）之极，在刑与德”（又见《姓争》篇）、“夫并（秉）时以养民功，先德后刑，顺于天”，《姓争》篇有“天德皇皇，非刑不行。缪（穆）缪（穆）天刑，非德必顷（倾）。刑德相养，逆顺若成。刑晦而德明，刑阴而德阳，刑微而德章”“德则无有，昔（措）刑不当。居则无法，动作爽名。是以受亓（其）刑”，也都可以将其视为依据天时决定何时展开军事行动以及如何控制行动规模的理论。至于对行动时机的把握，对事物矛盾关系的认识、激

① 刘乐贤．简帛术数文献探论．武汉：湖北教育出版社，2003：105-110.

② 《汉书·艺文志》说阴阳家末流“牵于禁忌，泥于小数，舍人事而任鬼神”。

发和掌控（前文所述《十六经·正乱》中黄帝战蚩尤的故事就是生动事例），更和军事有密切关系。因此，用《黄帝四经》来论证黄帝在军事上如何“法天则地”，也完全适用。

如上所述，在笔者看来，突出人伦关系与道德主体意识的儒家，只是先秦思想中后起的传统，而将政治、军事、养生融为一体，突出天道对于人道之制约与引导的黄帝学说以及相关的阴阳家、道家学说才是更早、更大的传统。① 在古代中国，如果说有那么一种理论，可以将天文、历法、政治、经济、军事、医疗养生完整地、系统地、有机地关联在一起，使人类所有行动都可以从自然原理中找到合法性依据，并且用一种学说、一个框架把所有内容涵盖进去，那就是黄帝名义下的“法天则地”思想以及在此基础上生发出来的阴阳家、道家学说。② 黄帝之言，必有后起的、假托的部分，但说如此大规模的“法天则地”学说全是后人在某一时间突然冒出的伪托，不免有简单化之嫌，必然有其历史渊源。我们不管黄帝是否真

---

① 按照刘勰的看法，“子”虽然可以追溯至上古，但都是口耳相传之言，到了春秋战国才有成篇的“子书”。但最早的“子”和“子书”都具有道家色彩。《文心雕龙·诸子》说：“昔风后、力牧、伊尹，咸其流也。篇述者，盖上古遗语，而战伐所记者也。至鬻熊知道，而文王咨询，余文遗事，录为《鬻子》。子自肇始，莫先于兹。及伯阳识礼，而仲尼访问，爰序《道德》，以冠百氏。然则鬻惟文友，李实孔师，圣贤并世，而经子异流矣。”他明确指出，子书在经书之前，老子在孔子之前，道家在儒家之前。清人江瑔也认为“道家之学较诸家为最早”：“道家之学，无所不赅，彻上彻下，学之者不得其全，遂分为数派。……是春秋战国之世，百家争鸣，虽各张一帜，势若水火，而其授受之渊源，实一一出于道家。”同时他又认为，老子之学有其传承：“大抵古今学术之分合，以老子为大关键。”“老子以前，学传于官，故只有道家，而无它家，其学定于一尊。老子始官终隐，学始传于弟子，故由道家散为诸家，而成为九流之派别，是老子为当时诸家之大师。”“上古三代之世，学在官而不在民，草野之民莫由登大雅之堂。唯老子世为史官，得以掌数千年学库之管钥，而司其启闭。故老子一出，遂尽泄天地之秘藏，集古今之大成。学者宗之，天下风靡。道家之学遂普及于民间。道家之徒既众，遂分途而趋，各得其师之一端，演而为九家之学，而九流之名以兴焉”。“况六经为古人教人之具而传之于道家，非孔子所作。”（江瑔. 读子卮言. 上海：华东师范大学出版社，2012：“论道家为百家所从出”）这里虽然没有直接提到“黄帝”，但我们不难将老子以前“天地之秘藏”和“黄帝”联系起来。清人宋翔凤直接提出黄帝在前，老、孔在后，且互为补充：“老子著书，以明黄帝自然之治，即《礼运》篇所谓‘大道之行’，故先道德而后仁义。孔子定六经，明禹、汤、文、武、成王、周公之道，即《礼运》所谓‘大道既隐，天下为家’，故申明仁义礼知，以救斯世。故黄老之学与孔子之传，相为表里者也。”（宋翔凤. 过庭录. 北京：中华书局，1986：214）

② 陈丽桂说：“战国、秦、汉的黄帝学说，主要的其实就是阴阳与道两家。”（陈丽桂. 战国时期的黄老思想. 台北：联经出版公司，1991：27）

有那么多发明创造，是否真有那么多的学说，是否真的那么神明，仅从社会功能来看，“黄帝”作为一种具有广泛性和普遍性意义的历史存在应该很早就发挥作用了。首先，黄帝形象为不同地域、不同风俗的人群所认可；其次，黄帝的影响涉及了日常生活中几乎所有的方面；最后，黄帝的尊严被社会上中下层普遍接受。相比于约束人伦关系的礼仪规范，天道更有可能成为不同历史时期、不同地域、不同风俗的人群普遍信奉、遵从的规则、禁忌系统。事实上，以黄帝为代表的学说成功地将这些规则、禁忌系统导入到社会生活的各个方面，小至个人的衣食住行、生老病死，大至国家的生产、祭祀、战争，几乎都与此相关，成为实用的知识和技术，并超越学派、国度，使之既具有现实操作性，又具有天生的可信性和权威性，如此规模的学说很难在短时期内大面积形成，其影响力恐怕也不是短时间内可以达成①，因此我们有理由相信以“法天则地”为宗旨的黄帝之言应该有着相对悠久的形成和传播历史。②

---

① 学界一般认为，“田氏代齐”事件之后，田齐为证明自己出身的高贵，促使黄帝地位大大抬升，而秦统一前夕，利用黄帝收拾人心，号召一统，也促使黄帝成为整个中国各族群公认的始祖，这就是战国中晚期“黄帝”大热的原因。这种观点有其合理性，但无法因此证明“法天则地”观念及相关学说也是在这之后大规模生产出来的。反过来，早已以“法天则地”著称的黄帝才有可能被选中成为时人接受的对象。因此，司马迁在构建上古史的时候，实际上是挑选了两类被时人广泛认可的上古帝王，并将他们编到同一条脉络上去，一条是以黄帝为代表的“法天则地”路线，一条是以舜、禹为代表的“以德治国”路线。显然，在司马迁看来，以黄帝为代表的“法天则地”的脉络更为久远。近年来，有学者反对把黄帝的抬升和田齐联系起来，如葛志毅等指出：“实则必因其学（黄老之学）在思想上同黄帝之间具有某种形式的渊源关系。”（《黄老帛书》与黄老之学考辨//葛志毅，张惟明．先秦两汉的制度与文化．哈尔滨：黑龙江教育出版社，1998：152-153）“黄老之学并非简单从老子学说发展来，其称黄老亦与齐国国君托黄帝为高祖无关。”（同上书，173页）再如高新华《战国至汉初的黄老思想研究》（北京大学博士学位论文，2010）第三章“黄老思想源流考论”对此说法提出全面质疑，认为陈侯因資敦中出现的“高祖黄帝”一语，其意实为远则祖述、效法黄帝，而非以黄帝为高祖。齐威王“高祖黄帝”的真实用意在于争霸，而《管子》对黄帝的推尊，目的在于引重之以入说而已。（高新华．齐威王“高祖黄帝”再认识//王志民．齐鲁文化研究：第7辑．济南：山东文艺出版社，2008）

② 这里，还有必要说一下明堂，《初学记》卷一三引《三辅黄图》曰：“明堂者，明天道之堂，所以从四时，行月令，宗祀先王，祭五帝，故谓之明堂。”但何清谷校注《三辅黄图校注》（西安：三秦出版社，2006）中并无此句。《尸子》中有“夫黄帝曰合宫，有虞氏曰总章，殷人曰阳馆，周人曰明堂”，李学勤认为，明堂思想重天道四时、天人合一，“至少在先秦时期，人们心目中的黄帝是具明堂思想的”，黄帝“承天行化的特征，正是明堂思想的滥觞”（李学勤．黄帝与河图洛书//古文献丛论．上海：上海远东出版社，1996：233）。

## 二、《老子》中"法天则地"的思想痕迹

在上文中，笔者提到，"法天则地"的观念以及在政治、医疗养生、军事中的具体实践对道家、阴阳家都产生了很大影响。那么，在道家最为重要的著作——《老子》中，是否存在"法天则地"的思想呢?

毫无疑问，"道"是《老子》思想中最为重要的哲学概念，在《老子》之前，已经有"道"这个名词，但把"道"解释为万物发生的总源头、万物存在的总依据，显然始自《老子》。研究《老子》的很多学者，都详细讨论过《老子》的"道"如何超越当时已经存在的各种各样的狭隘之"道"，将其塑造成具有本体性、普遍性、整全性、绝对性的第一哲学概念。学者普遍认为当时已经存在的各种各样的"道"，包括"天道"（或"天地之道"）中，老子的"道"是在取代传统天道观基础上提出的。这种说法似乎始于梁启超，他指出："他（老子）说的'先天地生'，说的'是谓天地根'，说的'象帝之先'，这分明说道的本体，是要超出'天'的观念来。他把古代的'神造说'极力破除，后来子思说'天命之谓性，率性之谓道'，董仲舒说'道之大原出于天'，这都是说颠倒了。老子说的是'天法道'，不说'道法天'，是他见解最高处。"① 可见梁启超认为老子把天和地从至高的地位上拉下来，放在"道"之下，这是老子的"见解最高处"。后世学者沿着这条思路，从哲学的、史学的路线做过许多进一步的论证。例如马德邻《老子形上思想研究》② 的第一章专设一节讨论中国早期哲学"天道"观的失落，指出作为世界本原之"道"这一观念的产生和历史上"天道"观的衰落相伴随。王博《老子思想的史官特色》一书论述更为详尽，他认为老子的"道"是对旧的占星术士所使用的天道的突破和改造，"其具体表现就是在天道观念的基础上提出了道的概念，剔除了传统天道观念中的神意内容，发展出了天道自然的观念，进而在天道和人道之间建立了一种完全不同于占星术的关系"③。"天道在春秋时期是当然的

① 梁启超. 老子哲学//梁启超全集：第十卷. 北京：北京出版社，1999：3113.

② 马德邻. 老子形上思想研究. 上海：学林出版社，2003.

③ 王博. 老子思想的史官特色. 台北：文津出版社，1993：52.

人事活动准则，人们应根据日月星辰等的运行情况来决定如何行事，另外，当时人们在强调应按某种标准去做时，往往说这是‘天之道也’，即符合天道的。”① “因此，老子若要以道来取代天道，确立道作为人事准则的地位。这样，它就必须改变以往把道从属于天的做法，而以道为高于‘天’的东西。老子宣称道‘先天地生’，是‘天地之根’，就是做的这项工作。同时，由于春秋前人们多把上帝和天等同，所以老子也特别指出道‘象帝之先’，在老子看来，是道，而不是天或上帝，才是万物的来源和母亲，这就确立了道相对于万物而言的权威地位，确立了道作为人事准则的合理性。”② 高木智见在其著作《先秦社会与思想——试论中国文化的核心》中专设一章“天道与道”讨论两者的关系，他也是从老子的史官身份出发探讨道如何从天道中转化出来。他指出：“天道是通过观察和归纳天文、自然现象以及人间世界的各种现象总结出来的。毫无疑问，史官关注的是太阳的循环运动、月亮的圆缺、季节的交替，包括人在内的动物以及植物的生死等最根源的现象。”③ “史官从记录和观察历史中总结出来的最大的智慧是‘配天’的处世哲学。”④ “史官所说的‘天道’，指的是世界的根源性力量，即天的法则性。”⑤ 但他又说：“史官所说的天道与老子的‘道’具有同一理论结构，很容易找到其共通点。然而，两者也同样存在着明显区别，《老子》的思想特征绝没有埋没在普通的史官思想中。”⑥ 他还给出了老子把天道相对化，并从中抽象出“道”的具体时间：“令《老子》作者站在传统天道观相对化的立场上的，不是别的，正是从原中国到传统中国的历史巨变本身。我们不能不把提倡‘道’的《老子》思想看作春秋末期的时代产物。”⑦

这些论述均有其合理性，也间接地证明了在《老子》之前，的确存在

---

① 王博．老子思想的史官特色．台北：文津出版社，1993：53．

② 同①54．

③ 高木智见．先秦社会与思想——试论中国文化的核心．何晓毅，译．上海：上海古籍出版社，2011：261．

④ 同③262．

⑤ 同③263．

⑥ 同⑤．

⑦ 同③265．

着一个以天地之道为最高法则来指导人事活动的更为原始的思想传统，如前所述，这一更为原始的以“法天则地”为核心的思想传统，可以黄帝作为典型与代表。因此，虽然黄帝时代不可能有文献记载，后世号称黄帝所著的文献显然是假托的，但无论是从逻辑上讲还是从事实上讲，以黄帝为代表的以“法天则地”为核心的思想传统要早于《老子》的思想体系，是有说服力的。不能因为后世的黄老道家以黄帝的名义发展出新的道家理论，就否定早期高扬“法天则地”的黄帝之言的存在。在此，笔者想从《老子》第二十五章出发，再次论证这个问题。《老子》第二十五章如下所示：

有物混成，先天地生。寂兮寥兮，独立不改，周行而不殆，可以为天下母。吾不知其名，字之曰道，强为之名曰大。大曰逝，逝曰远，远曰反。故道大，天大，地大，王亦大。域中有四大，而王居其一焉。人法地，地法天，天法道，道法自然。

值得注意的是，郭店楚简《老子》甲本也有这一章，而且几乎是完整的（仅少“周行而不殆”一句）：

有状混成，先天地生，寂寥，独立不改，可以为天下母。未知其名，字之曰道，吾强为之名曰大。大曰逝，逝曰远，远曰返。天大，地大，道大，王亦大。国中有四大焉，王居一焉。人法地，地法天，天法道，道法自然。

这一章的宗旨，大致包括这样几个方面：第一，“道”超越一般人心目中具有至高地位的“天地”，先于天地而生，是一切存在的本原。第二，正因为“道”具有超越性，因此“道”不是“物”，所以不可命名、不可描述。第三，“道”具有循环往复、周行不殆的特征。第四，虽然“天”“地”“道”那么伟大，但“王”也不是无足轻重的存在，“王”是“四大”之一，言外之意是，“王”把握了“道”的特殊存在。第五，“道”虽然超越“人”“地”“天”，但道也有其效法的对象，那就是“自然”。

第二十五章在《老子》中具有举足轻重的地位，历来的解释极为复杂，涉及《老子》哲学中一些根本问题，最为关键的是如何解释“道法自然”，如何解释“自然”与“道”的关系，具体而言，这里面涉及“自然”是否可以和“四大”相并列，四个“法”字的属性是否前后统一，“道”“天”“地”“王”

四大在不同版本中的不同序列是否有着特殊含义等问题。虽然本章的目的不在于讨论这些问题，但作为认识的前提，这里有必要表明笔者的基本立场。

在《老子》的思想中，除了“道”之外，“自然”也是极为重要的概念①，道家能够成为具有独特理论体系的学派，也和这两个核心概念有很大的关系，这是没有疑义的。不过，具体而言，在《老子》中，“道”一开始就被视为最高的哲学概念，这毫无疑义，但“自然”在《老子》那里，最初可能只是一个和“无为”相配合的观念，用于表示万物不受任何干扰的存在状态，也就是说，因为道“无为”，所以万物“自然”，由此展开的政治哲学，则可以简单地表述为圣人“无为”→百姓“自然”，“自然”是圣人“无为”的结果，即圣人的无意识、无目的、不干预、不强制必将导致百姓的自发性、主动性、积极性、创造性。这种自发性、主动性、积极性、创造性用一个词来概括，那就是“自然”。最好的例子就是第五十七章所云：“圣人云：我无为而民自化，我好静而民自正，我无事而民自富，我无欲而民自朴。”其因果结构如下所示：

我无为〔原因〕→而民自化〔结果〕

我好静〔原因〕→而民自正〔结果〕

我无事〔原因〕→而民自富〔结果〕

我无欲〔原因〕→而民自朴〔结果〕

但是，在后来道家哲学（尤其在《庄子》那里）发展过程中，“自然”的地位逐渐抬升，成为足以与“道”相媲美的概念，使“自然”成为“道”最为根本的属性。因此，在《老子》这里，笔者赞同把“自然”理解为“自己如此”，这个自己指的是“万物”，“道法自然”指的是“道”以万物的“自然”（万物自我的充分展现）为法则。就“法”字而言，四个“法”字的词性是一致的，都是动词，即前者效法、遵循后者，以后者作为前者的法则。②

---

① 尚无材料证明《老子》之前已经存在“自然”这个概念。

② 对第二十五章的认识，总体上讲，笔者倾向于认同池田知久和王中江的观点。详细可参池田知久．郭店楚簡《老子》の新研究．東京：汲古書院，2011：139-150．王中江．道与事物的自然：老子“道法自然”实义考论．哲学研究，2010（8）．也可参本书第八章“《老子》的幸福观与‘玄德’思想之间的关系”、第十章“《老子》的政治哲学”。

“自然”虽然是“道”所遵循的法则，但并不能和“人”“地”“天”“道”构成并列关系，早有学者指出，这样一来就变成“五大”了。① 因为这不是人所直接效法的对象，而属于“道”的原则或者说“道”所要实现的目标，因此这是两种不同性质的效法。老子只不过利用了这样的语言游戏，既强调了“人”要效法的对象，又突出了“道”要效法的对象，“地”“天”“道”是针对“人”说的，而“自然”是针对“道”说的，两者必须分清。就“人”而言，要想“法道”，并达至“自然”的境界，首先必须经过“法地”和“法天”，不可能一下子跳跃到“法道”的高度。

至于“四大”排位的不同，显然是有目的的，随解释者的不同而产生出特殊的意义，王弼本“道”排第一位，突出的是“道”的作用和地位，而郭店楚简本以及北大汉简本“道”夹在“天”、“地”和“王”中间，作“故天大，地大，道大，王亦大”，则似乎突出的是“王”作为执“道”者的作用和地位。

笔者在此更关注的是如何解释“人法地，地法天”，在《老子》解释史上，这个问题似乎很少有人注意。王弼的解释是：“用智不及无知，而形魄不及精象，精象不及无形，有仪不及无仪，故转相法也。道顺自然，天故资焉。天法于道，地故则焉。地法于天，人故象焉。”这里“形魄”指地，“精象”指天，这些都不及“无形”“无仪”之道，“用智”指的是“人”，“人”不及“无知”之“道”，所以王弼强调的是“人”“地”“天”都要效法“道”，但对“人”为何不可以直接“法天”“法道”，没有明确说明。河上公本的解释是：“人当法地安静和柔，种之得五谷，掘之得甘泉，劳而不怨，有功而不置也。天澹泊不动，施而不求报，生长万物，无所收取。道清静不言，阴行精气，万物自成也。道性自然，无所法也。”② 这一解释把“地”“天”“道”放在平等地位，都是人取法的目标，只不过取法的内容

① “五大”之说似起于唐代李约，他指出：“盖王者法地、天、道之三自然也，学者谬妄相传，皆云‘人法地，地法天，天法道，道法自然’，则域中有五大，非四大矣。”（李约. 道德真经新注. 四部要籍注疏丛刊. 北京：中华书局，1998）但李约把“自然”理解为地、天、道三者的自然，将该句读成“人法地地，法天天，法道道，法自然”。这种读法过于奇特，难以接受。

② 王卡. 老子道德经河上公章句. 北京：中华书局，1993：103.

不同，完全无视为何转相效法的问题。民国初年学者刘咸炘说："人法地者，人生近地，受气于天，成形于地也。若'地法天'以下则有二义，道若专指理，则天施地化，地固承天，天又不过率自然之理，此一义也；若道乃指有理之气，则地统于天，地天皆形，皆出于气，此又一义也。"① 但刘咸炘这些说法依然强调天、地二者对于人的共同作用，对于为何要刻意强调以后者为效法对象，仍然不具说服力。李若晖对"人法地"有如下解释："在老子看来，人之'群'的划分方式是：'人法地'。风俗是每一地风土与人情的最佳融合，也是当地人在其中的最佳生活方式。"② 但他并没有进一步阐明何为"地法天"，所以这只是一个割裂的解释。

笔者认为，《老子》第二十五章的背后显然有"法天则地"的意识，所谓"人法地，地法天"就肯定了"法天则地"的重要性，当然《老子》最终的目的是要强调"道"以及"自然"的重要性。从"人—地—天—道—自然"来看，老子采用了一种非常特殊的、可以称之为线形上升结构的思维模式和语言模式。③

如何理解这种思维模式和语言模式呢？我想有两种可能，第一，不必过分拘泥其线形上升结构，可能这只是老子故意为之的修辞法，人为何只能"法地"不能直接"法天"，"地"为何需要"法天"，可能并无特殊的意义，其实质依然是人以天地为法则，最终以道为法则，道则以自然为法则。可以说王弼、河上公、刘咸炘的解释就有此特色。老子利用这种层层递进的表达方式想要强调的是，人（这个"人"是包括"王"在内的广义的"人"）不仅要效法天地，更要效法道，人法道的最终目标又是为了实现人的自然。因此，效法天地和效法道是实现人之自然的必要前提和必然途径。按照这一理解，"四大"中的"王"和"人法地"中的"人"可以被视为同一主题，"王"只是"人"的尊者或代表而已。

---

① 刘咸炘．诵老私记//黄曙辉．刘咸炘学术论集．桂林：广西师范大学出版社，2007：195．

② 李若晖．"人法地"及其现代意义：新道家发凡．清华大学学报（哲学社会科学版），2014（4）．

③ 《老子》好用层层递进式的表达方式，如第十六章："不知常，妄作凶。知常容，容乃公，公乃王，王乃天，天乃道，道乃久，没身不殆。"

第二，“人法地，地法天”可能是有具体所指的，我们可以找到一些线索，试图加以论证。在马王堆帛书《九主》中有这样一句话：“主法天，佐法地，辅臣法四时，民法万物。”[①] 这里显然也有递进的层级关系，那就是“民—辅臣—佐—主”或者“万物—四时—地—天”，也就是说人间的等级可以与自然的等级相配比，不同的等级要效法不同的对象，从逻辑上讲，这里面也隐含了下一等级必须效法上一等级的意思。这样的话，《老子》第二十五章中的“人”就不可能是“王”，只能相当于“民”和“佐”，他们必须效法“辅臣”（相当于“地”），“辅臣”则必须效法“主”（相当于“天”），《九主》的效法关系到此为止，而《老子》则在此之上进一步延伸出了“道”和“自然”，这正是老子哲学上的进一步发明。《吕氏春秋·圜道》说：“天道圜，地道方，圣王法之，所以立上下。……主执圜，臣处方，方圜不易，其国乃昌。”《吕氏春秋·行论》有：“得天之道者为帝，得地之道者为三公。”这同样说的是法天则地才能获得统治地位并治理天下，也同样把“天地”的上下关系和“君臣”的等级秩序做了对比。类似的说法不胜枚举，因此，在《老子》提出“天法道，道法自然”之前，可能早已有将“人”“地”“天”做纵向排列，并和政治等级关联起来，强调前者服从后者的思路，早已有类似“人法地，地法天”的说法。[②] 要注意的是，几乎所有版本的《老子》，都是“人法地”，而不是“王法地”[③]，可见老子有意识地区分了这两者，“人”不是“四大”之一的那个“王”。虽然在傅奕本中，作“道大，天大，地大，人亦大。域中有四大，而王处其一尊”，但仍然强调的是“王”。只有范应元本作“道大，天大，地大，人亦大。域中有四大，而人居其一焉”，这是个特例。

不管用“主法天，佐法地，辅臣法四时，民法万物”来解释《老子》中的“人法地，地法天”是否合适，就马王堆帛书《九主》的思想主旨而

---

① 在《九主》中，臣下依据地位的不同，又分“佐”和“辅臣”两级。

② 《淮南子·地形》有所谓“天一，地二，人三”，似乎也显示出递进的层级关系。但这里说的是天为阳是一，地为阴是二，人生于天地是三，强调人是天地所生，所以并没有阴必须法阳的意思。

③ 寇才质本作“王法地”，朱谦之认为“‘王’字乃尊君者妄改经文”（朱谦之. 老子校释. 北京：中华书局，1984：103）。

言，“法天则地”无疑是主线，《九主》将天下君主分为九类，只有“法君”是理想的君主，而“法君”正是“法天地之则者”：“法君者，法天地之则者。《志》曰天，曰〔地〕，曰四时，复（覆）生万物。神圣是则，以肥（配）天地。”《九主》提到有部名为《志》的书，其中讲到了天、地、四时的作用，以及万物的发生，“法君”必须以此为法则，使其言行能够与天地相配。值得注意的是，《九主》是伊尹和汤的对话录①，而伊尹和道家有密切关系，《汉书·艺文志》载《伊尹》五十一篇，姚振宗曰：“道家之言，托始黄帝。史言伊尹从汤，言素王之事，盖亦述黄、虞之言为多。此其所以为道家之祖，而老子犹其后起者也。”② 也就是说，《伊尹》讲上古帝王之事，其中有不少黄帝之言③，是道家源头，《老子》形成于其后。因此，老子直接接触过黄帝之言，或者间接通过类似《伊尹》的书籍接触过黄帝之言，是完全可以想象的。在继承并超越黄帝“法天则地”意识时，老子借用了其反映天地人关系的递进式表达方式，也是可以想象的。

不仅在《老子》第二十五章中可以看出老子对于“法天则地”意识的肯定与继承，在《老子》中，还有很多地方可以直接看出老子将“天地”视为效法的对象，例如，第五章云：“天地不仁，以万物为刍狗。圣人不仁，以百姓为刍狗。”第七章云：“天长地久，天地所以能长且久者，以其不自生，故能长生。”第六十八章云：“是谓不争之德，是谓用人之力，是谓配天，古之极。”都是生动的例证。

由于《老子》的“道”超越了“天道”，因此，在《老子》研究中，

---

① 《史记·殷本纪》也有记载：“伊尹处士，汤使人聘迎之，五反然后肯往从汤，言素王及九主之事。”

② 姚振宗. 汉书艺文志条理//二十五史补编：第二册. 上海：开明书店，1936.

③ 有学者将甲骨卜辞中的“黄尹”读为“伊尹”（魏启鹏.《伊尹·九主》笺证//魏启鹏. 马王堆汉墓帛书《黄帝书》笺证. 北京：中华书局，2004），也有学者将甲骨卜辞中的“黄尹”和黄帝联系起来，认为商代有大规模祭祀黄帝的活动［李元星. 殷王所祀黄与黄尹即黄帝考. 新疆教育学院学报，2000（3）］，可备一说。值得一提的是，丁山认为，甲骨文有“黄示”：“‘黄示’的直接解释，就是‘黄神’……周人所谓‘黄帝’，直接蜕变于殷商地神的‘黄示’。”（丁山. 中国古代宗教与神话考. 上海：上海文艺出版社，1988：420-423）所以黄帝就是黄土地神与皇天上帝的综合。苏晓威则认为：“在甲骨文中，矢、黄、寅数字易混，所以‘黄示’与‘黄帝’的关系还难说。同时在商人思想观念里，帝是居于一切之上的主宰者，黄示、黄神或黄帝似乎还没有这样的高度。黄帝的起源或许没有那么早。”（苏晓威. 黄帝形象研究//“百家争鸣新论题”学术研讨会暨第一届中国诸子学论坛论文. 北京师范大学，2014）

“天道”往往被视为低于“道”的下位概念，这虽然有其道理，但也遮蔽了很多值得思考的思想史现象。如第七十七章：“天之道，其犹张弓与。高者抑之，下者举之。有余者损之，不足者补之。天之道，损有余而补不足。人之道则不然，损不足以奉有余。孰能有余以奉天下？唯有道者。是以圣人为而不恃，功成而不处，其不欲见贤。”第八十一章：“天之道，利而不害。圣人之道，为而不争。”类似这两章，《老子》中有不少既讲天道又讲人道的章节，要求人道必须和天道相配合，这和黄帝之言的思路并无二致。《老子》中既有超越天的“道”，又保留了“天之道”，如果说“道”是人事准则，圣人必须执道而行，那么，“天之道”也同样，两者在作用上并无两样。我们必须对此现象做出合理解释。

我们认为，《老子》的“道”的确超越了“天道”，但“法天则地”在《老子》那里也依然具有重要地位，被老子所继承，而不是被舍弃。因此在《老子》中，“法天则地”是活的思想。这是因为《老子》的理论既有思辨上的哲理性，又有认识和操作的可能性。如果“道”只是精神性的存在，只能搁置于玄想的天空，不能从形上落实到形下，不能转化为具体可行并行之有效的手段，那就只会走向虚无而无实际的价值。因此《老子》需要另一种“道”，即作为方法的“道”、作用的“道”，作为处世哲学之依据的“道”，一种可以认识和把握的客观性存在，这在《老子》中往往被称为“天之道”。这种道在哲学上未必是最高层位的概念，但作为现实生活中行之有效、为人熟知、必须遵循的规律、准则、禁忌、律条，在作用上同样具有绝对性和权威性，而且可体悟、可感受、可效法、可实践。因此，在《老子》中有其存在的合理性与必然性。①

我想，《老子》虽然没有提到“黄帝”，但“黄帝”所代表的“法天则地”即从天道到人道的思维模式，其实得到了完整地继承和发挥，当然，《老子》也做出了超越，进一步发展出“道”和“自然”的概念。总之，我们必须同时重视“道”与“天道”这两个侧面，才能完整地领会《老子》的思想。

---

①　以上论述，详参本书第五章“论《老子》的‘天之道’”。此外，值得注意的是，《淮南子》这部著作，既强调道的无上地位，又强调天地法则对于人间的指导意义，因此，此书在前面两卷《原道》和《俶真》之后，接下来就是《天文》和《地形》，这种结构本身也反映出《淮南子》和《老子》一样，既重视“道”，又重视天道。

## 三、余论

行文至此，也可以顺便回答一个非常重要的问题，那就是，“黄帝之言”或者说“黄帝学说”是否只是黄帝名义下杂乱无章的集合体，而没有实质主体，例如，钟宗宪认为：“托名于黄帝的各种学说，都是由黄帝的形象符号所衍生附着的。标榜其历史地位，运用其军政特质，强化其神圣色彩，借以求学术的原初性与正统性。换言之，‘黄帝’此一形象符号仅在于‘托古’之用，很可能大多是被稷下的各家学者所假借而流传下来，无所谓实质的‘学说’可言。如果一定要说有‘黄帝学说’的话，‘黄帝学说’应该就只是稷下各家之学以黄帝为名者的总称罢了。”① 我们觉得，这样的结论是过于绝对了。的确到了战国时代，尤其在稷下学宫中，可能出现了很多假托黄帝的学说和书籍，但这些学说和书籍多属于阴阳家和道家。而如前所言，阴阳家和道家正是在黄帝之言滋养下生长起来的，所以有着思想的传承与关联，并非全是杂凑。“法天则地”正是这些黄帝之言中一条清晰的线索和主旨。由这一主旨生发出来的就是“黄帝天道观”，而由“黄帝天道观”又进一步发展出了天人观、阴阳观、刑德观、天下观、国家观、圣人观、用兵说、养生说、人性论、因循论等复杂的理论。因此，看似杂芜，实则有其前后一贯的核心；看似后起，实则有其由来已久的源头。以“黄帝天道观”为背景，大约在战国时代，人们开始把黄帝构建成理想帝王或者说文化英雄的原型，黄帝身上神话的色彩开始淡化，人君的色彩开始浓厚，成为强调权力秩序的黄老道家的理想君主，和强调人间伦理的儒家的理想君主——尧舜形成对照。②

在笔者看来，流行于战国中晚期的黄老道家思想是以黄帝为代表的学说和以老子为代表的学说之结合体。这种曾经在现实生活中发挥巨大作用的政治理论，由两大部分构成，那就是“老子类型的道论与政论”和“黄帝类型的道论与政论”，也就是说这两种理论都表现为由道论到政论的思

---

① 钟宗宪.“黄帝”形象与“黄帝学说”的窥测——兼以反省《黄帝四经》的若干问题//“新出土文献与先秦思想重建”国际研讨会. 台北：台湾大学，2005：26-27.

② 关于两种天子，杨儒宾曾有论述，参见杨儒宾《“黄帝”与“帝尧”——先秦两种天子的原型》[台湾东亚文明研究学刊，2005，2 (2)]。

想结构，但两者的道论不同，由道论导出的政论也不相同，其原理和作用是互为补充的。① “黄帝类型的道论”基本上是“法天则地”的天道论，这种天道论既具有形象直观的特点，又具备与“道”相同的权威性、绝对性和普遍性。对天道的认识、利用和服从是至高无上的国家信仰，是一切决策的根本前提，对于圣人而言，法天地以尽人事，从天地人贯通的宇宙秩序中提炼出治世的方法、是非的标准，就是首要的政治事务。② 因此，这种道论较之强调万物总根源、总依据的“老子类型道论”，具有更为实际的指导意义。通过“黄帝之言”所传布的知识和技能，所规定的禁忌和律条，天道才能真正落到人事之实处，使之具体化为可遵循的一般原理。黄老思想依赖“黄帝之言”建立起现实而有效的政治权威与可操作体系③，因此这部分内容虽然与老学在原理上密切相关，但有着不同的功能和作用，我们不能过分强调黄老思想与老学之关系而轻视黄帝之言，不弄清黄帝之言的来历、内涵及其作用、价值，是无法真正理解黄老思想的。④ 以“法天则地”为代表的黄帝天道论，在后来形成的黄老道家中具有重要的地位和实际的价值，而不是一条可有可无的虚线。

---

① 曹峰. 近年出土黄老思想文献研究. 北京：中国社会科学出版社，2015：23-36，第一编第一章“出土文献视野下的黄老道家研究”.

② 顺便指出，《黄帝四经·经法》首篇《道法》的首句是“道生法”，以往过多侧重于从《老子》的“道”做出解释，笔者认为应该重新理解，这里的“道”更倾向于“天道”“天地之道”。这一点，余明光、王沛已有所论及，参见余明光：黄学“道生法”的重大意义——读《黄帝四经·经法》//徐炳. 黄帝思想与道、理、法研究（轩辕黄帝研究：第一卷）. 北京：社会科学文献出版社，2013：191-198. 王沛. 黄老法思想初探——以《九主》和《黄帝书》为资料//徐炳. 黄帝思想与道、理、法研究（轩辕黄帝研究：第一卷）. 北京：社会科学文献出版社，2013：191-198，203-214. 此外，“法天则地”的理念，儒家也并不违背，但情况比较复杂。《大戴礼记》宣扬黄帝事迹的《五帝德》及《帝系姓》似乎没有受到当时儒家的广泛重视，但在《月令》等礼仪类文献中，礼仪被明确认为来自天地之规范。在《中庸》《孟子》那里，虽然同样强调从天道到人道，但那个“天”已经是道德意义上的“天”，是用来为人伦的价值合理性提供依据的。在《荀子》那里，自然意义的“天”虽然受到尊重，但和“人”没有直接关系。《易传》则较为特殊，似乎将黄老的思路和思孟的思路结合在一起了。

③ 如司马迁所言，“黄帝之言”也有“不雅驯”之成分，但就发挥政治效用、维护社会秩序而言，“不雅驯”的部分可能同样起到了实际的作用。

④ 葛志毅等指出：“黄老之学绝非如一般所认为的那样，就是由老子学说发展而来，实际上它有着较为复杂的思想来源。”他详细论述了黄帝之言和黄老之学的关系。（《黄老帛书》与黄老之学考辨//葛志毅，张惟明. 先秦两汉的制度与文化. 哈尔滨：黑龙江教育出版社，1998：152-161，第一节“黄老之学与天道阴阳观”）

# 第十章 《老子》的政治哲学

老子是道家创始人，但《史记·老子韩非列传》关于老子的记载却极为简略，只有寥寥五百字，而且涉及三个人物，即李耳、老莱子和周太史儋，这三个人都可以成为“老子”的候选人。孔子生于公元前551年，卒于公元前479年，春秋末期的李耳比孔子大约年长20岁。虽然存在很多争议，但学界一般认为那位出生于楚国苦县厉乡曲仁里，曾经担任“周守藏室之史”的李耳就是《老子》(或称《道德经》)最初文本的撰写人。

作为“周守藏室之史”，老子应该是一位上知天文下知地理，既洞察天道、自然又关注历史、人文的史官。他看惯存亡兴坏、阅尽人间沧桑，可以自由地感悟历史、随意地批判政治，眼界远较普通的人开阔、深远、理性、无情，《老子》一书的思想正符合这些特征。

《老子韩非列传》也简单记录了《老子》一书的来历：“老子修道德，其学以自隐无名为务。居周久之，见周之衰，乃遂去。至关，关令尹喜曰：‘子将隐矣，强为我著书。’于是老子乃著书上下篇，言道德之意五千余言而去，莫知其所终。”就是说，老子目睹周王朝的衰败，失望地离开周都，准备隐居。到了边关时，被负责边关守备的长官“尹喜”强留下来，让他著书立说，于是才有了“五千余言”、分为上下两篇的一本书。

从严格意义上讲，其他文献所见老子(包括老聃、太史儋、老莱子)的学说与《老子》所见思想并不完全一致，因此，必须指出，这里讨论的是作为文献的《老子》的政治哲学，使用的“老子”一词指的是《老子》

一书所反映的老子思想。《老子》的文本极为复杂，出土文献主要有郭店楚简本、马王堆帛书甲乙本、北大汉简本，传世文献主要有严遵本、王弼本、河上公本、傅奕本等。

《老子》的最终成书时代，学界尚无定论。但至迟于战国中期，《老子》文本已经广为流传，这是可以肯定的。例如《韩非子》中有《解老》《喻老》两章，汉初成书的《淮南子·道应》对《老子》的话做了集中的解释。其他文献中也有大量对《老子》的引用。1993年湖北荆门郭店村出土的战国中期的楚简《老子》，虽然总量只有今本的三分之一，但除了字词或语句次序有所不同外，内容上与今本并无显著差异。1973年从湖南长沙马王堆汉墓中出土的帛书《老子》甲乙本，分为上下两篇，上篇自称为“德”，下篇自称为“道”，虽然上下篇次序与今本相反，而且用词上和今本也有所不同，但总的来讲，马王堆帛书《老子》和今本一样，都是上下篇结构，每篇的内容也大致相同。北京大学收藏的西汉中期的竹简《老子》自称《老子上下经》，和马王堆帛书一样，上篇为“德”，下篇为“道”，但在内容上更接近今本。因此，可以相信，至少到战国晚期，《老子》已经被当作经典看待，尤其西汉初年掌权的窦太后命令统治阶层研习《老子》，以黄老思想治国。可见，《老子》被作为一种政治思想曾经被广为传播、研习、发扬，并运用到政治实践中。历代的注释、研究对老子政治思想多有发挥，例如东汉严遵本《老子》，三国王弼本《老子》，北宋苏辙《道德真经注》，明王夫之《老子衍》，清魏源《老子本义》，今人卢育三《老子释义》、古棣和周英《老子通》、陈鼓应《老子注译及评介》、王博《老子思想的史官特色》、刘笑敢《老子古今》、池田知久《老子》等，都从政治哲学的角度予以深入考察，值得参考。①

《老子》有丰富而深刻的政治思想和治国理念，酣畅淋漓的政治批判，如“民不畏死，奈何以死惧之”（第七十四章）；有关于理想国的政治设计，如“小国寡民。……邻国相望，鸡犬之声相闻，民至老死不相往来”

① 卢育三．老子释义．天津：天津古籍出版社，1987；古棣，周英．老子通．长春：吉林人民出版社，1991；陈鼓应．老子注译及评介．北京：中华书局，1984；王博．老子思想的史官特色．台北：文津出版社，1993；刘笑敢．老子古今．北京：中国社会科学出版社，2006；池田知久．老子．馬王堆出土文献訳注叢書．東京：東方書店，2006．

(第八十章);有关于政治运作方式的考量,如“治大国若烹小鲜”(第六十章);有关于最佳政治谋略的设计,如“将欲歙之,必固张之;将欲弱之,必固强之;将欲废之,必固兴之;将欲夺之,必固与之”(第三十六章)。这些早已脍炙人口,渗透到了中国古代政治文化的骨髓之中。或许有人认为,这些表述最多只能归为零散的智慧,而不能视为哲学。而我们认为,《老子》中那些丰富的政治思想背后有着明确而清晰的哲学思想,其原因有四。首先,从《老子》文本自身来看,老子的语言虽然极为特殊,如诗如歌,正言反说,表述散乱而不集中,但形散神聚,并不影响老子用这种特殊的语言去建立一个事实上完整的哲学系统,而老子的政治思想正是其哲学系统必然的反映或者说延伸。当然,中国古代没有西方意义上的纯粹哲学,无益于治的、不能应用于现实的理论难以生存。因此,在某种意义上也可以说老子的哲学系统是通过他的政治思想反映出来的。其次,较之其他诸子文献,《老子》的时代特征可以说最为薄弱,《老子》中没有出现具体的人名和地名,也没有出现朝代名称,这一点和《论语》等文献完全不同,因此,《老子》的作者就是要刻意建立一种超越时空,具有创造性、普遍性和绝对性的理论来,从整体上观照宇宙的规律、人类的命运,导出根本的法则,而这些正是哲学的特征之一。再次,在历史上,的确有思想家、政治家依赖老子的政治哲学建立起一整套具有实际效能的政治纲领,那就是黄老思想。其代表作是出土文献马王堆汉墓帛书《黄帝四经》,以及传世文献《韩非子》四篇(《主道》《扬权》《解老》《喻老》)和《文子》、《淮南子》。最后,老子的政治哲学不仅在历史上影响巨大,今天仍然在多方面影响着我们的政治生活,例如从“无为”到“无不为”的目标设定,“为之于未有,治之于未乱”(第六十四章)的特殊智慧,“利而不害,为而不争”(第八十一章)的双赢模式,“报怨以德”的宽容胸怀,体现出老子具有超凡脱俗、别具一格的思维方式,这些至今依然是管理者所孜孜以求的高尚境界,具有强大的生命力。这种经久不衰的思想魅力,如果没有强大的哲学基础,显然是不可思议的。

## 一、《老子》对社会矛盾的揭露与批判

和孔子、墨子一样,老子的理论是直面现实的,因此老子的政治哲学

从批判出发，并最终致力于解决社会危机。从《老子》所见强烈的社会批判来看，在老子生活的时代，社会矛盾显然已十分激化，上下的对立到了难以调和的地步，政治统治面临崩溃的边缘。老子对此忧心忡忡，以大量的篇幅揭露这些社会矛盾。老子激烈的社会批判主要表现在三个方面，在政治上，他抨击现实中种种残忍的统治；在道德上，他揭露精神的虚伪和文化的沦落；在人性上，他批判物欲的放纵和天性的泯灭。

从政治上看，老子认为统治者的穷奢极欲，无情地把人民推向了水深火热的境地。例如：

朝甚除，田甚芜，仓甚虚。服文彩，带利剑，厌饮食，财货有余。是谓盗夸，非道也哉。(第五十三章)

民之饥，以其上食税之多，是以饥。民之难治，以其上之有为，是以难治。民之轻死，以其上求生之厚，是以轻死。夫唯无以生为者，贤于贵生。(第七十五章)

这是说，朝政败坏，田地荒芜，仓库空虚。统治者却仍然穿着华丽的服饰，饱餐精美的食物，占有太多的财富。统治者的所作所为就像强盗头子，这是多么无道的一个世界！民众之所以吃不饱饭，是因为统治者征收的赋税太多。民众之所以难以治理，是因为统治者太喜欢有所作为，激起了民怨民愤。这是痛斥统治者用貌似正义的、神圣的目标牺牲人民的利益。民众之所以不把死当回事，是因为统治者的养生条件过于优越，压迫民众太甚所致。老子是注重养生的人，但如果统治者为了满足个人养生的要求，为所欲为，激起人民以死抗争时，老子宁可放弃养生，所以他说“无以生为者，贤于贵生”，即不注重养生的人，要胜过那些过于养生的人。老子大声痛斥那些所谓的“圣”与“贤”以及他们的智慧，因为正是这些圣贤破坏了人们的生活、剥夺了人们的自由。因此，他要“不尚贤”(第三章)，要“绝圣弃智”(第十九章)。

老子生活的年代战争频仍，诸侯们征伐不断，不惜以成千上万的躯体丈量新兼并的土地。在各种残害社会、涂炭生灵的破坏行为中，老子对战争最为厌恶，抨击也最为激烈。他对战争的惨烈和危害有各种形象的描述，如：“天下无道，戎马生于郊。”（第四十六章）“师之所处，荆棘生焉。大军之后，必有凶年。”（第三十章）无道之世，战马产驹于郊野，言外之意是，连怀驹的母马也拉来当战马了。军队经过的地方，人民生产、生活会遭到巨大破坏。战争过后，必有荒年。

老子在道德和文化层面上的批判也痛快淋漓。这种批判，有很多是针对儒家而发的，儒家以为有正面价值、有建设意义而努力创设、竭力鼓吹的东西，在老子看来却如鲁迅笔下九斤老太说的那样——一代不如一代。儒家和道家都认为上古是最为理想的时代，一切的努力，都是为了要回到古代去。儒家通过不断地创制各种文明规范来帮助人们走向古代，但在老子眼中，整个人类文明进化史其实是一部道德倒退史，如：“大道废，有仁义；慧智出，有大伪；六亲不和，有孝慈；国家昏乱，有忠臣。”（第十八章）“大道”被废弃之后，才出现了“仁义”这种人类的道德理念。人类的智巧出现之后，才产生了严重的伪诈。因为有六亲不和的现象出现，才产生了“孝慈”这种人类的价值标准。因为国家陷入混乱，才出现了所谓的“忠臣”，如：“失道而后德，失德而后仁，失仁而后义，失义而后礼。夫礼者，忠信之薄，而乱之首。”（第三十八章）“道”丧失之后才出现“德”，“德”丧失之后才出现“仁”，“仁”丧失之后才出现“义”，“义”丧失之后才出现“礼”。“礼”这种东西是“忠信”薄弱到极点的产物，是大乱的祸首。

因此，老子主张：“绝圣弃智，民利百倍。绝仁弃义，民复孝慈。绝巧弃利，盗贼无有。”（第十九章）不要聪明，抛弃智巧，人民可以得到百倍好处。放弃“仁义”这些道德价值标准，人民就可以恢复孝慈的天性。杜绝精巧之物和货利，盗贼就会消失。在老子看来，“仁义”“圣智”“孝慈”“忠臣”不是文明进步的产物，而是文明退步的结果，就像一个重症病人，虽然不得不大把大把地吃各种各样的药，却越来越不起作用。用“仁义”“慧智”“孝慈”“忠臣”来拯救人类，不仅不会回到本真本善的社会，只会造成更大的混乱。只有放弃“仁义”“圣智”这些所谓的道德，根绝各种巧利之心、巧利之作，人类才会得到真正的拯救。

老子同时深刻地认识到，和道德规范一样，制度规范越详细、越严格，离人们设置这些规范的初衷也就越远，人反而成为制度的受害者。人类的文明成果不但没有帮助人类走向亲近、和谐，反而使人类社会变得更为混乱不堪，这就是所谓："天下多忌讳，而民弥贫。……法令滋彰，盗贼多有。"（第五十七章）统治者设定的禁令愈多，百姓愈贫困；法令越发达，触犯法律的人反而越多。这些话可以说是至理名言，在今天看来也完全没有过时。

以上种种政治上和道德上的问题，归根结底是人性问题。老子对人性的批判同样激烈而无情，这种批判主要指向人类无穷无尽的欲望。老子不否认食色这些天性，但在他看来，人尤其是统治者，一旦获得超过基本生存的条件时，会以各种各样的方式满足各种各样的欲望，乃至做出"令人心发狂""令人行妨"（第十二章）的事情。当统治者利用权力、资源乃至智巧，去填充欲壑，"损不足以奉有余"（第七十七章）时，更是会激化社会矛盾，所以老子说，"祸莫大于不知足，咎莫大于欲得"（第四十六章），希望人能将欲望控制在合理的范围之内；"人多伎巧，奇物滋起"（第五十七章），反对各种导致物欲放纵和天性泯灭的奇巧之物；"人之生，动之死地亦十有三。夫何故？以其生生之厚"（第五十章），之所以有那么多人会陷于死地，就是因为他们过于追求美好生活，追求厚自奉养。

可见，老子所处时代社会矛盾日益复杂、日趋激烈。在老子看来，社会矛盾主要体现为统治者和民众之间的矛盾，矛盾主要是由于统治者过分的贪欲和过度的"有为"而产生。因此，老子主张屈君伸民，即通过统治者的克制和让步，来换取民众的生机和活力。例如陈霞指出："在君民之间，道家主张屈君、限君、虚君，甚至主张'无君'，更关注人的个体价值、个体自由、个体生命的境遇。所以他有制约君权，主张其少为的倾向，而对民则有所伸张。"① 但除了法家之外，包括儒家在内的先秦时期大部分学派都主张屈君伸民。老子的屈君伸民与各家不同之处在于他的解决方案关联着宏大的思维和独特的理念。在猛烈的社会批判基础之上，老子开出了他的救世之方，那就是"无为"。"无为"绝非什么也不做，如"为无为，事无事，味无味"（第六十三章）所示，"无为"正是"为"的对象或结果。"无为"不同于当时社会上其他学派所提倡的"有为"，是一

---

① 陈霞．论老子屈君伸民的政治思想．哲学研究，2014（2）．

种特殊的"为"。在老子看来，儒、墨等学派所普遍提倡的"有为"，并不是根本性的"为"，而是用一种有限的"为"去解决另一种有限的"为"，属于治标不治本，无法从根本上解决问题；或者说越"有为"，矛盾越深化，当这些治世之药已经没有什么疗效时，不如放弃不用。如果说儒、墨等学派是在做加法，老子要做的是减法，只有走向"有为"的反面——"无为"，才是彻底的解决之道。因此，老子有其明确的政治目标，那就是"无为而无不为"（第三十七章、四十八章。类似的表述在《老子》中极为多见，"无为而无不为"是其中最为典型的说法）。"无为"的目的在于以最小的成本，最大限度地解决社会矛盾。

那么，为什么必须"无为"，又该怎样"无为"，这背后有一套深刻而复杂的哲学原理。如果我们使用一个最为简单的框架去说明这套深刻而复杂的原理，那莫过于"道物论"。

## 二、"道物论"是《老子》政治哲学的基础

在老子看来，包括宇宙万物在内的世界可以划分为两个部分，即形而上的"道"和形而下的"物"。[①]"道"具有不同于万物的根本性特征，这些特征使"道"成为万物存在与运动的总根源、总依据、总动力，使"道"成为绝对的原理和永恒的存在，如："道生一，一生二，二生三，三生万物。"（第四十二章）"天下万物生于有，有生于无。"（第四十二章）"夫物芸芸，各复归其根。"（第十六章）从生成论的意义上讲，"道"既是万物产生的起点，又是万物复归的终点。第二十五章有"有物混成，先天地生。寂兮寥兮，独立不改，周行而不殆，可以为天下母"，这是说，"道"这种东西，在天地出现以前就已经存在，而且还会永远存在下去；万物借助"道"才能生成，但"道"却是"独立不改"的。所谓"独立不改"，借助其他道家人物的话讲，就是"物物者不物"，即"道"是使"物"成为"物"的那种东西，但其自身却不是"物"。类似的表述在《老

---

① 需要指出的是，"形而上""形而下"的说法虽然见于《易传·系辞》，但是老子用"无名""有名"来区分"道"与"物"，这和"形而上""形而下"的世界图景完全相通，因此可以挪用到对《老子》的分析上。

子》中还有很多，如："无名，天地之始。"（第一章）"道之为物，惟恍惟惚。惚兮恍兮，其中有象。恍兮惚兮，其中有物。窈兮冥兮，其中有精。其精甚真，其中有信。自古及今，其名不去，以阅众甫。吾何以知众甫之状哉，以此。"（第二十一章）即"道"这种东西，无名无形，恍恍惚惚，深远暗昧，似有似无，难以把握。但其中蕴藏着"精"，也就是本质性的、关键性的东西。这种本质性的、关键性的东西是最为真实和可信的。自古及今，"道"的名字永远不会抹去，我们必须通过"道"来观察、认识万物之始。因此，"道"的精微深远、幽隐玄妙，正是"道"区别于"物"的特征，如果我们能够通过感官感知、通过知识把握、通过器物测量计算，那它就不具备超越性和绝对性了。然而，万物来自"道"，要想真正认识万物，还是必须首先认识"道"。我们可以用下面的图示来模拟和概括老子的道物二分理论。

道

形而上、本体

独立、绝对、整体、永恒、无限、无待、无名、无形、无为

不可感知、不可描述、不可认识、不可把握

---

物（万物）

形而下、现象

有待、有限、局部、个别、有名、有形

可感知、可描述、可认识、可把握

由此，世界被老子区分为形而上的和形而下的、本体的和现象的①两个部分，本体世界是独立的、绝对的、永恒的、无限的，不依赖于现象世界的存在；相反，现象世界则是有待的、有限的，依赖于本体世界才能得以产生、存在和运行。这种观念，通过以下这段话也得到明确的表达和印证："天得一以清，地得一以宁，神得一以灵，谷得一以盈，万物得一以

① 虽然"本体"和"现象"是后世的概念，来自魏晋玄学和佛学，但是用来描述老子的道物二分理论也十分贴切。需要指出的是，"本体"和"现象"完全是本土的概念，如果说因为使用了这两个词汇，就是在生吞活剥西方哲学概念，那真是本末倒置了。

生，侯王得一以为天下贞。其致之，天无以清将恐裂，地无以宁将恐发，神无以灵将恐歇，谷无以盈将恐竭，万物无以生将恐灭，侯王无以贵高将恐蹶。”（第三十九章）。这里，用一种极为夸张的语言描述道，如果得“一”（亦即得“道”），天就能清明，地就能稳定，神因而有灵，河流因而丰盈，万物因而生育，侯王因而成为天下首领；相反，如果不能够得“道”，那么，天将会崩裂，地将会震动，神将会绝灭，河流将会枯竭，万物将会灭绝，侯王将无法保持首领的地位。天地、神灵、河流、万物、侯王，对人类而言，几乎都是最为重要的存在，而“道”则超越这些存在，成为这些存在的发动者和引领者，老子以明确的口吻表示，顺“道”者昌，逆“道”者亡。

相对于“道”，“物”是有名的、有形的、有待的、有限的、可以感知的、可以认识的、可以计量的、可以把握的存在，如：“天下皆知美之为美，斯恶已；皆知善之为善，斯不善已。故有无相生，难易想成，长短相形，高下相倾，音声相和，前后相随。”（第二章）物的世界由美与丑、善与恶、光与影、有与无、难与易、长与短、上与下、强与弱等相互对立、相互依赖的因素构成。人虽然是万物之精灵，但同样是道所生万物之一，因此也就不可能不受到“物”所持有之性质的局限，只能生活在特定的时空，处于特定的位置，秉持特定的立场，带有特定的好恶。因此，必然造成自以为是、相互排斥的狭隘视野。

因此，“道”与“物”之间的关系，事实上是一种主宰与被主宰、本与末、一与多、统一与分散、整体与个体的关系。“道”是使所有“万物”存在、运动、变化的主宰者，“万物”则仅是因“道”而得以存在、得以运动、得以变化的被主宰者。“道”是超越了时空、超越了人类各种价值的伟大存在，而“万物”不过是跼蹐于某个时空之下，抓住某种价值不放的卑小的存在者。这样。老子就通过他的“道物论”思想架构，有效地在“道”和“万物”之间造就了巨大的对立和严重的紧张。

这样一种哲学理论，看上去只不过是一种关于宇宙万物的认识，和政治无关，其实，只要将这种世界框架平移到政治领域，很容易就能构建出一种政治框架，发挥出巨大的政治力量。因此，只要老子的“道物论”讲清楚，其政治哲学的所有方面也就一通百通了。①

首先，社会之所以会出现问题，而且积重难返，关键在于道的衰降、人的异化，如："失道而后德，失德而后仁，失仁而后义，失义而后礼。夫礼者，忠信之薄，而乱之首。前识者，道之华，而愚之始。"（第三十八章）"仁""义""礼"这些站在人的立场创造出来的"前识"，只是表面的、做作的、华而不实的、有意为之的东西，不过是"道"之皮毛，是愚昧的体现，是对自然、率真之天性的戕害，使人变得越来越走向工具化、手段化，成为礼法、制度等外在规范的奴隶，因此文明的进展等同于异化的加深。老子的哲学是反异化的哲学，解决的方式是"惟道是从"（第二十一章）的"孔德"之人带领人们回到至德之世。

因此，政治的问题或者说社会危机的解决，其实极为简单。之所以儒、墨等各家的理论都治标不治本，是因为他们都还处在"物"的层面，只能被矛盾牵住鼻子，只能看到问题的某一个方面，只能提供暂时的、有限的解决方案，只能相互攻击否定，不可能产生基于道而形成的大视野、大胸怀。而把握住了"道"，就等于把握住了事物的根本，把握住了运行的规律，就可以天然、必然地成为万物的主宰。

其次，如果将这样一种哲学理论平移到政治领域，像《韩非子》那样，做出充分的发挥，就可以为一君万民式的中央集权政治体制提供理论基础。也就是说，"道"和"万物"之间的关系，很容易转化为圣人与百姓之间的关系，圣人是道的执行者、代言人，而芸芸众生只是万物的一个部分。能够体道、悟道、执道的圣人天然地成为帝王，利用从道那里获得的超越性、绝对性、权威性，利用"道"和"万物"之间一与多、本与末的对立关系，天然地与万民之间构成统治与被统治的关系。换言之，"得道"者以所获"道"的万能之力为基础，实现"取天下"（第二十九章）的目标，成为"天下正"（第四十五章）、"天下贵"（第五十六章），从而登上帝王、天子的地位，而天下臣民则必须无条件地接受其支配，从而形

① 陈鼓应. 论道与物关系问题——中国哲学史上的一条主线：上、下. 哲学动态，2005 (7) (8)；池田知久. 道家思想的新研究——以《庄子》为中心. 王启发，曹峰，译，郑州：中州古籍出版社，2009：207-261，第六章"'道'的形而上学"第一节"两个世界的理论——'道'和'万物'".

成一种稳定的政治结构，结合后面所要谈到的圣人“无为”与百姓“自然”，我们可以将此称为“宽松的君主专制主义”。当然《老子》中还没有“执道者”这样一个名称，所谓“以道佐人主者”（第三十章），“以道莅天下”（第六十章），更多带有按规律行事的意思。但是，这样一种框架和思路最终走向高度的君主专制主义是必然的事情。到了黄老道家那里，“执道者”站在“道”的立场，按照“道”的规律，对天下万民实施自上而下的严密统治，发展出了一套极为成熟的政治理论。①

最后，既然道是无名无形的，那么，体道、悟道、执道的圣人的政治行为也就必然是无为的。在老子哲学中，“无”既是“道”的本体性特征之一，又是“道”功能性特征之一。如“有生于无”（第四十章）所示，只有“无”才能生“有”，“有”是无法生“有”的②，因此，“无为”才是真正的“为”，“无用”才是真正的“用”。这一点老子用“三十辐共一毂，当其无，有车之用。埏埴以为器，当其无，有器之用。凿户牖以为室，当其无，有室之用。有之以为利，无之以为用”（第十一章）做了形象的比喻。正因为有虚空的存在，车轮、器皿、房屋才能发挥作用。老子还用山谷、大海、风箱乃至雌性生殖器官来形容“道”的作用，因为这些存在都具有空虚、不盈的特征，空虚、不盈具备无限的、神妙的、创造性的功能。“有”之所以能够成为“有”，是因为“无”提供了时间和空间，创造了“有”活动的天地。“有”导致有限、既定、既成、现实、规范、堵塞、窒息，而“无”则没有被种种既定的、现实的东西塞满和限定，代表了未来和希望，“无”永远是灵动的、谦虚的，可以接受各种各样的可能性。就像一个房子，如果里面已经装满东西，那它就无法再接受其他物体，只有当它重新腾出空间，才能发挥新的作用。人类文明也一样，已经形成的制度、规范、价值、框架，必然会导致一元，以及强制、扼杀新的创造和可能。从这样一种理论出发，必然导出下面这个极为重要的政治哲学命题——圣人的“无为”与百姓的“自然”。

---

① 汉以后的儒家通过消化吸收黄老道家政治理论，最终在骨子里完全接受了这套架构。

② 《老子》中的确有“有无相生”（第二章）的说法，但那和美丑、善恶、前后、上下一样，指的是“物”必然由彼此对立、相反相成的因素构成。

## 三、圣人的“无为”与百姓的“自然”

在老子看来，政治的最大问题，不在于消除所有的矛盾，而在于将矛盾降到最低点；不在于给予百姓所需要的一切，而在于给予百姓自由伸展的足够空间。要做到这一点，最重要的出发点就是圣人的“无为”，在《老子》中，圣人的“无为”必然导致百姓的“自然”。在《庄子》等后期的道家文献中，“自然”被提升为一个重要的哲学概念，表示天地万物存在运行的根本法则是自然而然的。但在《老子》那里，“自然”主要指的是圣人“无为”的结果，即圣人的无意识、无目的、不干预、不强制，必将导致百姓的自发性、主动性、积极性、创造性。这种自发性、主动性、积极性、创造性用一个词来概括，那就是“自然”。第二十五章有“人法地，地法天，天法道，道法自然”。在《老子》中，毋庸置疑，“道”是最高的哲学概念，因此我们不能因为“道法自然”这样一种语言结构，就说“自然”是高于“道”的。这里，老子以一种特殊的表达方式强调了圣人所效法的“地”“天”“道”其终极的目标正是在于达成万物的“自然”。① 此外，第五十一章有“道之尊，德之贵，夫莫之命而常自然”，是说“道”之所以受尊崇，“德”之所以被珍贵，就是因为“道”“德”从不干涉万物而顺应万物的自然。这和第二十五章的“道法自然”异曲同工，同样是圣人所要效仿的姿态。如下所示，在《老子》中，圣人“无为”与百姓“自然”的对应非常多见，几乎都是原因和结果的关系。

(圣人) 悠兮其贵言〔原因〕→功成事遂，百姓皆谓我自然〔结果〕(第十七章)

这是说，最好的统治者悠然自得，很少发出政令。其结果是即便取得了成功，百姓也都说这是他们自己做到的。

(圣人)“希言”〔原因〕→“自然”〔结果〕(第二十三章)

---

① 卢育三．老子释义．天津：天津古籍出版社，1987：129．池田知久．道家思想的新研究——以《庄子》为中心．王启发，曹峰，译，郑州：中州古籍出版社，2009：547－561．王中江．道与事物的自然：老子“道法自然”实义考论．哲学研究．2010，(10)．王博．权力的自我节制：对老子哲学的一种解读．哲学研究．2010 (8)．

这是说如果统治者少说话、不说话，少发政令，则百姓能够获得自我发展的空间。①

> 是以圣人欲不欲，不贵难得之货。学不学，复众人之所过〔原因〕→以辅万物之自然，而不敢为〔结果〕（第六十四章）

圣人通过克制欲望和放弃“有为”之学等自我约束和自我限定，来补救众人的过失，其结果是辅助促成万物的自然发展，而自己不敢妄为。

如果我们不限于“自然”这个词汇，而把目光转向其他的“自〇”或类似的表达，那么，可以发现这种因果关系在《老子》中屡见不鲜。如五十七章说：“圣人云：我无为而民自化，我好静而民自正，我无事而民自富，我无欲而民自朴。”其因果结构如下所示：

我无为〔原因〕→而民自化〔结果〕
我好静〔原因〕→而民自正〔结果〕
我无事〔原因〕→而民自富〔结果〕
我无欲〔原因〕→而民自朴〔结果〕

这是说，统治者无为则百姓自我化育，统治者好静则百姓自我端正，统治者不造事生非则百姓自我富足，统治者没有贪欲则百姓自然淳朴。这里的“好静”“无事”“无欲”就是“无为”，而“自化”“自正”“自富”“自朴”就是“自然”。即通过统治者向民众做出退让，为深受压迫的民众减压卸负，通过减少统治者的有为，让人民获得喘息之机，赢得民心，挽救岌岌可危的政治局面。第三十七章有“道常无为而无不为，侯王若能守之，万物将自化。……不欲以静，天下将自定”，所表达的思想是，假如“侯王”能够守住“无为”之道，以此为原因，就能使“万物”自我化育。假如“侯王”能够消除欲望，归于宁静，那么天下的人都将自发安定。类似的结构又见第三十二章“道常无名。朴虽小，天下莫能臣也。侯王若能守之，万物将自宾。天地相合，以降甘露。民莫之令而自均”，这是说，假如“侯王”能够守住“无名”之道，以此为原因，那“万物”就自愿

---

① 第十七章和第二十三章有很多相似之处，因此，可以确认，第二十三章的“希言”就是第十七章的“悠兮其贵言”，第二十三章的“自然”就是第十七章的“百姓皆谓我自然”。

“宾”从，即便“侯王”不下任何命令，他们也会自愿地被均一化。

其实，第二章的“是以圣人处无为之事，行不言之教。万物作焉而不辞，生而不有，为而不恃，功成而弗居”，看上去是在讲“功成而弗居”的“玄德”，但实际上也暗含着圣人“无为”→百姓“自然”的逻辑。可以图示为：

圣人处无为之事，行不言之教〔原因〕→万物作……，为……，功成……〔结果〕

总之，“无为”的结果是让百姓在精神上、政治上获得最大的自由，“自然”在这里可以等同为“自由”。

因此，政治的最大成功，不是直接给予百姓什么，而是帮助百姓自己成功建业，而一个个百姓的成功最终会归结为某个圣人的成功。老子心目中的圣人，不是那种劳心焦神、鞠躬尽瘁，通过各种强制的手段将百姓引上某条“正路”的人，而只是一个辅助者、一个引导者、一个保姆，圣人所起的作用只是帮助百姓打开枷锁、放开手脚，极大地激发起百姓的主动性和创造性，让他们做自己的主人，自觉、自愿、自发、自动地去建功立业，让百姓陶醉在自己的成功中，却并不认为自己的成功和圣人有什么关系，从而使统治者的影响力降到最低。但实际上，这一切都是“无为而治”的结果，所以“自然”不是放任的产物，而是“无为而治”下的理想状态。①

《老子》虽然只有五千多言，但对于需要突出的地方，老子从不吝啬词汇，反复加以强调。第五十一章“生而不有，为而不恃，长而不宰”的“玄德”，亦见于第二章的“万物作焉而不辞，生而不有，为而不恃，功成而弗居”，第十章的“生之畜之，生而不有，为而不恃，长而不宰，是谓玄德”，类似的话还见于第三十四章的“万物恃之而生而不辞，功成不名有，衣养万物而不为主……万物归焉而不为主”，第七十七章的“圣人为而不恃，功成而不处”。就是说，道虽然是万物的生者、养者，但却从来

---

① 池田知久．道家思想的新研究——以《庄子》为中心．王启发，曹峰，译．郑州：中州古籍出版社，2009：527-598，第十二章“圣人的‘无为’和万物的‘自然’”．刘笑敢．老子古今：上卷．北京：中国社会科学出版社，2006：509-510，第51章之“51.5 道之自然与人文自然”．

不以主宰者自居，也从来不将万物的功劳据为己有。依道而行的圣人也一样，就是要刻意留出更大的、不可穷尽的空间，听任万物各遂其性，自然而然地、充满活力地生存发展下去。老子将这种和“有生于无”之哲学相对应的行为方式称为“玄德”，亦即最为玄妙的“德”，因为只有这种德才能最终达到“无为而无不为”的境界。正是百姓的“自然”，构成了“圣人”之“无不为”的实际内容，就是说，圣人的“无为”实际上是通过百姓的“自然”才得以实现的。

## 四、多元共生与公平公正

如果简单概括上述圣人“无为”→百姓“自然”的政治哲学，那就是，为了让百姓有自由作为、充分作为的空间，以圣人为代表的统治者通过“无事”“虚静”“不言”等行为，使人感觉他们在政治上几乎不起任何作用，不发挥任何影响，极端而言，几乎等同于没有这个支配者。“太上，下知有之。其次，亲而誉之。其次，畏之。其次，侮之”（第十七章）就是生动的写照，最好的统治者，百姓仅仅知道他的存在而已。然而，这种政治哲学必然会导致一种结果，那就是过度的自然。用今天的政治术语来表达，那就是民主主义和无政府主义的泛滥。对此，老子并非没有警觉。第三十七章虽然说“道常无为而无不为，侯王若能守之，万物将自化”，显示出圣人“无为”→百姓“自然”的思想结构，但是紧随其后还有“化而欲作，吾将镇之以无名之朴。无名之朴，夫亦将无欲”。就是说，《老子》预想到了百姓的“自化”再往前走的危险性，即自主的、自发的、随心所欲的各种活动，必然会引发“欲作”，即为所欲为的事情发生。这种场合下，对于“侯王”而言就产生了加以抑制（“镇”）的必要，镇压的方法是使用“无名之朴”，即努力使人回归于“道”的虚静素朴。可见，对于“万物”的“自然”，老子并非无条件地予以肯定、认可，而是在加以抑制之后，将其纳入“侯王”可以控制的范围之内。

老子认识到，随着人欲的滋长，种种不良品行也会随之而生，如追求感官的刺激、追求智巧的竞争、好走极端、言行过分、浮夸急躁等，所以老子提出“去甚，去奢，去泰”（第二十九章），不追求声色的满足，崇尚“复归于婴儿”“复归于无极”“复归于朴”的“常德”（第二十八章），希望恢复到人类天生所具有的，或者说“道”所赋予的本然的、纯粹的性状，摆脱人为的污染，如山谷、沟溪、赤子一般，具有超越性和本真性。作为相应的修养功夫，老子提出“常无欲”（第一章、三十四章）、“致虚极，守静笃”（第十六章），使人进入虚静，排除杂念；“见素抱朴，少私寡欲”（第十九章），体现出单纯和朴素，减少私心，降低欲望。这些看上去是为统治者设计的修身工夫，但从“化而欲作，吾将镇之以无名之朴。无名之朴，夫亦将无欲”来看，这同样适用于普通的人。从“镇之”这一强制性手段看，老子甚至强调不惜以政治的强迫，来达到必要的效果。这种强制，通过“圣人之治，虚其心，实其腹，弱其志，强其骨。常使民无知无欲，使夫智者不敢为也”（第三章），“为腹不为目”（第十二章），“小国寡民。使有什伯之器而不用，使民重死而不远徙”（第八十章），可以得到具体的展现。那就是：使百姓头脑简单，只满足其口腹；使百姓志气削弱，只强壮其身体。使玩弄智巧、聪明的人，不敢妄为。把大国当小国来治理，即使有先进的机械也不用。使百姓怕死，不冒险，不远离家乡。

可见，《老子》实际上并非对自己所倡导的“自然”思想无条件地加以礼赞。在《老子》政治哲学中有两条基本的思路，一条是基于道物论的一君万民式政治思想，用今天的政治学语言表示，这条路线可以导致中央集权的君主专制主义；一条是基于圣人“无为”的百姓“自然”，用今天的政治学语言表示，这条路线可以导致“民主主义”和“无政府主义”。这两者看上去是矛盾的，但老子力图在这两者之间保持平衡、形成统一，在总体上维护君权的前提下，给予百姓的自主性与自发性以最大的空间。因此，在总体上，我们可以把《老子》政治哲学称为“宽松的君主专制主义”。

如前所述，道不同于物，有物就有分别、对立、是非、善恶、成败，而道超越于彼此对立的万物之上，表现为统一与整体。因此，对道而言，万物必然呈现为多元共生、矛盾交织的共同体。对万物而言，道一视同仁的立场既是绝情又是大爱：“天地不仁，以万物为刍狗”（第五章），天道任万物自存自毁；“天道无亲”（第七十九章），天道没有偏爱，无分亲疏。这表现为绝情，因为任何的仁爱都会有偏私。但“道”让每一种“物”都有生存的空间，让万物自己救自己。因此，在冷峻的外表下，其实内含着对万物的大爱之心。

圣人的政治立场与之相应："圣人不仁，以百姓为刍狗"（第五章），圣人任百姓自消自长；"圣人无常心，以百姓心为心。……圣人在天下，歙歙，为天下浑其心，圣人皆孩之"（第四十九章），圣人没有他恒定的意志和主观的成见，以百姓之心为己心。圣人要做的就是将天下的人和事和谐之、协调之，让天下人的心归于浑沦，将百姓当无知无欲的婴儿看待。在圣人眼中，没有绝对的对错、绝对的是非、绝对的善恶，万物都有其存在的理由和价值，芸芸众生都是可爱的人、有用的人，均平等视之，所以他说，"唯之与阿，相去几何？善之与恶，相去若何"（第二十章），贵贱善恶，在老子眼里相差不了多少。"和其光，同其尘，是谓玄同。故不可得而亲，不可得而疏，不可得而利，不可得而害，不可得而贵，不可得而贱"（第五十六章），"玄同"的境界超出了亲疏、利害、贵贱之区分，为此圣人和光同尘，掩藏个人的喜怒与情感。"善者，吾善之；不善者，吾亦善之"，"信者，吾信之；不信者，吾亦信之"（第四十九章），善良的人，我善待之；不善的人，我也善待之。可信的人，我信之；不可信的人，我也信之。"圣人常善救人，故无弃人；常善救物，故无弃物"（第二十七章），圣人眼中没有遗弃之人、无用之人，没有遗弃之物、无用之物。"不知常，妄作凶。知常容，容乃公，公乃王，王乃天，天乃道，道乃久，没身不殆"（第十六章），懂得了大道的兼容万物，就会生出博大宽容之心，就能公平不偏，就能统摄天下，就能长治久安，终身无虞。第三十五章"执大象，天下往。往而不害，安平太"可以说是这一终极理想的形象描述，天下之人虽然都归附于"道"，但却互不妨害而安宁、平和、通泰，这就是老子所要追求的大同境界。

然而万物共生、天下共赢毕竟只是一种理想。他要寻求的是能够拯救全人类的方式，这种方式无疑要使一部分人、一部分人类的文明成果做出牺牲。因此，损益平衡之道，或者说持中之道，就成为老子政治哲学的必要组成部分。除了上述在圣人"无为"和百姓"自然"之间的平衡外，老子还强调物与物之间、人与人之间的平衡，以寻求最大限度的公平与公正。何谓持中？首先，中者，适度也。"中"并不是平均的产物，而是平衡的结果。其次，持者，持守也。"持"并非不变的静势，而是灵活的动势。老子要求圣人在事物对待的两端之间追求一种动态的平衡，从而避免因执于一端而陷入“物极必反”的循环。持中之道最为典型的写照，就是以下这段话：

> 天之道，其犹张弓与。高者抑之，下者举之。有余者损之，不足者补之。天之道，损有余而补不足。人之道则不然，损不足以奉有余。（第七十七章）

天道的运行犹如一张拉开的弓。瞄准射箭时，高了就压低一点，低了就抬高一点。过满过多时就有所减少，不足不满时就有所补足。“天之道”通过随时的损益调整走向平衡，在平衡中维持宇宙的终极和谐。而“人之道”往往只顾自身的利益，将差别扩大到极致，导致平静的社会动荡不安。于是，老子呼唤圣人向“天之道”学习，并形成了他特有的反向调整之道：世人好强，圣人教之以弱；世人好勇，圣人教之以柔；世人好动，圣人教之以静；世人嗜欲，圣人教之以寡欲；世人好上，圣人教之以处下；世人好争，圣人教之以不争。他是要让我们从早已习惯的“常规”中解脱出来，以运动的视角、全局的眼光审时度势，在动态平衡中实现万物的共荣共生、世界的公平公正。

## 五、反向的政治思维：守柔与不争

老子政治思想丰富多彩，引人入胜，除了上述政治理念极为独特之外，还有一个重要原因，那就是其充满辩证思维，启人心智，故能千年流传而不衰，与时俱进而常新。其辩证思维，如果选用一句话来表述，那就是“反者，道之动；弱者，道之用”（第四十章）。因此，老子的辩证思维其实就是反向思维，我们说老子的哲学是实践的哲学，很大程度上与其辩证思维是一种在政治场合上可以实际运用和操作的思维有关。

老子认为，事物均由正反两方构成，正反两方相反相成，形成一个既对立又统一的矛盾体。老子进而认为，正反两方是相通的，事物的发展都是从一个方向向另一个方向转化，卑小总会走向高大，柔弱总会走向刚强，生命总会走向死亡，反过来，就是新的一次轮回和转化。但老子没有停留于对事物规律的客观描述，而是包含了价值判断和警示劝诫在其中：“强梁者不得其死”（第四十二章），强横逞凶者不得好死。“勇于敢则杀”（第七十三章），勇气用于逞强者不得好死。“坚强者死之徒”（第七十六章），凡是强硬的都归属死亡一类。“兵强则不胜，木强则兵”（第七十六章），用兵逞强就会走向破灭，树木强大就会遭砍伐。“甚爱必大费，多藏必厚亡”（第四十四章），过分吝惜反会付出大的代价，过于聚敛反而招致惨重的损失。“祸兮福之所倚，福兮祸之所伏”（第五十八章）、“正复为奇，善复为妖”（第五十八章），灾祸会向幸福转化，幸福会向灾祸转化；正可以变成不正，善良可以变成妖孽。

老子的精辟之处在于，在“有无”“正反”的两极互动中，他更重视“无”，更重视“反”。凡人只看到“有”之存在，看不到“无”之功用；只知道正面的价值取向，不知道反面的价值取向。老子则不同，他看穿了事物必然走向反面的不可逆转性，积极利用物极必反的原理，将反向的视野和思路发挥到极致，以反求正，力图使自身在万物轮转之中永远立于不败不衰之地，这就是老子远远高明于同时代其他哲学家之所在，也是他辩证思维的精髓所在。

反向思维在于主动地预见矛盾发展的方向，做矛盾的主人，而不是成为矛盾的奴隶，被动地等待矛盾发展的结果。例如，“将欲歙之，必固张之；将欲弱之，必固强之；将欲废之，必固兴之；将欲夺之，必固与之”（第三十六章），类似“欲擒故纵”，想要让对方收敛，必先让对方扩张起来；想要让对方衰弱，必先让对方强大起来；想要让对方败落，必先让对方兴盛起来；想要从对方那里夺取什么东西，必先给予对方什么东西。因此，掌握反向思维的人，不再满足于事物自动地向其反方向转化，而是主动地挑起矛盾、激化矛盾，创造时机，使事态朝着有利于自己的方向发展。

相反，当事物的运行轨迹即将到达发展的顶点时，老子告诉你需要努力延缓发展的速度，设法改变发展的方向，以避免极限的降临；当事物的运行轨迹已经到达发展的顶点时，老子告诉你甚至需要不惜牺牲利益或尊严，以避免衰退的开始。或者从一开始就留出让步的空间，保持伸展的余地。“曲则全，枉则直，洼则盈，敝则新，少则得，多则惑”（第二十二章），委曲者反能保全，弯曲者反能伸直，卑下者反能盈满，凋敝者反能新生，少取者反能多得，贪多者反会迷惑。“物或损之而益，或益之而损”（第四十二章），事物有时贬低它反得到抬高，有时抬高它反遭到贬低。“善有果而已，不敢以取强。果而勿矜，果而勿伐，果而勿骄，果而不得已”(第三十章),善用兵者只要达到目标就罢手,不以兵力逞强。成功而不自高自大,成功而不夸耀,成功似乎是出于不得已。“圣人方而不割,廉而不刿,直而不肆,光而不耀”(第五十八章),圣人方正有角但不割伤人,锋利但不刺伤人,直率但不放肆,明亮但不耀眼。“圣人不积,既以为人,己愈有。既以与人,己愈多”(第八十一章),要想得到,首先必须付出,圣人没有保留,尽量帮助别人,自己反而更充足。尽量给予别人,自己反而更丰富。如此等等,都是这一类的论述。在老子心目中,世上没有永恒的完美。百分之百的完美,其实并不完美,因为它只是一个即将消失的顶点,预示着衰退的开始,相反,接近完美却不达致完美,才是真正的完美,才是动态的、可以把握的完美。

这种反向思维的论述,在《老子》中占据了相当大的比例,如果用老子自己的用词来归纳,有以下这样一些典型的、为后世的政治家经常使用的表达方式。

第一,“守雌”。第二十八章有“知其雄,守其雌,为天下溪”。“雌”和“雄”各有所用,“雄”以力以强取胜,“雌”以柔以静保身。凡人往往只为雄强所吸引,而不知雌柔的作用。老子提倡“守雌”,是为了让人不要一味示强,以免过早过快地走向极点。“雌”代表柔和、代表让步,代表宽容、代表慈爱。第六十一章将大国比作“天下之牝”,希望大国在天下中扮演女性的角色,因为“牝常以静胜牡”,雌性常凭借其安静制服雄性。

第二,“处下”。第六十六章有“江海所以能为百谷王者,以其善下之,故能为百谷王。是以欲上民,必以言下之;欲先民,必以身后之。是以圣人处上而民不重,处前而民不害。是以天下乐推而不厌”。江海之所以能成为河流之王,是因为处在一切河流的下游。要想统治人民,必须先用语言对人民表示谦恭;要想领导人民,必须将自己的利益放到人民的后面。让人民不感到有重压,让人民不感到有妨害。这样人民就会推戴统治者。“上德若谷”(第四十一章)、“为天下溪”(第二十八章)也是同样的意思。第六十一章有“大国者下流,天下之交,天下之牝。牝常以静胜牡,以静为下。故大国以下小国,则取小国;小国以下大国,则取大国①。故或下

① “则取大国”,当如马王堆帛书本和北大汉简本,作“则取于大国”。

以取，或下而取。……大者宜为下”，意思是大国要像江河那样居于下流，居于天下交集、归附之处，在天下中扮演女性的角色。雌性常以安静制服雄性，因为是安静的，所以是谦下的。故大国对小国表示谦下的姿态，就可取得小国归附；小国对大国表示谦下的姿态，就可取得大国的信任和见容。有时是大国谦下使小国归附，有时是小国谦下使大国宽容。在大国和小国的关系中，大国尤其应该注意谦下。

第三，“谦卑”。“谦卑”之意，有很多地方其实和“守雌”“处下”相合、相通，意为为了实现长远的目标，不惜纡尊降贵，忍辱负重，经得起委屈，经得起卑辱。如第三十九章有“故贵以贱为本，高以下为基。是以侯王自谓孤、寡、不穀。此非以贱为本邪?”“孤”“寡”有孤德、寡德之意，“不穀”有不善之意，君王却自称“孤”“寡”“不穀”，这不就是刻意降低身段、谦恭示人吗？第四章有“挫其锐，解其纷，和其光，同其尘”，意为收敛锋芒、韬光养晦、低调做事、谨慎做人。能够做到谦卑者，也就必然能看淡一切，宠辱不惊。第十三章有“何谓宠辱若惊？宠，为下得之若惊，失之若惊，是谓宠辱若惊”，老子将那种得之便会惊喜，失之便会惊惶，将虚荣看得太重，患得患失的行为称作“宠辱若惊”，视之为卑劣可笑的行径。

第四，“不争”。《老子》书中多次使用“不争”这个词汇，争与祸总是联系在一起，老子提出的解决方法是，凡事不走极端，留有余地，通过不争来达到“无尤”的效果。此类表述有：“上善若水，水善利万物而不争”（第八章），意为最高的善如水一般，善于帮助万物，却不与万物争胜，这是用水的特性来比喻“不争”的重要。“天之道，不争而善胜”（第七十三章），意为天之道，不争胜却善于取胜。“天之道，利而不害。圣人之道，为而不争”（第八十一章），这是说天道利人而不害人，圣人之道，虽有所为，但谦卑不争。老子尤其强调军事上的“不争”：“善为士者不武，善战者不怒，善胜敌者不与，善用人者为之下，是谓不争之德”（第六十八章），善为将帅者不逞勇武，善战者不轻易发怒，善于取胜者不待交锋就已胜敌，善用人者甘为人下，这就是“不争之德”。“用兵有言，吾不敢为主而为客，不敢进寸而退尺”（第六十九章），是说在军事上，不敢取攻势，宁愿取守势；不敢进一寸，宁愿退一尺。竭力不主动挑起杀伐争斗，以避免杀身之祸。“勇于不敢则活”（第七十三章），只有那些勇气不用于逞强者才会有生路。老子有做人“三宝”之说，其实质也是“不争”：“我有三宝，持而保之。一曰慈，二曰俭，三曰不敢为天下先。慈，故能勇。俭，故能广。不敢为天下先，故能成器长。”（第六十七章）“慈”，即宽容、爱护；“俭”，即吝惜、节约；“不敢为天下先”，即谦下和不争。因为慈爱，故能勇敢。因为节俭，故能广大。因为谦下不争，故能成为天下领袖。“不争”的极致，乃是“报怨以德”（第六十三章）。“报怨以德”虽然包含着难以忍受的委屈和让步，但比起以怨报怨，仍然是明智的选择。

第五，“知足”。第四十四章有“知足不辱，知止不殆，可以长久”，知道满足就不会遭到屈辱，知道休止就不会遇到危险，懂得适可而止的人才能保有他的满足。相反，“祸莫大于不知足，咎莫大于欲得，故知足之足，常足矣”（第四十六章），没有比不知足更大的灾祸，没有比贪得无厌更大的罪过。知道满足的这种满足，是永恒的满足。不知足就会放纵贪欲，不知足就会无所顾忌，就会招致杀身之祸。作为史官的老子，在这方面的感受远比一般人深切。

第六，“退身”。这是依据盛极必反的原理，通过对事物发展必然规律的预测，而对走上顶点的人做出的忠告。“持而盈之，不如其已。揣而棁之，不可长保。金玉满堂，莫之能守。富贵而骄，自遗其咎。功遂身退，天之道”（第九章），与其竭力保持盈满旺盛，不如早些放弃。与其抓住不放，追求圆满，不如早些罢手。打磨得非常锋利的兵器，反而容易折断。金玉满堂，没有谁能守住。富贵骄横，将自取其祸。功成而不居，退回所有的名利，这才符合天之道。

第七，“守柔”。以上各种政治姿态，其实都可以用“守柔”二字涵盖。从“弱者，道之用”（第四十章）的命题来看，老子是将“柔弱”作为“无”“虚”这类“道”的特征转移到人事之用时，所能采用的最佳表现。前面已经说过，老子认为，“道”通过“无”来体现其功能，“无”比“有”更重要，世界的存在方式是通过虚无来保证存有。“道”的创造性，来源于其虚无、空灵、不盈，以及非既定、非常识、非现实、非规范，因而能够不窒息、不阻塞，永远创生出新的东西。与之相应，人也应该像“道”那样，使自己处于新生的、弱小的、生动的、充满活力的一面。而

"柔弱"的性格正符合这样的要求，这也正是老子赞赏女性、赞赏婴儿、赞赏水的原因。第七十八章有"天下莫柔弱于水，而攻坚强者莫之能胜，其无以易之。弱之胜强，柔之胜刚。天下莫不知，莫能行"，天下没有比水更柔弱的东西，但在战胜坚硬的东西时，没有什么能比得上它。弱能胜过强，柔能胜过刚。这些没人不知，却没人能做到。老子从水滴石穿中悟出柔弱胜刚强的道理，因此，他希望人能处于像水那样柔弱、卑下，甘于寂寞、屈辱，充满生命活力，这样就能远离死亡、腐朽，摆脱外在的污染，保持纯粹的本性。然而，即便作为一种实战计谋来使用，如"将欲歙之，必固张之；将欲弱之，必固强之；将欲废之，必固兴之；将欲夺之，必固与之。是谓微明，柔弱胜刚强"（第三十六章）所言，"柔弱"依然可以发挥巨大的力量。

第八，"为之于未有"。如果说前面论述的各项还只是两极之间看得见的此消彼长，那么，第八项则是老子深入到无形的领域，力图通过无形把握有形，通过未然把握已然。"图难于其易，为大于其细。天下难事，必作于易。天下大事，必作于细。是以圣人终不为大，故能成其大"（第六十三章），这是说，难做的事情，要从容易的地方做起，大事要从小事做起。圣人始终从小事、琐事、易事入手，所以能成就大事。"其安易持，其未兆易谋。其脆易泮，其微易散。为之于未有，治之于未乱"（第六十四章），事物还安定的时候，容易掌握、把持。问题还没有出现苗头的时候，容易设法应对。事物还脆弱的时候，容易化解。事物还细微的时候，容易消散。所以要在事情没有发生之前就采取行动，要在混乱没有出现之前就开始处理。老子希望人注意观察事物发展变化的征兆，把握契机，以免招致大的困难和祸患。人要么无为，不引发事端；要么"为之于未有"，将不利因素消灭于萌芽状态。

在《老子》中，与反向思维有关的论述还有很多，以上八项只是典型和概括。从《老子》中可以找到大量的否定式说法，如不争、不言、不美、不为、不武、不怒、不尚贤、无心、无知、无欲、无身、无事、勿骄、勿强、勿伐等数十种，这些说法几乎都指向老子的反向思维，以各种各样的否定方式体现出老子独特的思维法则和行动法则。

然而，如果说反向思维只是看到了"无"之功用，发挥了"无"之功用，还不能算伟大，老子反向思维的伟大之处，用今天的语言来表达的话，近似于一种辩证的否定，是否定之否定，是向更高层面发展。可以看到，老子所有的“无为”最终指向的是“无不为”。“无为”是对“有为”的否定，而“无不为”是对“无为”的否定。老子不厌其烦地强调这一点，除了“无为而无不为”（第三十七章、四十八章）外，类似的表述在《老子》中比比皆是。如“圣人……功成而弗居。夫唯弗居，是以不去”（第二章），圣人对万物的生长发展有功，却不居功自负；正因为圣人不居功，他的功绩反而不会失去。“为无为，则无不治”（第三章），行无为之道，反而走向大治。“不自见，故明。不自是，故彰。不自伐，故有功。不自矜，故长”（第二十二章），不只凭自己所见，反而看得分明。不自以为是，反而是非昭彰。不自我夸耀，反而能建功立业。不自我骄矜，反而能成为领袖。否定“自见”的目的是为了“明”，否定“自是”的目的是为了“彰”，否定“自伐”的目的是为了“有功”，否定“自矜”的目的是为了“长”。“是以圣人后其身而身先，外其身而身存。非以其无私邪？故能成其私”（第七章），圣人不计较个人的名利得失，结果反而身处人先。置己身于度外，结果反而保存自身。正是因为圣人无私，所以能成就其自身。很明显，“后其身”的目的指向“身先”，“外其身”的目的指向“身存”，“无私”的目的指向“成其私”。“以其不自生，故能长生”（第七章），因为不只顾自己的生存，反而能长生。“夫唯不争，故无尤”（第八章），正因为谦卑无争，所以没有怨咎、过失。“以其终不自为大，故能成其大”（第三十四章），正因为自己不觉得伟大，故而能成就伟大。“以其不争，故天下莫能与之争”（第六十六章），正因为做到了柔弱不争，结果天下反而没有人能与之相争。

从以上分析看，老子有时是一个冷酷的或悠闲的旁观者，而有时又是一个真正的参与者、一个真正的高手。老子并非消极、退隐，相反，而是积极、进取。只不过不是单向的、直线的进取，而是迂回、渐进、不张扬、不过分的进取。表面的被动和消极，其实是为了争取更大的主动和更好的效果。老子的反向思维运用得好，小可以消极避祸、明哲保身，大可以有所作为、建功立业。

老子的反向思维是老子哲学中的精彩华章，因为它现实、直观、易懂、易行，所以最容易为常人接受和运用。这些反向思维后来在政治领域得到了充分的发挥，形成了一整套以无形把握有形、以无名把握有名、以阴制阳、以柔克刚、以静制动、以逸待劳、以不变应万变的因应之术，在申不害、韩非子的君主驭臣之术中，在黄老道家的治国理论中得到了充分的发扬。汉以后，中国的主流思想表面上为崇尚刚健有为、规矩厚重的儒家思想所占据，实际上，在各种具体操作中，老子思想仍大行其道，尤其被政治家奉为法宝，成为一种政治艺术。

## 六、余论：《老子》政治哲学是否为愚民之策和权谋之术

老子的政治哲学很容易被视为是一种愚民之策，例如老子说“是以圣人之治，虚其心，实其腹，弱其志，强其骨。常使民无知无欲，使夫智者不敢为也”（第三章），“为腹不为目”（第十二章），“慧智出，有大伪”（第十八章），“绝圣弃智，民利百倍。……见素抱朴，少私寡欲”（第十九章），“绝学无忧”（第二十章），“古之善为道者，非以明民，将以愚之。民之难治，以其智多。故以智治国，国之贼；不以智治国，国之福”（第六十五章）。第八十章“小国寡民”篇描述了老子的理想国：“使有什伯之器而不用①，使民重死而不远徙②。虽有舟舆，无所乘之。虽有甲兵，无所陈之。使人复结绳而用之。甘其食，美其服，安其居，乐其俗。邻国相望，鸡犬之声相闻，民至老死不相往来。”在这个理想国里，即使有先进的机械也不用。让百姓怕死，不冒险，不远离家乡。即使有车船，却无必要乘坐。即使有铠甲兵器，却没机会使用。让人民回到远古结绳记事的时代。人民满足于他们的饮食，喜爱他们的服装，安于他们的居处，陶醉于他们的风俗。邻国间相互能看见，鸡犬之声能相互听见，百姓却老死不相往来。可见老子毫不掩饰自己反对知识、反对文化、反对制度，尤其反对智巧的态度，力图将人的社会性降到最低限度，只突出人的生物性。因此说老子的政治哲学中有愚民成分，并不为过。但老子所生活的时代战争频

---

① 马王堆帛书本、北大汉简本作“使有十百人器而勿用”。可见“什伯之器”指相当于十倍、百倍的人工器物，即先进的机械。

② 马王堆帛书本、北大汉简本作“使民重死而远徙”。“远徙”意为远离迁徙，“不远徙”可能是后人的修改。

仍，人民痛苦，上下对立严重，统治面临崩溃，而种种“有为”的政治纲领，非但不能从根本上解决矛盾，反而使社会矛盾更加深化。按照老子用“无名之朴”强行将人“复归于婴儿”“复归于无极”“复归于朴”的社会改造计划，愚民之策无疑是一剂猛药，一种不得已的、极端的解决方式，目的在于用最直接、最快速的方式消除导致社会弊病的根本原因。他并不是不知道智巧能给人带来方便和幸福，但老子认为，对人类而言，智慧不是根本的拯救之道，当人的智巧和人类的文明成果使社会变得残酷，使朴质和真情丧失，使人类的基本生存受到威胁，聪明反被聪明误时，老子宁可回到桃花源中去。老子看穿了人心险恶，不可挽救，所以宁可要充满爱心的愚者，不要充满机心的智者。这样去理解老子的意图，我们就不会为老子这位智者公然的反智行为感到奇怪了。我们不能因为他看似荒唐的愚民之策而否定他对于人类命运、对于合理政治格局及其运作方式的整体思考。同时，老子对智巧可能导致的人类危害以及人性异化保持高度的警惕，也应该视为其政治哲学中最为精辟、最有魅力的内容之一。

在政治领域，老子的无为立场和反向思维很容易导向权谋之术，历史上，早就有人对老子的政治思维嗤之以鼻，甚至大加挞伐，例如朱熹就说“老子所谓无为，便是全不事事”①，这表明朱熹并不理解“无为而无不为”的精神实质，或只能说是朱熹的恶意贬低。朱熹又说“老子心最毒。其所以不与人争者，乃所以深争之也……闲时他只是如此柔伏，遇著那刚强底人，他便是如此待你”②，“老氏之学最忍，它闲时似个虚无卑弱底人，莫教紧要处发出来，更教你枝梧不住”③。这是将老子看成了一个耍权术、玩诡计的阴谋家，这虽然与朱子坚守的儒家立场有关，但也属不应有的偏见和误解④，因为老子的无为姿态和反向思维是一种哲学观念和行动方式，它并没有规定使用者的道德立场和使用场合，不能将这种哲学观

---

① 黎靖德. 朱子语类. 北京：中华书局，1986：537.

② 同①3266.

③ 同①2987.

④ 关于历史上对老子的种种误解，可参陈鼓应《老子注译及评介》第15～22页“误解的澄清——代序”。

念和行动方式产生的负面结果归罪于老子。老子也并非没有道德感的冷血动物，只不过他对人类的同情之心和仁爱之心被遮盖于冷峻的面孔和严厉的口吻之下。如果他希望人类相互算计、尔虞我诈，乃至道德沦丧、走向毁灭，他就不可能创作《老子》以拯救人类了。如“天之道，利而不害。圣人之道，为而不争”（第八十一章）所言，在他内心深处，希望追求的是既竞争又合作、既利己又不害人、既有所作为又谦卑容人的双赢局面，这比那种单一的道德取向和排他的行为方式更符合文明进步的潮流，更值得尊重。

总之，老子论“道”是为了论“人”，说“无”是为了说“有”，谈“一”是为了谈“多”，讲“虚”是为了讲“实”，谈“无名”是为了落实到“有名”，讲“无形”是为了引申到“有形”，阐发“柔弱”是为了战胜“刚强”，倡扬“无为”是为了达致“无不为”，老子不只是一个破坏者，他更是一个建设者。老子的“道”论兼顾形而上和形而下、本体和现象两个世界，他不反对文明的建构和制度的确立，反对的只是文明和制度对人性的摧残和压抑，希望建立的是一个自然和谐、多元共生的社会，每个生命都受到充分尊重并能够自由生长、发挥天性的社会。这就是其政治哲学能够永久保持魅力的原因。

# 第十一章　近代日本所见《老子》

首先我想确认一下“近代”的概念，我所说的“近代”，主要指的是日本从一个农业国家转变为发达工业国家的过程，从思想上讲，是从“脱亚”到“入欧”再到“兴亚”的过程。在这个过程中，封建社会中曾经对日本的思想文化发生巨大影响的那些中国圣人，如孔子、孟子、老子、庄子，在日本人心目中的地位、评价，也随着时代的变迁，发生了巨大变化。这个过程，主要发生于日本的明治后期、大正时期和昭和早期。

如果对这段历史简单地加以概括，可以这样说：明治时期日本成为一个独立的资本主义国家，其时代特征表现为“近代主义”以及“反近代主义”的冲突。大正时期，可以说依然是“近代主义”与“反近代主义”两重奏的延伸，但如“大正民主主义”这个词所言，那是一个社会动荡、人心思变的时代，无论是国家的发展方向还是个人的人生道路，都面临着多种多样的选择，有学者形容这段时期有如中国战国时期的“百家争鸣”，各种主义相互交锋，思想极其多元、活跃。而昭和初期则因为资本主义矛盾的深刻化，日本为打开局面而走向了战争，思想也开始受到很大的压制。

这一时期的日本人，尤其是知识分子，即使是为了学习西方政治、经济、技术乃至人文科学而去欧美留学的人，青少年时都曾经接受过很好的汉学修养，孔子、孟子、老子、庄子，乃至李白、陶渊明，对他们都不陌生。因此，无论是作为学术研究的对象，还是作为对现实社会、思想发生影响的人物，孔子、孟子、老子、庄子等都没有退出近代日本的舞台。对于近代日本中的孔孟和儒家，已经有很多的研究，然而对近代日本中的老子、庄子，系统的研究却很少看到。今天，我想在此谈谈近代日本中的老子，这个题目太大，但我的认识还很粗浅，只能做一些简要的介绍。我想从两个方面谈这个问题，第一，对作为学术研究对象的《老子》，近代的日本学界是如何重新认识老子及《老子》这本书的。第二，对作为一种理念的《老子》，当时的社会人士，如政治家、文学家是如何认识《老子》、如何从《老子》那里借取智慧的。

## 一、作为学术研究对象的《老子》

明治以前的日本学术，几乎是中国学术的翻版，赤塚忠在总结日本学术发展史时说："直到近代为止，中国几乎是日本所知道的唯一的先进文化国，虽然在不同的时期有着盛衰，但其思想以及制度、文学、风俗等等，都被当作典范而接受，成为我国传统文化的一部分。"① 因此，就《老子》研究而言，无论是研究的方法还是研究的结果，和中国几乎没有两样，其形式几乎都是注疏体，甚至那些书籍都是用中文写作的。

进入明治以后，想要把日本带入文明开化的启蒙思想家如福泽谕吉、中江兆民等人虽然都有很好的汉学修养②，但他们对汉学是完全否定的，认为汉学研究的都是虚的东西，只有近代西方的实学才是利国利民的学问。这样一来，汉学"被降格为和汉洋学问中的一个部分，被世人看作是陈腐的学问"。"现在人们认为汉学这种教育不足以引导社会进入即将到来的新时代，而必须以欧洲的学术为典范。"③ 由于汉学不再受人重视，一些非常贵重的汉籍变得很不值钱，一些汉学者甚至愤而自杀。户川芳郎形容当时的状况为"十年浩劫"。④

当然，这并不是说，日本从此没有了中国的学问，应该说从旧"汉学"转变成了新"汉学"，中国的历史、思想不再是日本向往的、学习的对象，而成为冷静地、平等地、客观地研究的对象。当时著名的中国学

---

① 赤塚忠.《思想概論》序論//赤塚忠著作集：第二卷. 東京：研文社，1987：506.

② 这方面状况可以参见三浦叶的《明治漢文學史》(東京：汲古書院，1998)。

③ 町田三郎. 明治漢學覺書//明治の漢學者たち. 東京：研文出版，1998：4.

④ 戸川芳郎. 帝國大學漢學科前史筆記//日本中國學会創立五十年紀念論文集. 東京：汲古書院，1998：871.

者，如井上哲次郎、白鸟库吉、内藤湖南、服部宇之吉、狩野直喜等都到欧洲留过学，或非常熟悉西方汉学的研究方法。以前的学问往往是对某一本书注释过程的研究（我们称为“章句之学”）、某一个人的研究（我们称为“学案式研究”），不注意政治、经济、社会的背景，不注意思想的源流和发展，不注意不同思想之间的相互关系。而日本近代的学者比中国学者更早开始运用西方的学术框架，如哲学、政治学、伦理学、社会学来分析中国的诸子思想，就研究的方法和特征而言，表现为三个方面，即怀疑精神、实证主义、文本批判[①]（后来还有所谓的“高等批判”[②]）。

当时的学者直到现在都有很大的影响。我想原因在于两个方面，一方面，他们小时受过很好的汉学训练，有不亚于中国学者的汉学基础。另一方面，他们又完全接受了西方的分析方法、理论框架，因此，很容易从已有的学术积累中推出既有质量又有新观点的研究成果。1888年，日本出现了最早的中国哲学史之作，作者是内田周平，名为《支那哲学史》。这比中国最早的《中国哲学史》（作者谢无量，上海，中华书局，1916）要早了近三十年。到1920年左右，日本已出版了多部中国哲学史、中国思想史之作，谢无量曾经在日本留学，我想他很可能受到过日本这些著作的影响。有名的政治家和学者梁启超就曾经说过，中国人要向西方学习，最方便的手段就是向日本学习。他的大量著作其实借鉴了日本的有关著作。例如，如梁启超的《新民说》其实来自吾妻兵治翻译的《国家学》，他的《子墨子学说》据说大半是高濑武次郎《杨墨哲学》中《墨子哲学》的意译和抄译。那么，老子研究的领域如何呢？我想举两个人的例子。

一位是狩野直喜，出生于1868年，去世于1947年。他没有到西方留过学，但毕业于东京帝国大学文科大学汉文科。在那里既接受了非常严格的汉学训练，也学到了西方人文科学的研究方法，后来他曾到北京留学。回国以后，在京都大学长期主持中国哲学的讲座。

前文提到，新的“汉学”有三大特征，一是怀疑精神，二是实证主

① “文本批判”是日语中一种特殊的表达方式，指的是依据文献自身的语言、构造等特征展开研究。“批判”并无贬义。

② “高等批判”是日语中一种特殊的表达方式，指的是依据文献的思想内容展开比较研究。

义，三是文本批判。明治时代以后，怀疑精神大盛，对中国古代文献记载加以怀疑和否定，成为一种风气，例如白鸟库吉提出了著名的“尧舜禹抹杀论”，即认为“尧舜禹”这些历史上的圣人都是传说中的人物，并没有实际存在过。我们知道，老子是个玄虚的人物，很早就有人怀疑其真实存在。不仅中国人怀疑，日本人也怀疑。狩野直喜将当时怀疑老子其人其书的情况概括为以下五种。

第一，老子其人在历史上并不存在，其书成于战国时代学者之手，凭空制造出老子这个人物，并认为其有《老子》之著述。这种最为极端的说法，就我所知，日本的伊藤兰嵎①就是其中一人。

第二，老子这个人物在历史上生存过，《道德经》的作者就是老子，这些都可以不加怀疑，但《史记》所载之事却完全都是虚构。而且，老子是战国时代的人，其出生不仅晚于孔子，甚至远远晚于孟子，和《礼记》所见老聃完全没有关系。这种说法，日本人士中斋藤拙堂②就是代表。

第三，老子与《道德经》没有任何关系，撰著《道德经》的人是《史记·老子韩非列传》所见的太史儋。这种说法，可以中国清代的汪中为代表。

第四，虽然不像前面那几种说法那样明确讲《老子》成于何人之手，但认为是战国时代的人剽窃《庄子》及其他书的内容而做成的一部书，然后托以老子之名。主张这种说法者，可以中国清代的崔述、日本帆足万里③为代表。

第五，这是法国学者拉库博里（Terriende Laconperie）等西方中国学者所倡导的学说。老子深远的世界观和重视实践道德、排除空想、追求实际的孔孟等其他一般中国人的思想全然不同，因此，老子之学的渊源要从印度寻求，同时，老子其人恐怕也是从外国来中国传道者。④

---

① 伊藤兰嵎（1694—1778），江户中期儒者，名长坚，字才藏，号兰嵎。

② 斋藤拙堂（1797—1865），江户后期儒者，名正谦，字有终，号拙堂。

③ 帆足万里（1778—1852），江户末期的汉学者、理学者，通称里吉，字鹏乡，号愚亭，讳名万里。

④ 狩野直喜．中國哲學史．東京：岩波書店，1953．这本著作是狩野直喜弟子们依据讲义的草稿和教室所做笔记整理而成。虽出版于20世纪50年代，但讲义的形成时代可以上溯到大正时代。

这五种意见反映出当时对老子其人其书加以怀疑的大致情况。除了最后一点以外，可以说前面四点直到现在也有人提倡。我们至今仍然没有弄清楚有没有老子这个人，《道德经》是不是老聃所写，《道德经》是一人一时之著还是经过了很长历史时期后逐渐形成的。可能狩野直喜是老子研究史上第一个对这个问题做出系统研究的人，他对上述五种结论一一做出了批判。他的观点是：确实有老子这个人，《老子》这部书的主要内容也的确是春秋晚期老子这个人所写，但有过后人修改增补的痕迹。有不少学者不同意狩野直喜的结论，但没有人说他的研究方法不科学，也没有人说狩野直喜不具有怀疑精神——他是用科学研究的方法来一一排除那些怀疑。他具体的研究过程，限于篇幅，这里无法详述，只举一两个例子。大家知道老子是“楚苦县厉乡曲仁里人”，狩野直喜考察了《史记·老子韩非列传》《史记·孔子世家》《史记·高祖本纪》，认为《史记》中用“县、乡、里”来描述出生地的人，只有这么三个人，这是因为这三个人在中国历史上地位特殊。因此，狩野直喜认为老子有其历史真实性。

另外，有人说，如果老子和孔子是同时代人，到司马迁写《史记》时，孔子的后代已经有十三世，而老子只有八世，所以老子的存在不真实。狩野直喜认为这并不奇怪，孔子的后代都不长寿，五十岁以前就死了，而且系谱不是父子相继，而是兄弟相继，因此，这种现象是正常的。

狩野直喜的研究不是随便说说而已，而是先收集当时所能利用的所有材料，分析当时的所有观点，考虑到问题的所有方面，然后从横向和纵向做出冷静的、客观的分析，得出权威的结论。狩野直喜也是日本较早对“道”的概念做出哲学总结，从伦理学、政治学角度对老子学说做出研究的人。总之，他是将中国的训诂、校勘和西方的科学分析结合得比较好的学者。他的研究对日本后来的学术界产生了很大的影响，著名的《老子》研究家武内义雄是他的学生，他在中国也有很大的影响。赤塚忠曾对狩野直喜做过很高的评价：“其研究方法是‘文本批判’和‘思想研究’并举，在文本批判中，他提倡训诂、校勘的重要性，在思想研究中，他提倡‘历史的研究’‘比较的研究’之重要性。……狩野博士最早倡导了成为中国学的中国思想研究，并为其规定了发展方向。”①

大正时期，另外一位对老子做过系统研究的是小柳司气太（1870—1940），他在1923年出版了《道教概论》，1928年出版了《老庄哲学》，这两本书后来合并为《老莊の思想と道教》②。当时的学者都非常重视实证式研究，为了研究道教，小柳司气太专门到北京的白云观当过道士。如果说狩野直喜的老子研究只是他的《中国哲学史》的一部分。那么，小柳司气太可以说是第一个对《老子》做出全面而系统研究的人，他对《史记》老子传的研究比狩野直喜的更深入，到了逐字分析的地步。他的思想分析也比狩野直喜的更全面，除了“道论”“人论”“政论”这些大的框架外，他还进而分出“道是什么”“道的分化”“孔老之道的比较”“修养法”“道德的退步”“理想的人物”“处世术”“独善思想”“政治论”等细目。他还讨论了老子和庄子的不同、黄老和老庄概念的不同、《老子》和《周易》的关系、老子和史官的关系、魏晋时期的老庄学等，可以说，是一个非常完整和庞大的体系。我们今天所讨论的关于老子的问题，小柳司气太几乎全部都讨论到了。《道教概论》出版后不到三年，1926年此书的中文版就在中国出版了。中国学者的老子研究，尤其是体系的建立，比小柳司气太要晚得多，而且显然受到了他的影响。

当然，不能说学术研究仅仅是学者个人的行为，这和中国从日本学习的对象转变为研究的对象也有关系。老子是对中国文化产生巨大影响的人物，那时的日本学者希望通过对中国国民性、文化的心理构造、气质、风习加以考察，以全面、深入地了解中国，从而重新构筑东洋史。例如著名学者津田左右吉就有这样的意识，他对《老子》有独到的研究，其成果主要出现于昭和时期，这里就不讲了。③

## 二、作为一种理念的《老子》

在学者面前，《老子》就像实验室里的实验对象，读者和文本之间没

① 赤塚忠.《思想概論》序論//赤塚忠著作集：第二卷. 東京：研文社，1987：517.

② 小柳司氣太. 老莊の思想と道教. 東京：森北書店，1942.

③ 日本近代至二战后的老子研究史，也可参考刘韶军. 日本现代老子研究. 福州：福建人民出版社，2006。作为学术研究对象的老子与《老子》，本章和该书有相同之处，但老子对日本近代社会其他方面的影响，则为刘韶军著作所无。

有感情的交流。研究者反而要抑制自己的好恶，不带偏见地、纯客观地去研究对象。而社会人士则不同。他们对是否有老子这个人、老子是何时出生的、《老子》这部书究竟是谁写的、老子有怎样的思想体系、这种思想体系是如何变化的，并不感兴趣。他们读《老子》、用《老子》，是为了从中汲取智慧，丰富自己的人生，或借以表达自己的感情和思想。在日本近代，日本人尤其是知识分子，阅读《老子》、利用《老子》，主要有三种类型。这三种类型又往往和“反近代主义”有关。因为反对战争、反对物欲膨胀、理想主义、乌托邦思想、独善其身、自然主义是老子思想的特征，因此，在近代日本，这几种思想引起了很多日本人的共鸣。

第一种是借助老子的思想来批判社会。这是非常多见的。前面提到，日本近代化过程过猛过激，在文明开化的浪潮中，社会的阶层以及人的价值观都发生了巨大变化，同时，日本国家也成为战争机器，最终走上侵略的道路。与福泽谕吉等现实主义派、功利主义派不同，西村茂树作为理想主义的代表者，对当时日本侵略中国的行为做过批判。明治二十八年（1896）三月，在向内阁总理大臣伊藤博文建言的信中，为了增加批判的力度，西村引用了老子的语言。

> 夫兵者凶器，圣人不得已而用之。而且宣战的敕旨是为了帮助弱小的朝鲜，决非为去侵夺中国的土地。浅薄之士不深察战争之利害，每当捷报传来，唯有狂喜欢呼，而不顾忠勇将士为此牺牲生命，亿万国帑为此销费之事实。①

对19世纪资本主义矛盾有深刻揭露的政治思想家田冈岭云信奉社会主义。田冈岭云的《壶中观》说，所谓“社会主义”就是实行“孔子之仁、老庄之无为、瞿昙之遏欲、基督之爱”②。据田冈岭云的《数奇传》，构成田冈岭云“思想之根柢者是老庄哲学”③。田冈岭云是东京帝国大学文科大学汉学科的学生，在1910年曾经出版过《和译老子　和译庄子》，有非常深厚的汉学修养。他未必对社会主义有真正的理解，他借用社会主义的

① 日本弘道會．泊翁叢書．東京：日本弘道會，1909：437.

② 田岡嶺雲．壺中觀．東京：嵩山房，1905.

③ 田岡嶺雲．数奇伝．東京：玄黄社，1912.

名义反对资本主义，但社会主义的实质，他只能通过他曾经读过并视为理想的思想中去寻找，于是，老庄的哲学也就成为社会主义的一部分。

长谷川如是闲（1875—1969）是著名的记者、评论家，大正民主主义后期激进的自由主义者，著有《现代国家批判》(1921)、《现代社会批判》(1922)、《日本的性格》(1938)、《续日本的性格》(1942) 等书，创办了《批判》等杂志。长谷川如是闲从民众的角度出发，对从上到下的支配型国家形态及其政治理性予以彻底的批判，主张社会的改造，追求大正主义（自治型社会）的可能性。

在长谷川如是闲大量的著书中，有一本《老子》[①]。笔者本来以为长谷川如是闲写作此书的目的是借以批判社会现实，但看来未必如此，此书分为“上编　总说”“中编　解说”“下编　解释”三个部分，像狩野直喜一样，也讨论了老子的“道”、老子的伦理学、老子的政治学，还讨论了老子生活的时代、老子学说发生的社会条件、和儒教的关系等，看上去像是非常严肃的学术书。此书有一个非常短的“卷头言”，长谷川如是闲说他想讨论的是“在那样一个时代，为何会必然产生这么一位老人，为何老子必须要说那样的话”。同时，他也写过名为《孔子和老子》(1935) 的文章。他认为孔子和老子代表着两种理想的形态，孔子代表的是“道德国家”，老子代表的是“村落自治体”，孔子和老子虽然有相互对立的地方，但代表了一种理想国家的两个部分。这篇文章依然没有直接谈到和日本的关系。但是，我想长谷川如是闲作为一个对理想国家有总体设计的人，他的老子研究，不像西村茂树那样仅仅引用老子的话作为批判的武器，而是通过对老子做出完整研究，寻求东方国家的理想形态，因此，《老子》一书的写作和他试图解剖日本自身的《日本的性格》《续日本的性格》是一脉相承的。他的社会批判思想，应该说和他的老子研究有着密切关系，但字面上却看不出来。

著名作家幸田露伴（1864—1947）利用道家、道教从事文学创作，一般认为也是一种社会批判的形式。濑里广明的《露伴と道教》做过如下的分析：

---

① 長谷川如是閑．老子．東京：大東出版社，1935．

> 大正时代幸田露伴的神仙论，不是仅仅解说描写神仙的世界，而是通过论述真正的神仙是什么，来批判近代化了的、文明化了的日本。近代日本伴随着资本主义的发展，个人主义、功利主义、利己主义的潮流占据了日本人的心房。过去的所谓神仙愿望指的是不老、长生、黄金，这正是和资本主义社会个人主义、功利主义、利己主义相吻合的一面。
>
> 幸田露伴通过向现代的人展示何为真正的神仙，试图打破人们永不知足的追求金钱、权力的欲望。这是通过和现代无关的事实，达到社会批判的目的，然而人们却无法知道幸田露伴内心的真实意图。①

从幸田露伴的藏书目录看，与中国古典相关的书籍超过六百种，其中多为《老子》的注释书。不用说，在幸田露伴的创作过程中，老子思想的影响是显而易见的。不过，我还没有找到幸田露伴有关老子的直接论述。

第二种是借助老子的思想来建设理想社会。众所周知，《老子》第八十章被称为“小国寡民”章，在那里老子描述了一个没有阶级、没有压迫、没有战争、没有物欲、没有心理疾病的理想社会。这样的社会，在明治、大正时期，曾被很多日本人向往，并力图亲自建立这种乌托邦式的社会。但这种社会思潮，并不仅仅来自《老子》，也和基督教思想，甚至和托尔斯泰文学在日本的影响有很大关系。

明治、大正时期，托尔斯泰文学在日本尤其在知识界非常流行，而托尔斯泰本人和日本学者也有不少交往。② 托尔斯泰非常喜欢《老子》，曾试图翻译此书，但没有成功。晚年在一位叫小西增太郎的日本人帮助下，终于完成了翻译。据说当时小西增太郎在基辅神学校学习，深受托尔斯泰的信赖，在托尔斯泰家中讲授过老子、孔子、孟子，大大加深了托尔斯泰对东方的了解。小西增太郎到莫斯科时，曾利用莫斯科的帝国图书馆所藏四种中国原本翻译过《老子》，1894 年以“Lao-si. Tao-te-king, ili Pisanie

---

① 瀬里廣明. 露伴と道教. 福岡：海鳥社，2004：8-9.

② 例如，托尔斯泰有“给某位日本人的信”，其中详细论述了他的反战思想和人道主义。（木村毅編. トルストイ、小西増太郎共譯 老子解說. 東京：日本古書通信社，1968：63-70）

o nravstvennosti”为题，发表在名为《哲学和心理学诸问题》的杂志上。由于这个原因，托尔斯泰邀请小西增太郎和他共译《老子》，托尔斯泰的作品集中，有《老子经神髓》等三篇关于老子的文章。[①] 在小西增太郎的介绍下，著名作家德富苏峰、德富芦花[②]都见过托尔斯泰，托尔斯泰在和德富苏峰的谈话中就提到老子等中国贤人，对其访问记在《国民新闻》《国民之友》等媒体上发表，在日本引起过很大反响。

回到日本的小西增太郎，成为社会评论家、哲学家，任教于京都及东京的大学。他教授俄语时所使用的教科书就是他和托尔斯泰一起翻译的《老子》。[③]

理想主义思潮的代表、日本文学白桦派的领袖武者小路实笃通过其叔父勘解由小路资承的影响而成为“托尔斯泰主义”的信奉者，他自称托尔斯泰是他最大的恩师。他的文学作品宣扬用“人类之爱”阻止战争，鼓吹超阶级的人道主义。1918 年，他将这种信仰变为一种实践，带领一些人在宫崎购买土地，开始建立所谓“新村”。在这个地方，人们自给自足，不依赖金钱，回避资本主义的各种社会矛盾，过一种隐士般的生活，可以说是对托尔斯泰以及老子理想的实践。他们的运动对中国产生了很大影响，中国共产党的创立者之一李大钊给予很高评价，而周作人曾访问“新村”，甚至在北京建立了“新村北京支部”。

我还没有找到武者小路实笃关于老子的直接论述，但是此人也有很高的汉学修养，在长谷川如是闲出版《老子》的同时，他出版了《墨子》。他写《墨子》，可能和《墨子》的兼爱思想有关，从他喜欢墨子和托尔斯泰来看，他和白桦派的人士对老子也一定有好感，只是这方面材料还需要发现。

第三种是借助老子来表达人生中理想和现实之间的矛盾。夏目漱石是其代表。如前文所述，明治、大正时期的文人都有很高的文学修养，文人往往不是社会的主人公，而是常常冷眼观察社会、批判社会的人。因此，

---

① 木村毅編. トルストイ、小西増太郎共譯 老子解說. 東京：日本古書通信社，1968：53-54.

② 德富苏峰（1863—1957），评论家。德富芦花（1868—1927），小说家。两人为兄弟。

③ 除了木村毅编的书外，还可以参考《トルストイ》Ⅰ（東京：大空社，1997）所附小山ブリジット博士论文的概要“トルストイと日本”。

较之孔孟，他们更喜欢老庄。那时期的文人往往从老庄的作品找一些字作为自己的雅号。有学者认为这种风气的形成和当时法国自然主义的传入也有关①，例如，正冈子规、森鸥外在作品中都会常常用到道家的词汇。②

夏目漱石自称小的时候就喜欢老庄那种超现实的境界，他曾写过这样一首诗：

> 辜负东风出故关，鸟啼花谢几时还。
> 离愁似梦迢迢淡，幽思与云澹澹闲。
> 才子群中只守拙，小人围里独持顽。
> 寸心空托一杯酒，剑气如霜照醉颜。

从中可以看出夏目漱石把“守拙”“持顽”作为自己做人的信条。他在给正冈子规的信中使用了“埋尘道人”的笔名，他有一句自己创造的名言——“则天去私”，从中也可以看出他对老庄思想有深刻的了解和贯彻。我们都知道夏目漱石写过一篇论文，即《老子の哲學》，那是 1892 年他 25 岁那年，在东京帝国大学读书时提出的东洋哲学方面的论文。通过这篇论文，以及他的文学作品，我们可以发现一个有趣的现象，即作为研究对象的老子和作为人生体现的老子，在夏目漱石那里是完全不同的。《老子の哲學》分“总论”“老子之修身”“老子之治民”“老子之道”四个部分，从这种分析的方法和使用的框架看，和狩野直喜等学者的研究没有什么两样。当夏目漱石从进化论的、康德的、逻辑学的立场去理解老子时，他甚至是反老子的，他这样写道：“老子的方法归根到底是不可行的，而且其主要的思想，从科学发达的今天看来也不足为论。”③

对于这个问题，清水孝纯的《漱石　そのユートピア的世界（漱石其烏托邦的世界）》做过以下的分析：

> 漱石考察时的逻辑具有一贯性，即试图从“道的范围”“道之体”

---

① 三浦叶．老莊の學と雅號//明治漢文學史．東京：汲古書院，1998：236-240.

② 三浦叶．明治の文士と老莊思想管見//明治漢文學史．東京：汲古書院，1998：235-249.

③ 夏目漱石．老子の哲學．//漱石全集刊行会編．漱石全集：第十四卷．東京：漱石全集刊行会发行，1936：79-101.

> “道之用”这样三个主轴去明确原来难以把握的老子的“道”。然而，此时漱石所采用的方法，其整体框架，是利用了“体”“用”这种朱子学的逻辑后做出来的，就其内在性质而言，和西方哲学的思考相适用。将东方思想和西方分析式的思考结合起来，这就是这篇论文的整体特征，尤其是与“道”相关的讨论，来自西方一元论哲学的类推，可以说这是一个显著的特征。①

此外，清水孝纯还指出：“漱石在解释‘道’时，也许是无意识吧，试图借助西方哲学范畴的态度，在第四篇最后论述的部分‘道之用’中也非常明显。”②

因此，可以说夏目漱石心中有着两个老子。当夏目漱石作为一个科学的、具有分析式思维的近代人物，从哲学的立场，或者说从逻辑的立场出发，他无法接受老子的哲学。然而，在感性的层面上，夏目漱石憧憬老子的境界，对他抱有亲近感。那么，为什么会出现这样的差距呢？“这种感受来自实际的观察或者说体验，即在崇尚实学和物质万能主义的文明开化的现实洪流中，他们发现老庄的东西是愚钝的，儒家的东西也已不具备现实性。这一点，从其自身所从事地方教育的现场出发，漱石也有深切的感受。”③

一方面，基于理性，夏目漱石去观察道时，其视点是依据西方思维为焦距去调节的，因此，要将道家思想付诸实践就非常困难。另一方面，基于感性，夏目漱石又对老子的人生观、处世之道，甚至对老子的权谋思想深有感触。这种思想上的矛盾从《坊っちゃん》（一译《少爷》）一书中也可以看出。

在《少爷》中，うらなり（一译“老秧南瓜”）和清是少爷的精神支柱。如果说老秧南瓜是作为实践伦理的儒家道德的代表，那么清就是老子式隐逸思想的代表。④ 有句话叫作“在社会上做事时当儒家，回到家放松下来就成了道家”，就是说，在夏目漱石身上，东方和西方、古代和现代、

① 清水孝純．漱石　そのユートピア的世界．東京：翰林書房，1998：32.

② 同①38.

③ 同①74-75.

④ 这依据的是清水孝纯的《漱石　そのユートピア的世界》中的说法。

理性和感性、现实和理想、儒家和道家结合在了一起。我们可以看出，夏目漱石站在西方、现代、理性、现实的立场时对老子持批判的态度，然而当他面对自己的心情时，他又倾向老子的人生观，在自己的人生经历中产生共鸣，希望从现实中逃出来。因此，夏目漱石既喜欢老子，有时又有难以理解的痛苦。从某种意义上讲，这或许正是夏目漱石文学诞生的一个原因。

## 三、余论

小岛康敬在回顾日本江户时代老庄思想的接受以及老庄思想的发展时，做了如下六个方面的总结：

> 思想层面的接受和发展：
>
> (1) 作为经世之术的老庄思想的接受和发展。
>
> (2) 作为自我解脱之哲学的老庄思想的接受和发展。
>
> (3) 体系性世界观、人生观形成层面上的老庄思想的接受和发展。
>
> (4) 对儒家人为文明观加以批判之代表的老庄思想的接受和发展。
>
> 文学层面的接受和发展：
>
> (5) 诗文风雅的世界中老庄思想的接受和发展。
>
> (6) 剧作文学中老庄思想的接受和发展。①

在近代日本，老子依然得到共鸣，但这种共鸣和江户时代的日本人大为不同，大体表现为以下两个方面：

其一，对于老子的认识，大多集中于社会批判、乌托邦思想、理想主义、自然主义、独善其身等方面。因此，在前面所举江户时代老子思想接受和展开的特征中，虽然第二、第四、第五、第六方面依然存在，但其内容有了很大的改变，而第一点和第三点已不再受到重视。

---

① 小島康敬．江戸思想史の中の老莊思想//源了圓，嚴紹璗．日中文化交流史叢書：第3卷　思想．東京：大修館書店，1995：291-292.

其二,即便对“老子”非常熟悉的人,当他引用“老子”、论述“老子”时,也往往和西方有关,或者使用西方的理论、方法研究《老子》,或者因为西方社会主义、无政府主义、人道主义、自然主义传入日本而重新发现“老子”的价值。

# 第十二章　道家与贤能

所谓“贤能”，一般来说，指的是领导者既有比较高的品德，又有比较强的才能。春秋战国时代以后，贤能政治①成为中国政治文化的一个重要组成部分，这是毋庸置疑的。就其内容而言，贤能政治作为一种政治设计，既可以指向君主，也可以指向臣下。指向君主时，往往带有理想的色彩，先秦时代关于禅让的描述，鼓吹的就是由德才兼备的人担任最高政治领袖。例如《礼记·礼运》云：“大道之行也，天下为公，选贤与能，讲信修睦。”《荀子·成相》有所谓“尧舜尚贤身辞让”，“尧让贤，以为民，泛利兼爱德施均”，“尧授能，舜遇时，尚贤推德天下治”。《墨子·尚同上》云：“选天下之贤可者，立以为天子。”《吕氏春秋·圜道》也说：“尧舜贤主也，皆以贤者为后，不肯与其子孙。”这是说一个人是否有资格君临天下，取决于他是否有贤德和才能，而不取决于血统是否高贵。君位禅让说曾风行一时，尤其儒、墨倡之最盛。但到了公元前 316 年燕王哙的“让国”事件发生后，这种理想遭到现实的残酷打击，不再有大的市场。

---

① 近年来，因为加拿大籍政治学者贝淡宁的大力宣扬，“贤能政治”成为一个体现中国古代政治特色的概念。其基本观点是，“尚贤使能”“德才兼备”是中国古代政治的主要特征。在今天，“贤能政治”要比选举民主制更适合中国。（贝淡宁．贤能政治——为什么尚贤制比选举民主制更适合中国．吴万伟，译．北京：中信出版集团，2016）本章虽然也使用“贤能政治”这个概念，但不讨论其在当今政治体制中的影响和作用。同时，笔者认为，“贤能政治”不是一种独立的政治体制，任何一种政治体制下都有可能推行“贤能政治”。在先秦时代，除了以庄子为代表的部分道家外，大部分政治学说都提出要选拔和重用贤能，以推行和实施各自的政治主张。

“贤能”作为君主制前提下对于臣下品德、能力的现实要求，则极为普遍，也易于操作。例如《晏子春秋·内篇·问上》载：“景公问晏子曰：‘莅国治民，善为国家者何如?’晏子对曰：‘举贤以临国，官能以敕民，则其道也。举贤官能，则民与若矣。’”① 然后晏子又向齐景公详细论述了寻求“贤能”的方法，例如“通则视其所举，穷则视其不为，富则视其所分，贫则视其所不取”。《晏子春秋》并没有特别显著的学派思想倾向，因此，其中关于“贤能”的论述，与儒家②、墨家③，甚至与后世的法家④多有类似之处，可以说反映了先秦社会的普遍共识。

春秋战国时代，社会结构变动剧烈，政治制度变化强烈，国家之间竞争激烈。在不挑战君主至高权威的前提下，对于各种人才的观察、发现、选拔、使用就成为极为重要的话题，任何一家都无法回避，只是各家在对“贤”与“能”理解的倾向上会有所不同。相对而言，儒家更重视的是贤德。早期儒家对“德”的强调，往往是因为人才出身低贱，在突破贵胄等级藩篱以求获得任用时，“德”的有无高低起到关键的作用，因此即便是实际才能也要用“德”来加以包装。⑤ 所以《孟子·梁惠王下》说选拔人才“将使卑逾尊，疏逾戚，可不慎与?”鼓吹“尊贤育才，以彰有德”(《孟子·告子下》)；荀子鼓吹“论德而定次，量能而授官”(《荀子·君道》)。儒家在突出有“德”的同时，却又往往刻意渲染克己奉公、不求回报，例如《礼记·儒行》就说：“儒有内称不辟亲，外举不辟怨，程功积事，推贤而进达之，不望其报；君得其志，苟利国家，不求富贵。其举贤

① “则民与若矣”，吴则虞认为：“疑作‘则民兴善矣’，‘善’‘若’亦形近而讹，‘兴善’与《大学》之‘兴仁’‘兴让’句法同。”(吴则虞. 晏子春秋集释. 北京：中华书局，1962：212)

② 儒家论述如“建官惟贤，位事惟能”(《尚书·武成》)，“三曰举贤，四曰使能”(《周礼·天官·冢宰》)，“三曰进贤，四曰使能”(《礼记·大传》)，“王者之论……尚贤使能，而等位不遗”“故君人者……欲立功名，则莫若尚贤使能矣”(《荀子·王制》)。

③ 墨家论述如“古者圣王唯能审以尚贤使能为政，无异物杂焉，天下皆得其利”(《墨子·尚贤中》)。

④ 法家论述如“明主者，推功而爵禄，称能而官事，所举者必有贤，所用者必有能。贤能之士进，则私门之请止矣”(《韩非子·人主》)。

⑤ 《左传》《国语》有很多此类记载，这方面论述可参见王国良的《儒家贤能政治思想与中国贤能推举制度的发展》[文史哲，2013 (3)]。

援能有如此者。”①

墨家“尚贤”，虽然也重视“德”，但更强调的是以实际才能突破“世卿世禄”“任人唯亲”的局限，让低层贤能之士尽量受到重用，同时不回避对“利”的追求，强调相应的尊重与报酬，例如《尚贤上》云：“古者圣王之为政，列德而尚贤，虽在农与工肆之人，有能则举之，高予之爵，重予之禄，任之以事，断予之令……故官无常贵，而民无终贱，有能则举之，无能则下之。”② 至于法家，则首先强调贤者不可挑战君主集权，所以慎到说：“立君而尊贤，是贤与君争，其乱甚于无君。”（《慎子·逸文》）如果贤能成为离心离德的力量，就需要坚决打击，如韩非子说：“不事力而衣食，则谓之能；不战功而尊，则谓之贤。贤能之行成，而兵弱而地荒矣。人主说贤能之行，而忘兵弱地荒之祸，则私行立而公利灭矣。”③ 同时，法家相信“德”不可信、不可靠，君主只能利用人趋利避害的心理，利用赏罚（“刑德”）两种手段，使物尽其用，让各种人才的能力全面地、充分地开发出来，如韩非子说：“臣尽死力以与君市，君垂爵禄以与臣市。君臣之际，非父子之亲也，计数之所出也。”④ 指出君臣之间不过是买卖、交易、互相算计的关系。因此，在法家这里“贤”与“能”往往指的都是能力，而未必需要和“德”相关联。

那么，同样直面社会现实，希望开出救世良方的道家，一定无法回避“贤能”的话题，他们是如何讨论这个问题的呢？我们发现，同为道家，关于“贤能”，有的表现出强烈的反感和否定，有的又表现出充分的赞许与肯定。这种反差，在道家思想逻辑中为何得以成立？这方面学界关注并不多，值得深入地做出讨论。

## 一、道家对于“贤能”的怀疑与否定

如果视老子为道家的鼻祖，那么可以发现，《老子》一书虽然没有直

---

① 西汉儒家独尊以后，人才选拔虽然以“孝廉”“贤良”等德行标准为主，但往往流于形式，导致伪善成风，有“德”无能。到了曹魏则反其道而行，甚至品行上有污点者更易受到重用。

② 孙诒让. 墨子间诂. 北京：中华书局，2015：46-47.

③ 王先慎. 韩非子集解. 北京：中华书局，2013：490.

④ 同③383.

接使用“贤能”这个名词，也无“贤”“能”并列，但对这个问题显然有着相当多的关注和论述。例如第三章直截了当地提出“不尚贤”：“不尚贤，使民不争。不贵难得之货，使民不为盗。不见可欲，使民心不乱。”这里的“不尚贤”未必直接针对墨家的“尚贤”，因为“尚贤”之说很有可能是之前或者当时流行的话题，只是墨家将其上升为一大主张。至于“尚贤”的内涵，河上公的注释是：“‘贤’，谓世俗之贤，辩口明文，离道行权，去质为文也。‘不尚’者，不贵之以禄，不尊之以官也。”① 这是说，所谓的“贤”者其实是华而不实、“去质为文”的浮夸之士。至于“不争”的内涵，河上公的注释是：“不争功名，返自然也。”② 陈鼓应的解释也延续这条路线：“不标榜贤才异能，使人民不争功名。”③ 这就把“尚贤”理解为不看重实际才干，而追求那些徒有虚名的东西。这一解释虽然并非没有道理，但结合下文“不贵难得之货，使民不为盗。不见可欲，使民心不乱”以及“是以圣人之治，虚其心，实其腹，弱其志，强其骨。常使民无知无欲，使夫智者不敢为也。为无为，则无不治”来看，“贤”指的是那些会激发人心欲望、导致社会竞争的智者。这些欲望里，当然包括功名之心，但实际上所指范围可能更广。

在老子看来，社会矛盾主要体现为统治者和民众之间的矛盾，而矛盾产生的主要原因在于统治者过分的贪欲和过度的“有为”。因此，老子主张屈君伸民，即通过统治者的克制和让步，来换取民众的生机和活力。所以，老子在思考社会矛盾的解决之道时，不是依赖“贤人”“智者”的智慧和才能去寻找一个个救世良方。在老子眼中，这类似病急乱投医，治标不治本，尤其当那些治世之药已经没有什么疗效时，不如放弃不用。“贤人”“智者”的有为，在解决或缓解一个矛盾时，又会生出新的更多的矛盾。与其做加法，不如做减法。“无为”和“反智”就是减法，让人们彻底地无知无欲，消除争竞之心，这才是根本解决之道。

在这一思路下，《老子》中有大量反对用智用贤的言论。例如，老子

---

① 王卡．老子道德经河上公章句．北京：中华书局，1993：10.

② 同①.

③ 陈鼓应．老子注译及评介．北京：中华书局，1984：73.

把整个人类文明演化史描述为一部道德倒退史，所以有“大道废，有仁义；慧智出，有大伪；六亲不和，有孝慈；国家昏乱，有忠臣”（第十八章）之说。可见贤者所提倡的“仁义”“慧智”“孝慈”“忠臣”不是文明进步的产物，而是文明退步的结果；用“仁义”“慧智”“孝慈”“忠臣”来拯救人类，不仅不会回到本真本善的社会，只会造成更大的混乱。“慧智出，有大伪”[①] 表示严重的伪诈是人类智巧的必然产物。老子未必不知道智慧可以给人带来方便与福利，但是老子在此使用极端之词，就是为了强调智巧带给人的弊端其实远远大于其带来的好处。在第十九章中，老子再次指出：“绝圣弃智，民利百倍。绝仁弃义，民复孝慈。绝巧弃利，盗贼无有。”[②] 同时呼吁“见素抱朴，少私寡欲”。可见根本解决之道在于保持“素朴”和“寡欲”。当然老子并非要人斩断欲根，只是希望人能将欲望控制在合理的范围之内，“实其腹”“强其骨”（第三章），“甘其食，美其服，安其居，乐其俗”（第八十章），在老子这里并无不可，但如“圣人之治，虚其心，实其腹，弱其志，强其骨。常使民无知无欲，使夫智者不敢为也。为无为，则无不治”（第三章）所示，最高明的政治恰恰是减弱、收缩“心”“志”的政治，使“智者不敢为”，即让意欲一逞心志的贤能之士没有用武之地。第六十五章也说：“古之善为道者，非以明民，将以愚之。民之难治，以其智多。故以智治国，国之贼；不以智治国，国之福。”可见，“以智治国”是国家之灾难，而“不以智治国”反而是国家的福音。古代善于治理者，非但不希望人民成为智者贤者，反而要“愚之”。因为老子说，“祸莫大于不知足，咎莫大于欲得”（第四十六章），各种导致物欲放纵和天性泯灭的奇巧之物，各种自以为是的道德说教，各种满足争竞之心的智谋之术，都是激化社会矛盾的祸根。只有放弃“仁义”等所谓的道德标准，根绝各种巧利之心、争竞之心，人类才会得到真正意义上的拯

---

① 但此句不见于抄写于战国中期的郭店楚简，到了汉初马王堆本才出现“智慧出，安有大伪”。

② 此句郭店楚简本作：“绝智弃辩，民利百倍。绝巧弃利，盗贼无有。绝伪弃诈，民复孝慈。”一般认为，“绝圣弃智”“绝仁弃义”是针对儒家的，在郭店楚简被抄写的战国中期，道家与儒家还没有那么严重的对立，到了汉初才出现“世之学老子者则绌儒学，儒学亦绌老子”的局面，“绝圣弃智”“绝仁弃义”可能是在对立加剧的过程中被改写的。不管是否针对某一家，《老子》对“贤能”所持反对态度是前后一贯的。

救。换言之，回到整全的大道中去，是人类唯一的出路。①

总之，依据老子的逻辑，俗世的知识、技能、道德标准、名誉地位其实是祸之根、恶之源。因此，如果祸之根、恶之源不存在，作为知识、技能、道德标准、名誉地位之载体的贤能之士也就没有必要推崇和存在。所以老子说："圣人为而不恃，功成而不处，其不欲见贤。"（第七十七章）在民众面前，不以主宰者自居，处处注意克制与让步的统治者，即便真的有聪明才智，也故意不将其显露出来，以免造成不必要的混乱，这就是所谓的"不欲见贤"。

庄子等后世道家继承了老子刻意反智反贤的立场。和老子一样，庄子也认为整全的、完善的大道破裂消失之后，为了应对各种问题与矛盾，才出现了各种各样的学说、方法，以及鼓吹这些学说、方法的智能之士。但离开大道越远，学说、方法的作用、效应就越差。如《天下》篇在论说"道术将为天下裂"的情形时说：

> 天下大乱，贤圣不明，道德不一，天下多得一察焉以自好。譬如耳目鼻口，皆有所明，不能相通。犹百家众技也，皆有所长，时有所用。虽然，不该不遍，一曲之士也。判天地之美，析万物之理，察古人之全，寡能备于天地之美，称神明之容。是故内圣外王之道，暗而不明，郁而不发，天下之人各为其所欲焉以自为方。悲夫！百家往而不反，必不合矣！后世之学者，不幸不见天地之纯，古人之大体，道术将为天下裂。

这是说天下之人都自以为是，各执一见，但他们其实"不该不遍"，并无把握全局的思维和目光，无法从整体上"判天地之美，析万物之理，察古人之全"，只是"一曲之士"而已。因此必然导致"各为其所欲焉以自为方"，他们的学说犹如"耳目鼻口""百家众技"，虽然"有所明""有所长""有所用"，但毕竟无法看到"天地之纯，古人之大体"，因此他们不能称为"不离于宗""不离于精""不离于真"的"天人""神人""至人"。

---

① 《文子·自然》也以老子的名义说："老子曰：'清虚者，天之明也。无为者，治之常也。去恩惠，舍圣智，外贤能，废仁义，灭事故，弃佞辩，禁奸伪，则贤不肖者齐于道矣。……'"（王利器．文子疏义．北京：中华书局，2000：344）

需要指出的是，这里出现的“贤圣”，是庄子心目中能够掌握“内圣外王之道”的人，而显然不是那些只有某些技能的“一曲之士”。

《天道》篇指出大道衰落之后，才出现“仁义”“形名”“赏罚”的“五变”“九变”。因为世人眼中精通“仁义”“形名”“赏罚”的贤能之人，都是“有知治之具，非知治之道；可用于天下，不足以用天下”的“辩士”“一曲之士”，他们的理论只能“下所以事上”，而“非上所以畜下也”。

《在宥》篇在讨论为何“绝圣弃知而天下大治”时，对世人眼中创制出“仁义”“法度”，最为贤能的黄帝、尧、舜、三王，以及儒、墨做了无情的嘲讽：

> 昔者黄帝始以仁义撄人之心，尧、舜于是乎股无胈，胫无毛，以养天下之形，愁其五藏以为仁义，矜其血气以规法度。然犹有不胜也。……夫施及三王而天下大骇矣，下有桀、跖，上有曾、史，而儒、墨毕起。于是乎喜怒相疑，愚知相欺，善否相非，诞信相讥，而天下衰矣。大德不同，而性命烂漫矣；天下好知，而百姓求竭矣。于是乎斩锯制焉，绳墨杀焉，椎凿决焉。天下脊脊大乱，罪在撄人心。

可见，天下之所以大乱而且越来越乱，是因为黄帝、尧、舜、三王、儒、墨有罪，“罪在撄人心”，破坏了、扰动了本来宁静、平和的人心，因此他们能力越强、手段越高明，社会就越混乱。“今世殊死者相枕也，桁杨者相推也，刑戮者相望也，而儒、墨乃始离跂攘臂乎桎梏之间。意，甚矣哉！其无愧而不知耻也甚矣！吾未知圣知之不为桁杨椄槢也，仁义之不为桎梏凿枘也，焉知曾、史之不为桀、跖嚆矢也。”这段激扬慷慨的话，把儒、墨骂作是在悲惨世界中斤斤计较刑罚轻重，却无法救人出苦海、不知羞耻到了极点的人。因此，“圣知”“仁义”无异于刑具，而世人眼中大贤大德的“曾、史”不过是“夏桀”“盗跖”的先声而已。《庚桑楚》甚至说“举贤则民相轧，任知则民相盗”。因此，只有“绝圣弃知”才能“天下大治”。

庄子同时又从其他的角度进一步论证了为何贤能是不可靠、不可信的。如果说老子的思维更侧重从道的角度去观察世界、思考问题，侧重道物关系、天人关系中“道”与“天”的决定性因素、主导性作用，那么庄子则更强调从个体即“物”与“人”的角度去观察世界、思考问题，探索“人”怎样才能合理地、有尊严地，甚至诗意地生存下去。庄子意识到，如果人想要获得这样的生存，就必须首先明确一个非常重要的前提，那就是，在大道和天地面前，人是极其渺小的，人的作用是极其有限的，人的智力不是无穷的，人的政治行为不是万能的。

社会之所以一步步走向混乱而难以从根本上加以拯救，是由万物的本性所决定的。与大道的绝对、无待、无限、整全相比，万物只能是相对、有待、有限、分化的。人作为万物之一，同样渺小而可怜。用《人间世》的话讲，就是“吾生也有涯，而知也无涯。以有涯随无涯，殆已；已而为知者，殆而已矣”。

首先，如果意识不到生命的短促、个体的渺小、智能的有限，而狂妄自大、自以为是，以为凭一己之力就能拯救世界，那是可笑的。

其次，正因为包括人在内的万物是有限的、有待的，不是阴就是阳，不是雌就是雄，不是大就是小，不是贵就是贱，不可能超越两极之上，因此，人只能处于特定的空间，站在特定的立场，得到有限的认识，发挥有限的作用。然而，人却往往容易相信自己智慧的绝对性、自己能力的无穷性，同时否定别人的智慧和能力。在《齐物论》篇中，庄子对人好自以为是的弊病做了淋漓尽致的分析与批判。人总是以此为是、以彼为非，导致“此亦一是非，彼亦一是非”，各凭己见、各执己说，永不相让、争论不休。“故有儒、墨之是非，以是其所非而非其所是，欲是其所非而非其所是。”在庄子看来，这些仿佛盲人摸象，只是抓住大道的某一侧面而已，但如果固守或者强行推行一种观念、一种价值，反而会遮蔽真相，甚至导致更大的混乱。因此，那些智者、辩士、能臣沾沾自喜、夸耀不已的智慧、能力、方法、价值观都无法放之四海而皆准。如《秋水》篇所言：“以道观之，物无贵贱；以物观之，自贵而相贱；以俗观之，贵贱不在己。以差观之，因其所大而大之，则万物莫不大；因其所小而小之，则万物莫不小。”如果站在“道”的立场，那么是非、贵贱、高低、善恶、美丑、可不可、然不然都是相对的，没有谁的观点和方法可以成为绝对的真理。

再次，庄子告诉世人，任何一种理论和方法都有其长的同时有其短，甚至其短处是由其长处决定的。用《列御寇》篇的话说就是，“智慧外通，勇动多怨，仁义多责”，那些具有知识技能和聪明才智的人，会因为过于接受万物的侵扰而伤害自身；那些英勇好动的人，会因此而遭受仇怨；仁义不可能遍施于人，在一部分人得到福祉的同时，就要遭受另一部分没有获得者的责怨。所以庄子告诉人们，“达于知者肖”。只能掌握某种知识、能力而不能识大体、通大道的人，即便是人们向往、尊敬的贤能之士，依然是渺小的。

最后，庄子清醒地认识到，再高明的贤者也很难从社会关系的纠葛以及政治权利的游戏中全身而退：“昔者龙逢斩，比干剖，苌弘胣，子胥靡，故四子之贤而身不免乎戮。”（《庄子・胠箧》）再高明的贤者也很难永葆强势，不受命运之摆弄，凭人可怜的智力也无法窥测其神秘：“死生、存亡、穷达、贫富、贤与不肖、毁誉、饥渴、寒暑，是事之变、命之行也。日夜相代乎前，而知不能规乎其始者也。”（《庄子・德充符》）

因此，庄子无情地扎破了关于贤能的美丽泡沫，甚至提出“至德之世，不尚贤，不使能”这一和儒、墨完全对立的想法。因为，只要尚贤，就会有利益的追求，就会被价值观所左右，就无法摆脱命运之掌控，就无法进入无待的精神境界。

总之，在老庄道家看来，贤能之士制订出来的道德原则并不具有普遍性，贤能之士体现出来的个人能力并不具有无限性，贤能之士提倡操作的政治行为并不具有常效性。因此，贤能不是万能的，对于贤能的智慧、能力必须予以怀疑和警惕，甚至要加以否定与批判。

后世很多道家人物，延续老庄批判贤能的思路，做出更为详细的发挥。例如《列子・天瑞》提出“圣人无全能”的说法：“天地无全功，圣人无全能，万物无全用。故天职生覆，地职形载，圣职教化，物职所宜。然则天有所短，地有所长，圣有所否，物有所通。”① 连天地都有局限，更何况圣人。《列子・天瑞》还指出世人对于“智能之士”的颂扬和推崇是可笑的，“智能之士”和“狂荡之人”没有什么两样：“有人去乡土，离六亲，废家业，游于四方而不归者，何人哉？世必谓之为狂荡之人矣。又

① 杨伯峻. 列子集释. 北京：中华书局，1979：9.

有人钟贤世，矜巧能，修名誉，夸张于世而不知已者，亦何人哉？世必以为智谋之士。此二者，胥失者也。”① 世人只知道否定前者，却不知道后者同样值得批判。

再如《老子》第三章的“不尚贤”，《文子·下德》篇做了如此解释：

> 人之性情皆愿贤己而疾不及人，愿贤己则争心生，疾不及人则怨争生，怨争生则心乱而气逆，故古之圣王退争怨，争怨不生则心治而气顺。故曰：“不尚贤，使民不争。”②

这是从人都喜欢自以为是和都有争竞之心两个角度来解释“尚贤”，这显然综合了老子反对争竞和庄子批判自是两层的意思。《淮南子·齐俗》则做如此解释：

> 夫明镜便于照形，其于以函食，不如箪③；牺牛粹毛宜于庙牲，其于以致雨，不若黑蜧。由此观之，物无贵贱，因其所贵而贵之，物无不贵也；因其所贱而贱之，物无不贱也。夫玉璞不厌厚，觹不厌薄，漆不厌黑，粉不厌白，此四者相反也，所急则均，其用一也。今之裘与蓑，孰急？见雨则裘不用，升堂则蓑不御，此代为常者也。譬若舟、车、楯、肆、穷庐，故有所宜也。故老子曰“不上贤”者，言不致鱼于木，沉鸟于渊。④

其实这段话有两层意思，一是发挥《庄子·秋水》之意，提出“物无贵贱，因其所贵而贵之，物无不贵也；因其所贱而贱之，物无不贱也”。万物都有其长也有其短，不能只强调或重视这一面而放弃或轻视另一面，不能把一种价值、方法、作用绝对化。二是强调，万物皆有其用，但在使用时，要用其长而避其短。因此，“不尚贤”就成了不要把鱼赶到树上，把

① 杨伯峻. 列子集释. 北京：中华书局，1979：28-29.

② 王利器. 文子疏义. 北京：中华书局，2000：391.

③ 王念孙认为“函食”当作“承食”。“箪”乃“箅”之误，因为“镜”与“箅”两者都是圆形物，作“箪”则不合理。（王念孙. 读书杂志. 南京：江苏古籍出版社，2000：856-857）

④ 刘文典. 淮南鸿烈集解. 北京：中华书局，1989：418-421.《文子·自然》也有类似的话：“言不放鱼于木，不沉鸟于渊。”

鸟沉于渊中的意思，这实际上已经修改了老子的本意，而有黄老道家贤能观中扬长避短、物尽其用，综合考量、充分发挥各种贤才能力的意思。

## 二、道家对于“贤能”的赞许与肯定

虽然同样高举“道”的大旗。但老庄道家与黄老道家显然有很大区别：前者出世，后者入世；前者解构，后者建构；前者批判，后者建设；前者反智，后者用智；前者虚幻，后者现实；前者远离政治，后者直面政治。黄老道家致力于将道家理论与现实政治相结合，力图从根本上提出打通天人关系的、无处不宜无时不宜的政治主张。既然是一种政治思想，就必须通过贤能之士加以贯彻和实施，因此，不可能像老庄道家那样无条件地怀疑、排斥贤能，甚至将其视为祸乱之根。相反，为何需要贤能，需要怎样的贤能，如何使用贤能，成为黄老道家政治思想中重要的一环。

首先，为何需要贤能？贤者存在的必要性和合理性何在？黄老道家有其特殊的解释。第一，如“为一人聪明而不足以遍照海内，故立三公九卿以辅翼之”（《淮南子·修务》）、“天地无全功，圣人无全能，万物无全用”（《列子·天瑞》）所示，黄老道家清醒地认识到，除了整全万能的大道，即便天地与圣人也不是十全十美的。就圣人而言，其能力有短长，其智慧有局限，因此需要设置贤能之士予以辅助，最高明的统治者必然善于利用他人的智慧。当然，这里隐含了一个重要的前提，即黄老道家是尊重和维护至高君权的，只不过这位统治者必须同时也是体道、执道的圣人。

第二，黄老道家不像庄子那样，只关注个人的逍遥即可，而必须对贤能做出安排与使用。黄老道家认为，人间一切政治都必须遵循、效法天道，不仅政治行为必须与天道的节律相合拍，而且政治制度、政治格局也必须模仿自然的秩序。如《黄帝四经·十六经》的第一篇《立命》在描述黄帝成为“受命于天，定位于地，成名于人”的“天下宗”之后，第一步强调了“乃立王、三公，立国、置君、三卿”，即建立政治秩序和安排贤能的重要；第二步则强调了“数日、历月、计岁，以当日月之行”，即取象、效法天地的运行、节律、秩序的重要。因此，犹如北辰居中而众星围拱的天道体系，人间政治必然表现为以君主为中心、以贤能之士为辅助的统治体系。《鹖冠子·道端》也说：“天者，万物所以得立也。地者，万物所以得安也。故天定之，地处之，时发之，物受之，圣人象之。”①

但这种对天道的取象、效法，在黄老道家看来有着不同的层次。马王堆帛书《九主》有这样一句话：“主法天，佐法地，辅臣法四时，民法万物。”② 显然，“民—辅臣—佐—主”的递进的层级关系是与“万物—四时—地—天”这一自然界的等级关系相匹配的。另外如《吕氏春秋·圜道》“天道圜，地道方，圣王法之，所以立上下。……主执圜，臣处方，方圜不易，其国乃昌”，以及《吕氏春秋·行论》“得天之道者为帝，得地之道者为三公”所示，人间各种政治关系是天地间各种关系的翻版。人间各种政治关系必须如天地间各种关系一般呈现出互补、协调的面貌。与这样的观念相配合，黄老道家在贤能政治上有不少特殊的设计，仿佛各种贤者的出现，不是为了解决人间已经发生的政治问题或矛盾，而完全是为了与天地之秩序相合拍。例如，《鹖冠子·道端》说：“是以先王置士也，举贤用能，无阿于世。仁人居左，忠臣居前，义臣居右，圣人居后。左法仁则春生殖，前法忠则夏功立，右法义则秋成熟，后法圣则冬闭藏。……此四大夫者，君之所取于外也。”③ 这里的“四大夫”，完全是一种想象出来的官职，但在恪守“从天道到人事”之准则的黄老道家而言，则是必然的设计。再如，《文子·微明》按照五行的规律，把天下之人总括为二十五类，不仅涵盖了各种等级，同时也涵盖了各种需求：

> 昔者中黄子曰：“天有五方，地有五行，声有五音，物有五味，色有五章，人有五位。故天地之间有二十五人也。上五有神人、真人、道人、至人、圣人，次五有德人、贤人、智人、善人、辩人，中五有公人、忠人、信人、义人、礼人，次五有士人、工人、虞人、农人、商人，下五有众人、奴人、愚人、肉人、小人。上五之与下五，犹人之与牛马也。圣人者，以目视，以耳听，以口言，以足行。真人者，不视而明，不听而聪，不行而从，不言而公。故圣人所以动天下

① 黄怀信. 鹖冠子汇校集注. 北京：中华书局，2004：90.

② 魏启鹏. 马王堆汉墓帛书《黄帝书》笺证. 北京：中华书局，2004：253.

③ 同①94-95.

者，真人未尝过焉；贤人所以矫世俗者，圣人未尝观焉。”①

虽然《文子·微明》极为重视与道同体、“不视而明，不听而聪，不行而从，不言而公”的真人，但与老庄道家不同的是，所谓“矫世俗”的“贤人”，虽然在位格上不及“真人”和“圣人”，但在这里并非是否定的对象，而成为需要重视和依赖的对象。作为“以目视，以耳听，以口言，以足行”的圣人，在上必须依赖“真人”，在下必须依赖“贤人”。“真人”对圣人的行动不加过问，“圣人”则对“贤人”的行动也不加过问。世界可以由等级分明、分工明确的这二十五种人构成，并形成和谐、合理的格局。

第三，贤能的存在也是“无为”的体现或是“无为”的结果。如《鹖冠子·道端》所云：“夫寒温之变，非一精之所化也；天下之事，非一人之所能独知也；海水广大，非独仰一川之流也。是以明主之治世也，急于求人，弗独为也，与天与地，建立四维，以辅国政，钩绳相布，衔橛相制，参偶其备，立位乃固。”② 高明的统治者要成就大事，不仅不可能依赖君主个人的才能或者个别的贤能之臣，反而必须最大限度地利用各种人才，从而造就相互配合、呼应、牵制的政治格局，使天下贤才为一人所用。为此，君主必须无为，或者说无为成为贤能有为之后的必然结果。《吕氏春秋·分职》对此有精辟的论述：

> 夫君也者，处虚素服而无智，故能使众智也；智反无能，故能使众能也；能执无为，故能使众为也。无智、无能、无为，此君之所执也。③

司马谈的《论六家之要指》称得上是黄老道家的宣言书，其中对儒家的指责就是“主劳而臣逸”，儒家喜欢让君主做天下楷模，所以提倡“人主，天下之仪表也”，君主什么事情都要做好，要尽善尽美，而且必须“主倡而臣和，主先而臣随”，结果导致“博而寡要，劳而少功”，实际上这是在嘲笑儒家的君主不能有效控制和利用贤能之士，累个半死，却吃力

---

① 王利器．文子疏义．北京：中华书局，2000：337-338.

② 黄怀信．鹖冠子汇校集注．北京：中华书局，2004：91-92.

③ 张双棣．吕氏春秋译注．长春：吉林文史出版社，1986：888.

不讨好。

其次，该重视和利用怎样的贤能呢？从上引《文子·微明》也可以看出，黄老道家最为重视的两种，一种类似“真人”，一类似“贤人”。“真人”是可以引导君主体道悟道，从而使君主识大体、通天道的人，这个层面的贤能之士，显然在其他各家中比较少见。笔者注意到，在具有黄老道家性质的文献中，有一批可以称之为“帝师类”的特殊文献，这类文献大多采取对话的形式，对话一方多为上古圣明帝王或君主，如黄帝、尧、舜、禹、殷高宗、周文王、周武王等，另一方则是深明天道又洞察世事，具有整体眼光、博大胸怀的人物，如岐伯、彭祖、伊尹、姜太公等。帝王所问，从内容上看，往往都是最为重大的、紧要的问题，例如如何获取天下，如果获取军事上的成功，如何获得政治上的长治久安，如何养生并长生，等等。而“帝师”往往是天道的代言人，他们的话看似带有神秘感，但一定有着现实的意义。比较典型的“帝师类”文献，传世文献可以《黄帝内经》《六韬》《大戴礼记·武王践阼》为代表，出土文献可以马王堆帛书《九主》、马王堆医药养生类竹简《十问》、清华简《殷高宗问于三寿》和《汤在啻门》为代表。从这类文献的大量存世看，黄老道家所最为重视的贤能莫过于这一类人士。因此，黄老道家按照是否贤于君主来划分人才，并给予相应的待遇。例如，《鹖冠子·博选》云：

> 权人有五至：一曰伯己，二曰什己，三曰若己，四曰厮役，五曰徒隶。①

如林冬子所言：“‘五至’将选贤的范围扩大到一个国家的所有人，只要身怀才能，无论是谁都可以不拘一格地为君主所用。”② 结合前引《文子·微明》所见二十五类人的设计，确实有这样的感受。但是黄老道家所重视的主要还是“伯己”或“什己”之才，对于这些贤于君主的人，黄老道家给予极高的评价和礼遇。例如，《鹖冠子·博选》云：

> 北面而事之，则伯己者至；先趋而后息，先问而后默，则什己者

---

① 黄怀信. 鹖冠子汇校集注. 北京：中华书局，2004：2-3.

② 林冬子.《鹖冠子》研究. 银川：宁夏人民出版社，2016：175.

> 至；人趋己趋，则若己者至；凭几据杖，指麾而使，则厮役者至；乐嗟苦咄，则徒隶之人至矣。故帝者与师处，王者与友处，亡主与徒处。①

关于“帝者与师处”，可以参照《黄帝四经·称》类似的说法：

> 帝者臣，名臣，其实师也。王者臣，名臣，其实友也。霸者臣，名臣也，其实〔宾也。危者〕臣，名臣也，其实庸也。亡者臣，名臣也，其实虏也。②

可以相信，能够成为帝之师、王之友的，正是这一类天道的代言人。例如《汉书·艺文志》五行类有《黄帝诸子论阴阳》二十五卷，黄帝诸子，即封钜、大挠（又称大填）、大山稽（又称太山稽）、力牧（又称力黑）、风后、大鸿（又称鬼臾区）、封胡、孔甲、岐伯、伶伦、天老、五圣、知命、规纪、地典、常先、羲和、隶首、容成、俞拊等。《管子·五行》言：“昔者黄帝得蚩尤而明于天道，得大常而察于地利，得奢龙而辨于东方，得祝融而辨于南方，得大封而辨于西方，得后土而辨于北方。黄帝得六相而天地治，神明至。蚩尤明乎天道，故使为当时；大常察乎地利，故使为廪者；奢龙辨乎东方，故使为土师；祝融辨乎南方，故使为司徒；大封辨于西方，故使为司马；后土辨乎北方，故使为李。是故春者土师也，夏者司徒也，秋者司马也，冬者李也。”③ 清人吴乘权云：“黄帝得六相而天地治，神明至。风后明乎天道，太常察乎地利，苍龙辨乎东方，祝融辨乎南方，大封辨乎西方，后土辨乎北方。帝命苍颉为左史，沮诵为右史。苍颉见鸟兽之迹，体类象形而制字。”④

至于第二类“贤人”，在黄老道家这里，则多为熟悉政治事务、掌握某种技能的职业官僚。这些人也是国家管理机器中不可或缺者。这就涉及黄老道家贤能政治中的第三个问题，如何利用和把握贤能之士。

利用和把握贤能之士的要点在于遵循万物之“自然”，即充分利用万

① 黄怀信．鹖冠子汇校集注．北京：中华书局，2004：6-8．

② 陈鼓应．黄帝四经今注今译．北京：商务印书馆，2007：352-353．

③ 黎翔凤．管子校注：中册．北京：中华书局，2015：865．

④ 吴乘权．纲鉴易知录：卷一．北京：中华书局，1960：9．

物的多元性和互补性，尽可能多地选拔、掌握各种专业人士，并注意激发他们的主动性、积极性、创造性，同时扬长避短、相互配合，从而“兼用而财使之”，最大限度地发挥人才的作用。《文子·自然》以下这段话可以说是很好的例证：

> 故用兵者，或轻或重，或贪或廉，四者相反，不可一也。轻者欲发，重者欲止，贪者欲取，廉者不利非其有也。故勇者可令进斗，不可令持坚；重者可令固守，不可令凌敌；贪者可令攻取，不可令分财；廉者可令守分，不可令进取；信者可令持约，不可令应变。五者，圣人兼用而财使之。……夫守一隅而遗万方，取一物而弃其余，则所得者寡，而所治者浅矣。①

这和前引《淮南子·齐俗》意思相同，既要物尽其用，又要扬长避短。这样就不至于“守一隅而遗万方，取一物而弃其余”了。《文子·自然》还说：“故圣人举事，未尝不因其资而用之也。有一功者处一位，有一能者服一事。力胜其任，即举者不重也。能胜其事，即为者不难也。圣人兼而用之，故人无弃人，物无弃材。”② 这里重点在于因人善任，以及才尽其用。但“有一功者处一位，有一能者服一事”的说法，和《黄帝四经·经法·道法》的“畜臣之恒道，任能毋过其所长”同出一辙。在思维方式上和法家鼓吹的“形名参同”“名实相副”也无不同。

黄老道家在人才的使用上，还特别强调所谓的“自为”，而非“为我”。“自为”即利用俗世之人自私自利、趋利避害的心理，充分调动起他们为自己奋斗的主动性、积极性。相反，“为我”即为了君主，或为了百姓的利益，在黄老道家看来，反而很有可能陷于沽名钓誉、夸夸其谈，而无法真正掌握和使用。《慎子》对此有深刻的体会：

> 天道，因则大，化则细。因也者，因人之情也。人莫不自为也，化而使之为我，则莫可得而用矣。是故先王见不受禄者不臣，禄不厚者不与入难。人不得其所以自为也，则上不取用焉。故用人之自为，

---

① 王利器. 文子疏义. 北京：中华书局，2000：349-350.《淮南子·泰族》有相似内容。

② 同①367.

> 不用人之为我。则莫不可得而用矣。①

因此，看到“不自为”“不受禄”的人反而不敢加以任用，只有真正满足“人之自为”，才可能让人才全身心地贡献自己的智慧与能力。这种看似冷酷无情，事实上入木三分的人才心理学，在先秦时代各种贤能观中格外令人瞩目。

具有黄老道家倾向的《韩非子》四篇，鼓吹“君臣不同道”，君为道、臣为术，君用刑名参同之道把握臣下。刑名参同之道的前提之一，就是才能付出、贡献大小与俸禄地位的联动与配合，和“自为”理论有着同样的思维方式。

那么，黄老道家的贤能观是否重视“德”的一面呢？如前文提及的《鹖冠子·道端》所示，“四大夫”分别拥有“仁”“忠”“义”“圣”等品德，但这些品德是和“春”“夏”“秋”“冬”相匹配的。因此，这里的“德”并非是建立在人伦亲情之上的德，相反，黄老道家认为建立在人伦亲情之上的德反而是有害于贤能政治之实施的。例如《淮南子·齐俗》云：

> 昔太公望、周公旦受封而相见，太公问周公曰：“何以治鲁？”周公曰：“尊尊亲亲。”太公曰：“鲁从此弱矣。”周公问太公曰：“何以治齐？”太公曰：“举贤而上功。”周公曰：“后世必有劫杀之君。”其后，齐日以大，至于霸，二十四世而田氏代之。②

可见，在《淮南子》看来，齐国的强盛是崇尚贤能的结果，而鲁国的衰弱则是过于注重“尊尊亲亲”之礼仪及其德行的结果。所以，如果说黄老道家的贤能观有时也强调“德”，那主要是与天地万物相配之德，更多的时候，贤能中没有德的含义，贤与能都主要指的是知识、技术、能力，而非显扬于世却华而不实的品德、节操。

总之，黄老道家非常重视贤能。例如《黄帝四经》反复强调“贤不

---

① 许富宏．慎子集校集注．北京：中华书局，2013：24-25.《黄帝四经·称》有类似的说法：“不受禄者，天子弗臣也。禄薄者，弗与犯难。”（陈鼓应．黄帝四经今注今译．北京：商务印书馆，2007：353）

② 刘文典．淮南鸿烈集解．北京：中华书局，1989：415-416.

肖”的问题，有时强调“贤”不能被当作“不肖”看待，有时强调“贤”与“不肖”要各尽其职。《鹖冠子》一书有大量篇幅论述如何选拔、利用贤能，其书第一篇就是《博选》，可见贤能在《鹖冠子》中很受重视。① 在刻意维护君主集权体制方面，在强调利用自然的人情人欲、利用赏罚手段使人才各尽其用方面，在强调君主必须借助人才的智慧而且必须综合利用各种人才所长方面，在不强调“德”甚至排斥“德”等方面，黄老道家都和法家有相似之处，有可能是黄老道家影响了法家，也有可能这两家因为思想立场的接近而形成了类似的贤能观。

① 林冬子.《鹖冠子》研究. 银川：宁夏人民出版社，2016：164-190，第六章“《鹖冠子》的选贤观”。

# 第十三章　道家与谦逊

中国人自古以来有推崇谦逊的传统，例如《逸周书·官人》云："少言以行，恭俭以让，有知而言弗发，有施而□弗德，曰谦良者也。"[①]《尚书·大禹谟》将"满招损，谦受益"[②] 视为天道。而《周易》的谦卦更是六十四卦中最美好的卦，没有任何缺陷，这种地位在六十四卦中是绝无仅有的。《谦·彖》云："谦，亨。天道下济而光明，地道卑而上行。天道亏盈而益谦，地道变盈而流谦，鬼神害盈而福谦，人道恶盈而好谦。谦，尊而光，卑而不可逾，君子之终也。"[③] 这是将"谦"视为天道、地道、鬼神以及人道共有的美德，即天地鬼神都以各种方式憎恶盈满，喜爱谦虚，人间的君子也是如此，最为谦卑的人，才是最为尊贵的、光明的、无法超越的。其实，《易传》的中心话题就是在论述如何处于最佳的生存状态，而使自己不会处于危亡的境地，谦逊恰恰是保持最佳状态的最佳姿势。《荀子·宥坐》也一样，这篇文章中，荀子借助孔子议论宥坐之器的故事，阐述了"虚则欹，中则正，满则覆"的道理。最后总结出所谓"持满有道"的哲理："聪明圣知，守之以愚；功被天下，守之以让；勇力抚世，守之以怯；富有四海，守之以谦。此所谓挹而损之之道也。"[④]

《韩诗外传》卷三以下内容把《易传》论谦与《荀子·宥坐》论谦

---

① 黄怀信，等. 逸周书汇校集注. 上海：上海古籍出版社，2007：788.

② 尚书正义//阮元. 十三经注疏. 台北：艺文印书馆，1965：58.

③ 周易正义//阮元. 十三经注疏. 台北：艺文印书馆，1965：47.

④ 王先谦. 荀子集解. 北京：中华书局，1988：520.

结合了起来："吾闻德行宽裕，守之以恭者，荣；土地广大，守之以俭者，安；禄位尊盛，守之以卑者，贵；人众兵强，守之以畏者，胜；聪明睿智，守之以愚者，善；博闻强记，守之以浅者，智。夫此六者，皆谦德也。夫贵为天子，富有四海，由此德也。不谦而失天下，亡其身者，桀、纣是也。可不慎欤？故《易》有一道，大足以守天下，中足以守其国家，近足以守其身，谦之谓也。夫天道亏盈而益谦，地道变盈而流谦，鬼神害盈而福谦，人道恶盈而好谦。是以衣成则必缺衽，宫成则必缺隅，屋成则必加措。示不成者，天道然也。"① 《韩诗外传》卷八有类似内容。

道家重视谦逊，或者说谦逊就是道家的生活之道，这似乎是不言而喻的事情，不需要做太多的说明。虽然中国古代没有一家不推崇谦逊，讨论谦逊的文字也极为丰富，然而，从理论上全面论述谦虚、谦逊、谦卑、谦下的重要性、必要性，就理论的深度、广度、高度而言，没有一家可以和道家相比。如果用一个字来形容道家生活之道，那么"谦"字最为合适。即便不使用"谦"字，道家许多论述的精神实质依然是"谦"。在道家这里，"谦"不仅是一种美德，更是一种良好的生活方式、一种有效的处世手段、一种更高的思想境界。然而，道家的谦逊和儒家等其他各家的谦逊有何不同，道家为何重视谦逊，道家如何论述谦逊，道家如何实践谦逊，里面蕴含着深厚的哲理，有必要做出学理上的探讨，进行系统的论述，这将不仅有助于对传统道家义理、价值、意义的抉发，也有助于使道家文明在新的时代发挥出更强的生命力。遗憾的是，以往的研究虽然提及道家这个方面或那个方面与谦逊有关，但都十分零散或流于表面，尚未见到过一篇从理论层面全面、系统研究道家与谦逊关系的论文。下面，我想从整体性、平等性、关联性三个方面，就此问题展开讨论。

## 一、整体性视野下的谦逊

道家论述谦逊，虽然也视其为美德，但并不局限于人际关系的范围，仅仅将其视为一种伦理意义上的品性，而是放在道论中，在整体的、全局

① 屈守元. 韩诗外传笺疏. 成都：巴蜀书社，1996：318-319.

的世界观视野下，将“谦”看作是“道”之作用的体现，看作是与“道”相配合的最佳的存在方式。

道家的世界观，可以用“道生万物”“道物二分”来形容。这表明，在道家眼中，包括万物在内的世界可以划分为两个部分，即形而上的本体的“道”和形而下的现象的“物”。“道”具有不同于万物的根本性特征，这些特征使“道”成为万物存在与运动的总根源、总依据、总动力，使“道”成为绝对的原理和永恒的存在。本体世界是独立的、绝对的、永恒的、无限的，不依赖于现象世界的存在；相反，现象世界则是有待的、有限的，依赖于本体世界才能得以产生、存在和运行。按照这一逻辑展开，事实上“道”与“物”之间的关系，就成为一种主宰与被主宰、本与末、一与多、统一与分散、整体与个体的关系。“道”是使万物存在、运动、变化的主宰者，万物则仅是因“道”而得以存在、得以运动、得以变化的被主宰者。与“道”“物”关系相对应，在人间，则表现为作为“执道者”之代表“圣人”和“百姓”的主次本末关系。

在韩非子和一些黄老道家那里，这种理论构造确实可以为“一君万民”的君主专制体制服务。然而，有趣的是，这种理论构造却同时为谦逊的观念提供了理论的保障。就是说，道和万物、圣人和百姓虽然属于主次本末关系，使得万物和百姓不得不依附于道和圣人，然而，《老子》的重点却不在于此，《老子》要突出强调的是，道和圣人从不以生成者、主宰者自居，竭力要把对万物和百姓的控制和影响降到最低点，让万物和百姓获得最大的生存空间，获得自由自在的生活可能，形成无拘无束、生机勃勃的生动局面、和谐景象，这正是老子所要追求的最高理想。《老子》全文反反复复地谈论这个问题，而这个问题，又可以归结为“无为”和“玄德”两大命题。所谓“无为”不是什么也不做（当然在特定条件下，什么也不做也有其积极的意义），消极而言，是说统治者要学会做“减法”，中止、减少胡为妄为导致的损失，从而恢复统治者的威望和人民的信心；积极而言，是说不伤害万物和百姓的“自然”，从而最大限度地照顾到万物和百姓之利益，让万物和百姓都获得蓬勃的生机。极端而言，这种追求甚至到了“天地不仁”“圣人不仁”“天地无亲”的绝情境地。由这种“无为”所体现出来的品性，就是“玄德”。“玄德”在《老子》惜墨如金的五千言中多次反复出现，那就是“生而不有，为而不恃，长而不宰”。道和圣人虽然生养万物却不据为己有，推动万物却不居功自傲，统领万物却不加以宰制，使万物得以自然而然地成就自我。在人间，通过圣人“玄德”的作用，百姓自身的意志、动力、主动性、创造性得到最大程度的激发，能够放开手脚，自己做自己的主人，自觉自愿、自发自动地建功立业，并陶醉在自己的成功中，却不认为自己的成功和圣人有什么关系。这就是所谓的“功成事遂，百姓皆谓我自然”（第十七章），“太上，下知有之。其次，亲而誉之。其次，畏之。其次，侮之”（第十七章）。老子心目中的圣人，不是那种劳心焦神、鞠躬尽瘁，通过各种强制手段将百姓引上某条“正路”的人，而只是一个辅助者、一个引导者、一个保姆而已；最好的统治者，下面的人仅仅知道他的存在；差一级的统治者，下面的人亲近他、歌颂他；再差一级的统治者，下面的人怕他；更差一级的统治者，下面的人蔑视他。也就是说，越往下，统治者对百姓的控制力越强，但效果却越差。

《老子》整本书都在围绕“无为”和“玄德”展开论述，而“无为”和“玄德”的精神实质正是谦逊。例如，老子讲“守雌”，“知其雄，守其雌，为天下溪”（第二十八章），希望世人不要一味示强，因为雄强代表更早更快地走向极点。通过“雌”所代表的柔和、让步、宽容、慈爱来慑服人心。所以第六十一章将大国比作“天下之牝”，希望大国在天下中扮演女性的角色。

老子讲“处下”。第六十六章说：“江海所以能为百谷王者，以其善下之，故能为百谷王。是以欲上民，必以言下之；欲先民，必以身后之。是以圣人处上而民不重，处前而民不害。是以天下乐推而不厌。”这里以江海成为河流之王为比喻，指出要想统治人民，必须首先在语言上对人民表示谦恭，同时把自己的利益放到人民的后面，让人民不感到重压、不感到妨害，这样人民才会推戴你。就国际关系而言，老子希望大国和小国都能够以谦逊示人，但大国尤其要表示谦恭，这就是第六十一章所说：“大国者下流，天下之交，天下之牝。牝常以静胜牡，以静为下。故大国以下小国，则取小国；小国以下大国，则取大国[①]。故或下以取，或下而取。大

① “则取大国”，当从马王堆帛书本和北大汉简本作“则取于大国”。

国不过欲兼畜人，小国不过欲入事人，夫两者各得其所欲，大者宜为下。”意思是大国要像江河那样居于下流，居于天下交集、归附之处，在天下中扮演女性的角色。雌性之所以能制服雄性，就因为是安静的、谦下的。所以如果大国对小国表示谦下姿态，就可取得小国归附；小国对大国表示谦下姿态，就可取得大国的信任和见容。有时是大国谦下使小国归附，有时是小国谦下使大国宽容，这其中，大国尤其应该注意谦下。

老子讲“谦卑”。越是地位高的人越是要纡尊降贵，忍辱负重，经得起委屈，经得起卑辱，所以第七十八章说：“受国之垢，是谓社稷主。受国不祥，是为天下王。”第三十九章说“故贵以贱为本，高以下为基。是以侯王自谓孤、寡、不榖。此非以贱为本邪?”君王自称“孤”“寡”“不榖”，正是以贱为本的体现。[①] 第四章说“挫其锐，解其纷，和其光，同其尘”，就是希望统治者收敛锋芒、韬光养晦、低调做事、谨慎做人。第十三章的“何谓宠辱若惊？宠，为下得之若惊，失之若惊，是谓宠辱若惊”则指出，只有能够做到谦卑者，才有可能看淡一切，宠辱不惊。

老子讲“不争”。《老子》书中多次使用“不争”这个词汇，例如“上善若水，水善利万物而不争”（第八章），意为最高的善如水一般，善于帮助万物，却不与万物争胜。“天之道，不争而善胜”（第七十三章），天之道不争胜却善于取胜。“天之道，利而不害。圣人之道，为而不争”（第八十一章），这是说天道利人而不害人，圣人之道，虽有所为，但谦卑不争。老子“三宝”（第六十七章）的实质也是“不争”，“三宝”就是“慈”，即宽容、爱护；“俭”，即吝惜、节约；“不敢为天下先”，即谦下和不争。因为慈爱，故能勇敢。因为节俭，故能广大。因为谦下不争，故能成为天下领袖。相反，舍弃慈爱而求勇敢，舍弃节俭而求广大，舍弃退让而求争先，是死路一条。“不争”的极致，乃是“报怨以德”（第六十三章）。因为，“报怨以德”虽然包含着难以忍受的委屈和让步，但比起以怨报怨，

① 《淮南子》《列子》等道家类的书籍记载了孙叔敖三上三下的故事。孙叔敖“吾爵益高，吾志益下；吾官益大，吾心益小；吾禄益厚，吾施益博”（何宁．淮南子集解．北京：中华书局，1998：870）的表态，正体现出“贵以贱为本，高以下为基”的精神；其“三得相而不喜”“三去相而不悔”的处世风格，和低调做事、谨慎做人、看淡一切、宠辱不惊的老子教诲完全一致。

仍然是明智的选择。

老子讲“虚无”。“虚”和“无”归根结底也和谦逊之道相联。老子用山谷、大海、风箱、乐管乃至生殖器官来形容“道”的作用，因为这些存在都具有空虚、不盈的特征。首先，“有”是以“无”为前提的，是因为“无”空虚、不盈，具备无限的、神妙的、创造性的功能，从而才有可能主动地、谦虚地可以接受各种各样的可能性，代表了未来和希望，而“有”则代表的是有限、既定、既成、现实、规范、堵塞、窒息，所以老子希望人类永远处在“虚无”的境界。其次，从认识的角度看，“虚无”是一种包容、接受的心态，竭力不要让对象失去本然，从而更好地让对象呈现自身。在具体政治情境中，则表现为“因循”和“自然”的理论。这种理论在《管子》四篇中得到最大程度的发挥，其经典表述就是《管子·心术上》：“因也者，舍己而以物为法者也。”① 其经典表述可举《庄子·应帝王》：“至人之用心若镜，不将不迎，应而不藏，故能胜物而不伤。”《淮南子·原道》：“所谓无治者，不易自然也。所谓无不治者，因物之相然也。”②

总之，老子在五千言中，通过“无为”和“玄德”，通过将“无为”和“玄德”体现出来的“守雌”“处下”“自卑”“虚无”“不争”等行为方式，反复强调了在道家世界观的道物关系、圣人百姓关系中，主宰一方克制、让步的重要性，而这种克制、让步的精神完全可以用谦逊来形容。所以，这是一种整体性视野下被全面表述的谦逊观，而不是偶尔的、零碎的提及。《庄子·天下》在描述关尹、老聃时做了这样的描述：“关尹、老聃闻其风而悦之，建之以常无有，主之以太一，以濡弱谦下为表，以空虚不毁万物为实。”“濡弱谦下”是其表征，而“空虚不毁万物”则为其理想和目标。《庄子·天下》所选取的老聃的语录、所总结的精神也全部都与谦逊相关：“老聃曰：‘知其雄，守其雌，为天下溪。知其白，守其辱，为天下谷。’人皆取先，己独取后，曰受天下之垢。人皆取实，己独取虚，无藏也故有余，岿然而有余，其行身也，徐而不费，无为也而笑巧。人皆求

---

① 陈鼓应．管子四篇诠释．北京：商务印书馆，2006：164.

② 何宁．淮南子集解．北京：中华书局，1998：48.

福，已独曲全，曰苟免于咎。以深为根，以约为纪，曰坚则毁矣，锐则挫矣。常宽容于物，不削于人，可谓至极。”可以说，庄子将老聃“常宽容于物，不削于人”的谦逊精神视作“至极”的境界。《老子》全篇虽然不著一个“谦”字，但后世的诠释却往往从“谦”字入手，例如河上公本《老子》就多用“谦”来命名各章，称第二十二章为《益谦》，称第六十一章为《谦德》，解释第四章“道冲而用之，或不盈”为“道常谦虚不盈满”①。

## 二、平等性视野下的谦逊

道家认为，虽然万物千姿百态、千差万别，但在作为终极根源、终极依据的道面前，万物都来自“道”，都有其存在的合理性，因而也都是平等的，没有什么孰高孰低、孰贵孰贱，所以《老子》第二十七章说：“是以圣人常善救人，故无弃人；常善救物，故无弃物。是谓袭明。故善人者，不善人之师；不善人者，善人之资。不贵其师，不爱其资，虽智大迷，是谓要妙。”

与绝对的、无限的、无待的“道”不同，万物一定是相对的、有限的、有待的、“不该不遍”的（《庄子·天下》），如《老子》第二章所言：“天下皆知美之为美，斯恶已；皆知善之为善，斯不善已。故有无相生，难易相成，长短相较，高下相倾，音声相和，前后相随。”万物的世界由美与丑、善与恶、有与无、难与易、长与短、上与下、强与弱、阳与阴、刚与柔、男与女等无穷的相互对立、相互依赖的因素所构成，人虽然是万物之精灵，但归根结底属于万物之列，因此也就不可能不受到“物”所持有之性质的局限。在认识自然世界和人类世界，从事各种事实判断与价值判断时，人不可能不受特定时空、特定位置的限制，秉持特定的立场，形成特定的好恶，因此，必然造成自以为是、相互排斥的狭隘视野。这种局限，可以从两个方面加以概括，即“以己为中心”和“以人为中心”。“以己为中心”表现为人类习惯以高低、好坏、优劣来品评他人和事物，时刻以主观的标准为他人和事物打分，在自觉与不自觉中体现出自以为是的心

① 王卡．老子道德经河上公章句．北京：中华书局，1993：14．

理。“以人为中心”则表现为人在与自然的关系中，以居高临下的姿态对待万物，认为万物不过是为人类服务的，是不值得尊重的。

对于人的这种局限，庄子的认识最为清醒，他在《养生主》中说：“吾生也有涯，而知也涯。以有涯随无涯，殆已。”① 同时在《秋水》中，他以夸张的口气描述了人的渺小与局限有如“小石小木之在大山”“礨空之在大泽”“稊米之在大仓”“豪末之在于马体”：

> 吾在于天地之间，犹小石小木之在大山也，方存乎见少，又奚以自多！计四海之在天地之间也，不似礨空之在大泽乎？计中国之在海内，不似稊米之在大仓乎？号物之数谓之万，人处一焉；人卒九州，谷食之所生，舟车之所通，人处一焉；此其比万物也，不似豪末之在于马体乎？

所以人要做的第一件事，是清醒地认识到人的渺小和局限；第二件事，是不把人所做出的种种判断当作唯一的、绝对的判断，并强加到其他人或其他物身上。“以道观之，物无贵贱”（《秋水》），站在道的立场上，世间万物本没有实质性的差别，应该一视同仁。但是“以物观之，自贵而相贱”（《秋水》），站在万物的立场上，就会自以为是，坐井观天，以自我判断为中心，把事物差异的相对性当作绝对性看待，或者因为人的认知能力以及语言的局限，而无限夸大或不断造就事物差异的相对性。

在《齐物论》中，庄子竭力要打破的就是人类“以己为中心”和“以人为中心”的狭隘意识。例如以下这段话：

> 古之人，其知有所至矣。恶乎至？有以为未始有物者，至矣，尽矣，不可以加矣。
>
> 其次以为有物矣，而未始有封也。
>
> 其次以为有封焉，而未始有是非也。
>
> 是非之彰也，道之所以亏也。
>
> 道之所以亏，爱之所以成。

① 《列子·周穆王》说：“变化之极，徐疾之间，可尽模哉?”（杨伯峻. 列子集释. 北京：中华书局，1979：94）是同样强烈的感叹。

池田知久认为，如果把这段话的顺序倒过来，从后向前推，可以说正是庄子的三大批判，第一批判的对象是与“小成”“荣华”相伴随的、以“爱”为代表的感情判断，这是最下一级的判断。在指出感情判断的局限性之后，庄子展开了第二批判，其对象是儒、墨围绕“是非”展开的价值判断。第三批判的对象则主要是惠施等名家围绕“彼是”所进行的事实判断。① 无论是感情判断、价值判断还是事实判断，因为都是基于人的“知”和“言”完成的，因此必然是有限的、不可靠的，甚至是可笑的。

在《齐物论》中，庄子还说：“民湿寝则腰疾偏死，鳝然乎哉？木处则惴栗恂惧，猿猴然乎哉？三者孰知正处？民食刍豢，麋鹿食荐，蝍蛆甘带，鸱鸦耆鼠，四者孰知正味？猿猵狙以为雌，麋与鹿交，鳝与鱼游。毛嫱、丽姬，人之所美也，鱼见之深入，鸟见之高飞，麋鹿见之决骤，四者孰知天下之正色哉？自我观之，仁义之端，是非之途，樊然淆乱，吾恶能知其辩！”这是警告人类不要把自己的价值观、审美观强加到万物之上，世界上没有什么绝对的“正处”“正味”“正色”。这种在他者面前、在万物面前，时刻意识到自己的局限与渺小，以平等的姿态对他者和万物表示出足够的理解与尊重，不正是谦逊的精神吗？

《齐物论》反复提到“以明”，如：“若是而可谓成乎？虽我亦成也。若是而不可谓成乎？物与我无成也。是故滑疑之耀，圣人之所图也。为是不用而寓诸庸，此之谓以明。”“故有儒、墨之是非，以是其所非而非其所是。欲是其所非而非其所是，则莫若以明。”“彼是莫得其偶，谓之道枢。枢始得其环中，以应无穷。是亦一无穷，非亦一无穷也。故曰：‘莫若以明。’”这个“以明”，我们既可以将其理解为“以道观之”的宏大视野，也可以将其理解为对他者、对万物表示出足够理解与尊重的谦逊姿态、方法、智慧。

正因为道无限宏大，万物无限渺小，所以道家对于万物命运的不确定性、无常性、偶然性也有清醒的认识，例如《列子·力命》说：“然而生

---

①　池田知久认为，《齐物论》这里事实上还存在针对自身之“万物齐同”展开的第四批判，这项批判完成之后，才能到达最终的“一之无”，并最终确立“道”。（池田知久．道家思想的新研究——以《庄子》为中心．王启发，曹峰，译．郑州：中州古籍出版社，2009：172-173）

生死死，非物非我，皆命也，智之所无奈何。故曰：窈然无际，天道自会；漠然无分，天道自运。天地不能犯，圣智不能干，鬼魅不能欺。自然者，默之成之，平之宁之，将之迎之。”① 对于自然的造化，人类只能以“默之成之，平之宁之，将之迎之”的平静、谦和的心态加以应对。

道家认为，世事如幻如梦，这既是事物变化自身的多样性所致，也是因为人类主观精神活动的丰富性所致。对于世事的无常，与其费力地加以捉摸、加以把握，不如将有限的生命投入到无限的“物化”洪流之中，《庄子·齐物论》在否定了“以己为中心”和“以人为中心”的狭隘意识以及种种恶果之后，叙述了一个《庄周梦为蝴蝶》的故事：

> 昔者庄周梦为胡蝶，栩栩然胡蝶也，自喻适志与！不知周也。俄然觉，则蘧蘧然周也。不知周之梦为胡蝶与，蝴蝶之梦为周与？周与蝴蝶，则必有分矣。此之谓物化。

《庄子·齐物论》在最后出现“梦为蝴蝶”的故事，一定是有用意的，庄子在冷酷无情地揭示了人的渺小和局限之后，对人类不免感到悲观，要想跳出悲观，“物化”不失为一条豁达的途径。所谓“物化”，正是主动放弃寻求人与万物之间的差别，从而以最为平等、最为谦逊的姿态打破物我的差别，寻求与万物之间的齐同。在《庄子·天下》篇中，庄子对自己的塑造，正体现出万物平等、谦卑无争、看淡一切的精神，那就是：“独与天地精神往来，而不敖倪于万物。不谴是非，以与世俗处。”“上与造物者游，而下与外死生无终始者为友。”这不正是排除了“以己为中心”“以人为中心”的谦逊姿态吗？

## 三、关联性视野下的谦逊

老子第四十章说：“反者，道之动；弱者，道之用。”又说：“大曰逝，逝曰远，远曰反。”（第二十五章）道家以为，世界上的事物无不处在运动发展之中，然而其运动和发展有规律可循，那就是“反”与“复”。同时事物的运动和发展，绝不是孤立的、单独的，必然表现为与其他事物，尤

---

① 杨伯峻．列子集释．北京：中华书局，1979：203.

其是与相反事物之间的往来与互动。

中国古人早就认为，事物由正反两个方面构成，事物的发展都是从一个方面向另一个方面转化，卑小总会走向高大，柔弱总会走向雄强，生命总会走向死亡，反过来，就是新的一次轮回和转化。如何在事物运动发展过程中使自己处于合理的、最佳的位置，永远立于不败之地，因此，这方面的理性思维极为发达，《周易》的思维、兵家的思维以及史官的思维就是典型代表。道家全面地继承了这种思维，并发展出更为系统、深刻的认识，例如老子说，“物壮则老”（第三十章），“强梁者不得其死”（第四十二章），“勇于敢则杀”（第七十三章），“坚强者死之徒”“兵强则不胜，木强则兵”（第七十六章），“甚爱必大费，多藏必厚亡”（第四十四章），“祸兮福之所倚，福兮祸之所伏”“正复为奇，善复为妖”（第五十八章），等等。

同样是辩证思维，与《周易》同时注重刚柔阴阳，甚至更重阳刚不同，道家更注重阴柔的一面，因而发展出一套独特的反向思维，老子就是反向思维的大师。在“有无”“正反”的两极互动中，老子重视“无”，更重视“反”。凡人只看到、只知道正面的价值取向，不知道反面的价值取向。老子则积极利用物极必反的原理，将反向的视野和思路发挥到极致。有关反面的论述在《老子》中比比皆是。

例如“知足”。第四十四章有“知足不辱，知止不殆，可以长久”，这是说只有懂得适可而止的人才能保有他的满足。相反，“祸莫大于不知足，咎莫大于欲得，故知足之足，常足矣”（第四十六章），不知足就会放纵贪欲，不知足就会无所顾忌，就会招致杀身之祸。作为史官的老子，在这方面的感受远比一般人更为深切。

例如“退身”。这是依据盛极必反的原理，通过对事物发展必然规律的预测，而对走上顶点的人做出的忠告。“持而盈之，不如其已。揣而棁之，不可长保。金玉满堂，莫之能守。富贵而骄，自遗其咎。功遂身退，天之道”（第九章），该放弃就要放弃，该舍得就要舍得，金玉满堂，没有谁能守住。富贵骄横，将自取其祸。功成而不居，这才符合天的法则。

例如“贵柔”。这正是老子赞赏女性、赞赏婴儿、赞赏水的原因。老子在自然界中发现水“处众人之所恶”（第八章），发现“人之生也，柔弱；其死也，坚强。万物草木之生也，柔脆；其死也，枯槁。故坚强者死之徒，柔弱者生之徒。是以兵强则不胜，木强则兵。强大处下，柔弱处上”（第七十六章），柔弱者反而最为刚强、最为长久、最有活力，是最后的胜者。所以他希望人能像女性、像婴儿、像水那样柔弱、卑下，甘于寂寞、屈辱，处在新生的、弱小的、生动的一面，这样就能尽可能地远离死亡、腐朽，摆脱外在污染，保持生命活力。

有人把老子及道家理解为一种阴谋之术，的确，“将欲歙之，必固张之；将欲弱之，必固强之；将欲废之，必固兴之；将欲夺之，必固与之。是谓微明，柔弱胜刚强”（第三十六章）等言论，看上去像一种实战计谋，即主动地预见矛盾发展的方向，做矛盾的主人，而不是做矛盾的奴隶，被动地等待矛盾发展的结果。但我相信老子的初衷绝不在于激发人类的智谋，让人类热衷于竞争与杀伐。这类话未必是老子的发明，应该是借用民间的智慧，目的是为了阐明“柔弱胜刚强”的道理，这才是老子的重点所在。所以他会强调“曲则全，枉则直，洼则盈，敝则新，少则得，多则惑”（第二十二章）的道理，即委曲者反能保全，弯曲者反能伸直，卑下者反能盈满，凋敝者反能新生，少取者反能多得，贪多者反会迷惑；“物或损之而益，或益之而损”（第四十二章），事物有时贬低它反得到抬高，有时抬高它反遭到贬低；当事物的运行轨迹即将到达发展的顶点时，老子告诉你需要努力延缓发展的速度，设法改变发展的方向，以避免极限的降临；当事物的运行轨迹已经到达发展的顶点时，老子告诉你甚至需要不惜牺牲利益或尊严，以避免衰退的开始。或者从一开始就留出让步的空间，保持伸展的余地。

老子还说，“上德若谷，大白若辱，广德若不足，建德若偷，质真若渝”（第四十一章），高尚的“德”，好像低下的川谷；最洁净的“白”，好像有污垢；最广大的“德”，好像有不足；最刚健的“德”，好像很软弱。“大成若缺，其用不弊。大盈若冲，其用不穷。大直若屈，大巧若拙，大辩若讷”（第四十五章），最完善的东西仿佛有缺损，但其作用不衰。最充盈的东西仿佛有空虚，但其作用无穷。最笔直的东西仿佛有弯曲，最精巧的东西仿佛很笨拙，最会辩论的人仿佛没有口才。“善有果而已，不敢以取强。果而勿矜，果而勿伐，果而勿骄，果而不得已，果而勿强”（第三十章)，善用兵者只要达到目标就罢手，不以兵力逞强。成功而不自高自大，成功而不夸耀，成功似乎是出于不得已。“圣人方而不割，廉而不刿，直而不肆，光而不耀”(第五十八章)，圣人方正有角但不割伤人，锋利但不刺伤人，直率但不放肆，明亮但不耀眼。“圣人不积，既以为人，己愈有。既以与人，己愈多”(第八十一章)，要想得到，首先必须付出，圣人没有保留，尽量帮助别人，自己反而更充足。尽量给予别人，自己反而更丰富。世上没有永恒的完美，百分之百的完美其实并不完美，因为它只是一个即将消失的顶点，预示着衰退的开始；相反，接近完美却不达致完美，才是真正的、动态的、可以把握的完美。这一类的论述，都是在事物关系中，讨论人最佳的存身之道、最合理的处世方式，这种方式无不指向普通人所追求、所向往的反面。这里没有用一个“谦”字，可哪一个不是指向谦逊呢？老子没有正面告诉人类谦逊的重要性，以及如何谦逊，可是他所有的论述无不围绕谦逊展开。后代的道家也始终没有离开这个宗旨。例如马王堆帛书《黄帝四经》的作者指出，高明的统治者善于在矛盾的关系中把握平衡、建立平衡，但这个平衡有时并非绝对的平衡，而是看似向一方倾斜的非平衡。例如《黄帝四经·十六经·雌雄节》希望统治者能够远离“雄节”(或称“逆节”“凶节”)，保持“雌节”(或称“女节”“柔节”“吉节”)，陈鼓应指出：“举凡守愚持拙、光而不耀、进退有节、不敢为先、不自大骄人、谦卑逊下、静而不争等等，均属雌节的范畴；相反，则为雄节。”①

《十六经·顺道》也说：“大庭〔氏〕之有天下也，安徐正静，柔节先定。宛湿(燮)恭俭，卑约生柔。常后而不〔先〕。”② “刑于女节，所生乃柔。□□□正德，好德不争。立于不敢，行于不能。战示不敢，明埶不能。守弱节而坚之，胥雄节之穷而因之。若此者其民劳不〔優〕，饥不怠，死不怨。不旷其众，不为兵主，不为乱首，不为怨媒。不阴谋，不擅断疑，不谋削人之野，不谋劫人之宇。慎案其众，以随天地之从。不擅作

① 陈鼓应. 黄帝四经今注今译. 台北：台湾商务印书馆，1995：333.

② 同①390.

事，以待逆节所穷。”[①] 这两段话涉及为人处世、政治、军事、外交的所有方面，而中心只有一个，就是在刚柔、进退、强弱、攻守、动静、盈缩中，柔、退、弱、守、静、缩的一方更为有利，因为代表的是生长、创造、平和、稳定、谦虚、谨慎的一方，而刚、进、强、攻、动、盈的一方则代表着危险、骄傲、自满、贪婪、冒进的一方，依据事物必然走向其反面的规律，处于“雄节”的一方必然提前灭亡，但是事实上“凡人好用雄节”，所以，对于一个高明的统治者而言，最为重要的事情，就是不断调整自己的立场，使自己处于“雌节”这一永远不败之地。《黄帝四经》明确地将此行为方式称为“顺道”，认为谦下不争，持手柔节，正是天之道的表现。

《雌雄节》称黄帝是最能够把握“雌节”之人：“皇后屯历吉凶之常，以辨雌雄之节，乃分祸福之向。”[②] 即黄帝能够洞察吉凶，辨明雌节与雄节两种基本处世规则，分清祸福产生的原因所在。“夫雄节以得，乃不为福；雌节以亡，必得将有赏。夫雄节而数得，是谓积殃。凶忧重至，几于死亡。雌节而数亡，是谓积德。慎戒毋废，大禄将极。”[③] 意思是处于雄节者，即便暂时有所得，最终也无善报；处于雌节者，即便有所损失，最后也会得到报赏。这正是谦逊之道在黄老道家政治实践中的发挥和运用。

## 四、余论

总之，“谦”是道家在生活中对“道”的具体理解和运用。道家最为重视的生长、创造、活力、稳定、平和可以说都是“谦”的产物。我们认为，与中国古代其他各家相比，道家关于谦逊的认识要更为宏大、更为丰富、更为深刻。因为这种认识是基于整体性、平等性、关联性的视野展开的，不是零碎的、偶然的思考，而是其整个思维体系的重要一环或者说重要结晶。道家谦逊之道，一言以蔽之，就是“舍己以物为法”。就主体而言，要克制、忍让、宽容、虚心；对客体而言，要欣赏、尊重、不干预、

---

① 陈鼓应．黄帝四经今注今译．台北：台湾商务印书馆，1995：393-396.

② 同①332.

③ 同①332.

不强制。通过主体的虚无、空灵、不盈、超越、非既定、非常识、非现实、非规范，带来客体的开放、多元、自由、通畅。通过主体对于谦逊之道的积极运用，从而使自己永远处于最佳的状态，保持最强的创造性和生命力。这是道家可以贡献给全人类的历久而弥新的智慧。

# 参考文献


## 中文

**B**

BAI

白奚. 学术发展史视野下的先秦黄老之学//白奚. 先秦哲学沉思录. 北京：中国社会科学出版社，2007.

BEI

贝淡宁. 贤能政治——为什么尚贤制比选举民主制更适合中国. 吴万伟，译. 北京：中信出版集团，2016.

北京大学出土文献研究所. 北京大学藏西汉竹书：（二）. 上海：上海古籍出版社，2012.

北京大学国际汉学家研修基地. 国际汉学研究通讯：第一期. 北京：中华书局，2010.

**C**

CAO

曹峰. 老子. 郑州：河南大学出版社，2011.

曹峰.《恒先》研读. 国学学刊，2014（2）.

曹峰. "自生"观念的发生与演变：以《恒先》为契机. 中国哲学史，2016（3）.

曹峰．对名家及名学的重新认识．社会科学，2013（11）；中国人民大学复印报刊资料·中国哲学，2014（2）．

曹峰．“名”是《黄帝四经》中最重要的概念之一——兼论《黄帝四经》中的“道”“名”“法”关系//徐炳．黄帝思想与道、理、法研究（轩辕黄帝研究：第一卷）．北京：社会科学文献出版社，2013．

曹峰．近年出土黄老思想文献研究．北京：中国社会科学出版社，2015．

曹峰．中国古代“名”的政治思想研究．上海：上海古籍出版社，2017．

CHEN

陈鼓应．老子注译及评介．北京：中华书局，1984．

陈鼓应．黄帝四经今注今译．台北：台湾商务印书馆，1995．

陈鼓应．黄帝四经今注今译．北京：商务印书馆，2007．

陈鼓应．论道与物关系问题——中国哲学史上的一条主线：上、下．哲学动态，2005（7）（8）．

陈鼓应．管子四篇诠释．北京：商务印书馆，2006．

陈丽桂．战国时期的黄老思想．台北：联经出版公司，1991．

陈少明．论乐：对儒道两家幸福观的反思．哲学研究，2008（9）．

陈霞．论老子屈君伸民的政治思想．哲学研究，2014（2）．

CHENG

成玄英．道德经疏义//蒙文通．道书辑校十种．成都：巴蜀书社，2001：377．

程金造．史记管窥．西安：陕西人民出版社，1985．

CHI

池田知久．道家思想的新研究——以《庄子》为中心．王启发，曹峰，译．郑州：中州古籍出版社，2009．

**D**

DENG

邓立光．老子新诠——无为之治及其形上理则．上海：上海古籍出版社，2007．

邓联合．“阴谋论”：老子何以被诬?．中国哲学史，2016（1）．

DING

丁山. 中国古代宗教与神话考. 上海:上海文艺出版社,1988.

丁原明. 黄老学论纲. 济南:山东大学出版社,1997.

DONG

董楚平.《老子》三题. 未刊稿.

董平. 老子研读. 北京:中华书局,2015.

**F**

FAN

范应元. 老子道德经古本集注. 上海:华东师范大学出版社,2010.

FENG

冯友兰. 新原道//三松堂全集:第五卷. 郑州:河南人民出版社,2001.

**G**

GAO

高亨. 老子注释//高亨著作集林:第五卷. 北京:清华大学出版社,2004.

高亨. 老子正诂//高亨著作集林:第五卷. 北京:清华大学出版社,2004

高木智见. 先秦社会与思想——试论中国文化的核心. 何晓毅,译. 上海:上海古籍出版社,2011.

高新华. 战国至汉初的黄老思想研究. 北京大学博士学位论文,2010.

高新华. 齐威王"高祖黄帝"再认识//王志民. 齐鲁文化研究:第7辑. 济南:山东文艺出版社,2008.

高延第. 老子证义//陈鼓应. 老子注译及评介. 北京:中华书局,1984.

GE

葛志毅,张惟明. 先秦两汉的制度与文化. 哈尔滨:黑龙江教育出版社，1998.

GU

古棣，周英．老子通．长春：吉林人民出版社，1991.

GUO

郭庆藩．庄子集解．北京：中华书局，1961.

**H**

HE

何宁．淮南子集解．北京：中华书局，1998.

何清谷．三辅黄图校注．西安：三秦出版社，2006.

HU

胡平生．阜阳双古堆汉简术数书简论//出土文献研究：第四辑．北京：中华书局，1998.

HUANG

黄怀信．鹖冠子汇校集注．北京：中华书局，2004.

黄怀信，等．逸周书汇校集注．上海：上海古籍出版社，2007.

**J**

JIANG

江瑔．读子卮言．上海：华东师范大学出版社，2012.

**L**

LI

黎靖德．朱子语类．北京：中华书局，1986.

黎翔凤．管子校注：中册．北京：中华书局，2015.

李昉，等．太平御览：卷79．北京：中华书局，1960.

李零．简帛古书与学术源流．北京：三联书店，2004.

李荣．道德经注//蒙文通．道书辑校十种．成都：巴蜀书社，2001.

李若晖．“人法地”及其现代意义：新道家发凡．清华大学学报（哲学社会科学版），2014（4）.

李若晖．道之隐显（下）——《老子》第一章阐微．哲学门，2010（21）．

李先耕．老子今析．北京：中国社会科学出版社，2002．

李学勤．马王堆帛书《经法·大分》及其他//道家文化研究：第三辑．上海：上海古籍出版社，1993．

李学勤．《鹖冠子》与两种帛书//简帛佚籍与学术史．台北：时报文化出版企业有限公司，1994．

李学勤．黄帝与河图洛书//古文献丛论．上海：上海远东出版社，1996．

李学勤．清华大学藏战国竹简：（三）．上海：中西书局，2012．

李伟泰．《史记》叙事何以始于黄帝诸说述评//黄帝与中国传统文化学术讨论会文集．西安：陕西人民出版社，2001．

李元星．殷王所祀黄与黄尹即黄帝考．新疆教育学院学报，2000（3）．

李约．道德真经新注．四部要籍注疏丛刊．北京：中华书局，1998．

LIANG

梁启超．老子哲学//梁启超全集：第十卷．北京：北京出版社，1999．

LIAO

廖名春．《老子》首章新释．哲学研究，2011（9）．

LIN

林冬子．《鹖冠子》研究．银川：宁夏人民出版社，2016．

LIU

刘乐贤．睡虎地秦简日书研究．台北：文津出版社，1994．

刘乐贤．简帛术数文献探论．武汉：湖北教育出版社，2003．

刘韶军．日本现代老子研究．福州：福建人民出版社，2006．

刘文典．淮南鸿烈集解．北京：中华书局，1989．

刘咸炘．诵老私记//黄曙辉．刘咸炘学术论集．桂林：广西师范大学出版社，2007．

刘笑敢．老子古今．北京：中国社会科学出版社，2006．

刘笑敢．庄子之苦乐观及其现代启示．社会科学，2008（7）．

LOU

楼宇烈. 王弼集校释. 北京：中华书局，1980.

LU

卢育三. 老子释义. 天津：天津古籍出版社，1987.

**M**

MA

马德邻. 老子形上思想研究. 上海：学林出版社，2003.

马王堆汉墓帛书整理小组. 马王堆汉墓帛书：(一). 北京：文物出版社，1980.

马叙伦. 老子校诂. 北京：中华书局，1974.

MENG

蒙文通. 道书辑校十种. 成都：巴蜀书社，2001.

**Q**

QIAN

钱穆. 黄帝. 北京：三联书店，2004.

QIU

裘锡圭.《太一生水》"名字"章解释——兼论《太一生水》的分章问题//中国出土古文献十讲. 上海：复旦大学出版社，2004.

QU

屈守元. 韩诗外传笺疏. 成都：巴蜀书社，1996.

**R**

REN

任继愈. 老子新译. 上海：上海古籍出版社，1985.

RUAN

阮元. 十三经注疏. 台北：艺文印书馆，1965.

**S**

SHANG

尚建飞．《老子》中的幸福观．道德与文明，2012（4）．

SHI

石峻，等．中国佛教思想资料选编：第一卷．北京：中华书局，1981．

SONG

宋翔凤．过庭录．北京：中华书局，1986．

SU

苏晓威．黄帝形象研究．“百家争鸣新论题”学术研讨会暨第一届中国诸子学论坛论文．北京师范大学，2014．

苏辙．道德真经注．上海：华东师范大学出版社，2010．

SUN

孙以楷．老子通论．合肥：安徽大学出版社，2004．

孙诒让．墨子间诂．北京：中华书局，2015．

**W**

WANG

王邦雄．老子《道德经》的现代解读．长春：吉林出版集团，2011．

王博．老子思想的史官特色．台北：文津出版社，1993．

王博．权力的自我节制：对老子哲学的一种解读．哲学研究，2010（8）．

王德有．老子指归译注．北京：商务印书馆，2004．

王国良．儒家贤能政治思想与中国贤能推举制度的发展．文史哲，2013（3）．

王国维．观堂集林：第一册．北京：中华书局，1959．

王艮．心斋王先生语录：卷下．明刻本．

王卡．老子道德经河上公章句．北京：中华书局，1993．

王利器．文子疏义．北京：中华书局，2000．

王念孙．读书杂志．南京：江苏古籍出版社，2000．

王沛．黄老法思想初探——以《九主》和《黄帝书》为资料//徐炳．黄帝思想与道、理、法研究（轩辕黄帝研究：第一卷）．北京：社会科学文献出版社，2013.

王先谦. 荀子集解. 北京：中华书局，1988.

王先慎. 韩非子集解. 北京：中华书局，2013.

王志楣. 天下有至乐——论《庄子》之乐//方勇. 诸子学刊：第三辑. 上海：上海古籍出版社，2009.

王中江. 道与事物的自然：老子“道法自然”实义考论. 哲学研究，2010（8）.

王中江. 道家形而上学. 上海：上海文化出版社，2001.

王中江. 出土文献与先秦自然宇宙观重审. 中国社会科学，2013（5）.

王中江. 简帛文明与古代思想世界. 北京：北京大学出版社，2011.

WEI

魏启鹏. 马王堆汉墓帛书《黄帝书》笺证. 北京：中华书局，2004.

魏启鹏. 马王堆古佚书中的道书与医家//魏启鹏. 马王堆汉墓帛书《黄帝书》笺证. 北京：中华书局，2004.

魏启鹏. 《伊尹・九主》笺证//魏启鹏. 马王堆汉墓帛书《黄帝书》笺证. 北京：中华书局，2004.

魏源. 老子本义//魏源全集：第十二册. 长沙：岳麓书社，2011.

WU

吴乘权. 纲鉴易知录. 北京：中华书局，1960.

吴九龙. 银雀山汉简释文. 北京：文物出版社，1985.

吴则虞. 晏子春秋集释. 北京：中华书局，1962.

**X**

XIONG

熊铁基，马良怀，刘韶军. 中国老学史. 福州：福建人民出版社，2005.

XU

许富宏. 慎子集校集注. 北京：中华书局，2013.

许抗生. 老子论圣人之玄德//方勇. 诸子学刊：第五辑. 上海：上海

古籍出版社，2011.

XUE

薛蕙. 老子集解//陈鼓应. 老子注译及评介. 北京：中华书局，1984.

**Y**

YA

亚里士多德. 尼各马科伦理学. 苗力田，译. 北京：中国社会科学出版社，1990.

YAN

严灵峰. 无求备斋老子集成续编：第 240 册. 台北：艺文印书馆，1972.

YANG

杨伯峻. 列子集释. 北京：中华书局，1979.

杨儒宾. "黄帝"与"帝尧"——先秦两种天子的原型. 台湾东亚文明研究学刊，2005，2 (2).

杨伯峻. 春秋左传注. 北京：中华书局，1990.

杨树达. 老子古义. 上海：上海古籍出版社，1991.

YAO

姚振宗. 汉书艺文志条理//二十五史补编：第二册. 上海：开明书店，1936.

YE

叶树勋. 先秦道家"德"观念研究. 清华大学哲学系博士学位论文，2013.

叶树勋. 老子"玄德"思想及其所蕴形而上下的通贯性——基于通行本和简帛本《老子》的综合考察. 文史哲，2014 (5).

叶树勋. 老子对"德"观念的改造与重建. 哲学研究，2014 (9).

叶树勋. 早期道家宇宙观的人文向度——以物德论为中心的探讨. 文史哲，2017 (2).

YU

余明光．黄学“道生法”的重大意义——读《黄帝四经·经法》//徐炳．黄帝思想与道、理、法研究（轩辕黄帝研究：第一卷）．北京：社会科学文献出版社，2013.

**Z**

ZHANG

张富祥．《老子》校释二题．中国哲学史，2003（1）．

张家山二四七号汉墓竹简整理小组．张家山汉墓竹简〔二四七号墓〕．释文修订本．北京：文物出版社，2006.

张敬梅．从“玄之又玄”到“重玄”的演变．宗教学研究，2004（1）．

张双棣，等．吕氏春秋译注．长春：吉林文史出版社，1986.

ZHENG

郑开．玄德论——关于老子政治哲学和伦理学的解读与阐释．商丘师范学院学报，2013（1）．

ZHONG

钟宗宪．“黄帝”形象与“黄帝学说”的窥测——兼以反省《黄帝四经》的若干问题//“新出土文献与先秦思想重建”国际研讨会会议论文．台北：台湾大学，2005.

ZHU

朱杰人，等．朱子全书：第15册．修订本．上海：上海古籍出版社；合肥：安徽教育出版社，2010.

朱谦之．老子校释．北京：中华书局，1984.

**外文**

長谷川如是閑．老子．東京：大東出版社，1935.

池田知久．老子．馬王堆出土文献訳注叢書．東京：東方書店，2006.

池田知久．郭店楚簡老子の新研究．東京：汲古書院，2011.

赤塚忠．《思想概論》序論//赤塚忠著作集：第二卷．東京：研文社，1987.

島邦男. 老子校正. 東京：汲古書院，1973.

町田三郎. 明治漢學覺書//明治の漢學者たち. 東京：研文出版，1998.

戸川芳郎. 帝國大學漢學科前史筆記//日本中國學会創立五十年紀念論文集. 東京：汲古書院，1998.

瀨里廣明. 露伴と道教. 福岡：海鳥社，2004.

木村毅. トルストイ、小西增太郎共譯　老子解説. 東京：日本古書通信社，1968.

清水孝純. 漱石　そのユートピア的世界. 東京：翰林書房，1998.

日本弘道會. 泊翁叢書. 東京：日本弘道會，1909.

三浦叶. 明治漢文學史. 東京：汲古書院，1998.

三浦叶. 老莊の學と雅號//明治漢文學史. 東京：汲古書院，1998.

三浦叶. 明治の文士と老莊思想管見//明治漢文學史. 東京：汲古書院，1998.

狩野直喜. 中國哲學史. 東京：岩波書店，1953.

太田晴軒. 老子全解//严灵峰编. 无求备斋老子集成续编：第 240 册. 台北：艺文印书馆，1972.

田岡嶺雲. 壺中觀. 東京：嵩山房，1905.

田岡嶺雲. 数奇伝. 東京：玄黄社，1912.

小島康敬. 江戸思想史の中の老莊思想//源了圓，嚴紹璗. 日中文化交流史叢書：第 3 卷　思想. 東京：大修館書店，1995.

小柳司氣太. 老莊の思想と道教. 東京：森北書店，1942.

# 后　记

本书共收录了 2011 年以来笔者在各种出版物发表的研究《老子》及道家的论文 13 篇。除了注释的格式有所调整外，其他均保持原貌。这里有必要交代一下各篇论文的出处。

第一章“‘玄之又玄之’和‘损之又损之’”，原名《“玄之又玄之”和“损之又损之”——北大简〈老子〉研究的一个问题》，最初发表于《中国哲学史》2013 年第 3 期，后经《道家文化研究》杂志社请求，再次发表于《道家文化研究》第 27 期（2013 年 12 月），又见《中国人民大学复印报刊资料·中国哲学》2013 年第 12 期。该论文的日文《北京大學藏漢簡『老子』に見える「玄之又玄之」の研究》，载东京大学中国哲学研究会编《中国哲学研究》第 28 号（2015 年 6 月）；英文“‘Xuan zhi you Xuan zhi’玄之又玄之 as A Method of Cultivation through Negation, Attested by the Phrasing of the Peking University Bamboo Slips Edition of the Laozi”，载 *Frontiers of Daoist Studies*（《道家研究前沿》）第 2 期，香港，世界道联出版社，2015 年 10 月。

与第二章章名同题的《〈老子〉首章与“名”相关问题的重新审视——以北大汉简〈老子〉的问世为契机》，最初发表于《哲学研究》2011 年第 4 期，又见《中国人民大学复印报刊资料·中国哲学》2011 年第 7 期。该论文的日文《〈老子〉第一章「名」に關する問題の再檢討——北大漢簡〈老子〉の公開を契機にして》，见《出土資料と漢字文化圈》，东京，汲古书院，2011 年 3 月；英文“A Review of the Issues Related to

'Names' in Lao Zi's First Stanza: Brought on by the Discovery of the Peking University Han Bamboo Slip Laozi”，载 *Contemporary Chinese Thought*，vol. 44，no. 4，2013 年。

与第三章章名同题的《〈老子〉第三十六章新研》，与裴健智合写，发表于《中原文化研究》2017 年第 6 期。

与第四章章名同题的《〈老子〉第三十九章新研》，发表于《江汉论坛》2016 年第 8 期，又见《中国人民大学复印报刊资料·中国哲学》2017 年第 1 期。

与第五章章名同题的《论〈老子〉的“天之道”》，发表于《哲学研究》2013 年第 9 期。

与第六章章名同题的《〈老子〉生成论的两条序列》，发表于《文史哲》2017 年第 6 期。

第七章“《老子》及道家的‘无名’与‘有名’”，原名《道家的“无名”与“有名”》，发表于《思想与文化》2015 年第 2 期。

与第八章章名同题的《〈老子〉的幸福观与“玄德”思想之间的关系》，发表于《中原文化研究》2014 年第 4 期，又见《中国人民大学复印报刊资料·中国哲学》2015 年第 2 期。

与第九章章名同题的《黄帝的“法天则地”与〈老子〉的“人法地，地法天”》，收入徐炳主编的《黄帝思想与道、理、法研究》(《轩辕黄帝研究》第一卷)，北京，社会科学文献出版社，2013 年。

与第十章章名同题的《〈老子〉的政治哲学》，收入张志伟等总主编的“政治哲学史”丛书《中国政治哲学史》第一卷，北京，中国人民大学出版社，2017 年。

与第十一章章名同题的《近代日本所见〈老子〉》，收入赵保佑主编的《老子思想与人类生存之道——2010 洛阳老子文化国际论坛论文集》，北京，社会科学文献出版社，2011 年 9 月。该论文的日文《近代日本における老子像》，收入大东文化大学人文科学研究所编《人文科学》第 16 号，2011 年。

第十二章“道家与贤能”，原名《先秦道家关于“贤能”的思考》，发表于《人文杂志》2017 年第 10 期。

与第十三章章名同题的《道家与谦逊》，与柳悦合写，发表于《河南社会科学》2017年第12期。

本书编辑过程中，中国人民大学博士研究生裴健智、俞风、孙迎智帮助我调整注释格式、校对稿件，提出了一些珍贵的修改意见，在此深表感谢。

本书的出版得到了中国人民大学科学研究基金项目暨中央高校基本科研业务费专项资金的支持，特此致谢。

**曹峰**

2017年10月10日于即离斋

**图书在版编目（CIP）数据**

老子永远不老：《老子》研究新解/曹峰著．—北京：中国人民大学出版社，2018.1
（百家廊文丛）
ISBN 978-7-300-25313-8

Ⅰ．①老… Ⅱ．①曹… Ⅲ．①道家②《道德经》-研究 Ⅳ．①B223.15

中国版本图书馆 CIP 数据核字（2017）第 312254 号

百家廊文丛
**老子永远不老：《老子》研究新解**
曹　峰　著
Laozi Yongyuan Bulao：Laozi Yanjiu Xinjie

| | | | |
|---|---|---|---|
| **出版发行** | 中国人民大学出版社 | | |
| **社　　址** | 北京中关村大街 31 号 | **邮政编码** | 100080 |
| **电　　话** | 010－62511242（总编室） | | 010－62511770（质管部） |
| | 010－82501766（邮购部） | | 010－62514148（门市部） |
| | 010－62515195（发行公司） | | 010－62515275（盗版举报） |
| **网　　址** | http://www.crup.com.cn | | |
| **经　　销** | 新华书店 | | |
| **印　　刷** | 运河（唐山）印务有限公司 | | |
| **规　　格** | 160 mm×230 mm　16 开本 | **版　　次** | 2018 年 1 月第 1 版 |
| **印　　张** | 16 插页 1 | **印　　次** | 2023 年 4 月第 2 次印刷 |
| **字　　数** | 238 000 | **定　　价** | 78.00 元 |